应用型本科会计人才培养系列教材

YINGYONGXING BENKE KUAIJI RENCAI PEIYANG XILIE JIAOCAI

审计习题与案例（第二版）

SHENJI XITI YU ANLI

主　编〇张　丽

副主编〇马玉娟　周　群　何小涛

西南财经大学出版社
Southwestern University of Finance & Economics Press

中国·成都

总 序

会计学院是广州华商学院最早成立的院系之一，现开设会计学、财务管理、审计学和税收学四个专业。其中，会计学专业设会计师、注册会计师、管理会计师、金融会计、会计智能化和国际注册会计师（ACCA）六个专业方向；财务管理专业设公司理财和财务分析师（CFA）两个专业方向；审计学专业设审计师和信息技术（IT）审计两个专业方向；税收学专业设注册税务师专业方向。经过多年的探索，会计学院逐步形成以下办学特色：一是以 ACCA 和 CFA 为代表的国际化教学特色，二是以管理会计师（GAMA）卓越班为代表的协同育人特色，三是以线上线下混合教学实验区为代表的建构教学特色，四是将会计与投融资融为一体的多学科融合特色，五是以华商云会计产业学院为代表的产教融合特色。目前，会计学专业为国家一流专业建设点，财务管理专业为省级一流专业建设点，会计学科为广东省会计类特色重点学科。

在长期的教学实践中，广州华商学院一直秉承优质的教学理念，优选国内同类教材中最受欢迎的教材作为各专业课程的指定教材。教材选定的一般原则是：若有多种同类教材，首选教育部规划教材；若有多种教育部规划教材，首选其中的获奖教材；若没有教育部规划教材，优先选择国内知名高校的教材。这种教材筛选方式保证了会计学科各专业教学的高质量，但也不可避免地带来了一些问题。首先，所选教材难以满足应用型高校会计人才培养的需要。财政部出台的《会计行业中长期人才发展规划（2010—2020 年）》明确指出，适应经济社会发展对高素质应用型会计人才需求，加大应用型高层次会计人才培养力度。华商学院作为一所民办应用型高校，不论是从办学分工，还是从社会需求角度考虑，都必须以培养应用型人才为主要目标，但现有的教育部规划教材或名校教材大多偏重理论教学，鲜有明确为培养应用型人才而打造的教材。其次，各专业教材之间的衔接度不高。现有教材大多是各专业教师根据各学科教学要求选择的高规格知名高校教材，导致所选各学科教材之间的衔接度不高，有的内容重复讲授，有的内容则被遗漏，教学内容缺乏系统安排。最后，所选教材知识陈旧，跟不上相关会计准则与制度的变化。近年来，我国会计准则及税法、审计等相关法规制度均发生了较大变化，如新的《企业会计准则》的持续发布和重新修订、《管理会计基本指引》和《管理会计应用指引》的发布与实施，以及增值税法规和《中华人民共和国企业所得税法》的相继修订，导致现有教材内容跟不上制度的变化，学生无法系统地学习最新专业知识。在这一背景下，及时编写一套实践性和系统性强、体系完整、内容新颖、适用于应用型高校会计人才培养的会计系列教材就显得极为必要。

本系列教材的特点主要表现在以下几方面：第一，实践性强。本系列教材知识体系的构建、教学内容的选择以应用型人才培养为主要目标。第二，系统性强。各教材之间互有分工、各有重点、密切配合，共同构建了一个结构合理、内容完整的知识体系。第三，通用性强。本系列教材力求同时满足会计学、财务管理、审计学和税收学四个专业，多个专业方向同类课程的教学和学习要求，既方便了教师的教学安排，又增加了学生跨专业选课的便利性。第四，新颖性强。本系列教材根据最新发布的会计准则、税收法规，以及相关规章制度编写，以确保学生所学专业知识的新颖性。第五，可读性强。本系列教材力求做到通俗易懂、便于理解和使用，以方便学生自主学习、自主探索。

本系列教材包括会计学、财务管理、审计学和税收学四个专业的专业基础课、专业必修课和专业选修课教材。首批教材包括《初级财务会计》《中级财务会计》《高级财务会计》《成本会计》《管理会计》《财务管理》《审计学》《会计学》。第二批教材包括《财务共享服务》《会计信息系统》《企业行为模拟》《资本市场运作》《高级财务管理》。第三批教材包括《会计职业道德》《金融会计》《税法》《税收筹划》等。

本系列教材由广州华商学院的教授或教学经验丰富的教师担任主编，并由广州华商学院特聘教授或特聘讲席教授负责审稿，从而为所编教材的质量提供了保证。鉴于本系列教材涉及面较广，相关会计准则、制度处于不断的变动之中，加之编者学识有限，难免存在不当之处，真诚希望各位读者批评指正。

2021 年 6 月

第二版前言

  《审计学》教材知识点多、知识点难理解，是学生学习审计专业知识时面临的一个现实问题。为了让学生更好地理解和掌握审计学的基础知识，编者结合最新的会计准则和审计准则编写了这本《审计习题与案例》。作为《审计学》的配套练习册，在章节设置上本书和《审计学》教材保持了一致，这样能够方便教师教学和学生学习。学生通过练习能够对自己的学习情况进行了解，对未掌握的知识点可以进一步学习，这样对知识能够有一个更为系统的理解和掌握。

  本书按教材体系编写，各章除了编排了单选题、多选题、判断题和案例等以外，还针对各章节内容加入了相应的学习目标及要求、重要名词、重难点问题等栏目，以方便学生对知识的归纳和总结。本书最后配有练习题参考答案，以方便学生参考。

  本书的编写分工具体如下：第一章、第三章、第五章、第六章、第八章、第十一章、第十五章、第十六章由张丽编写；第二章、第十四章由何小涛编写；第四章、第七章由周群编写；第九章、第十章、第十二章、第十三章、第十七章由马玉娟编写。本书最后由张丽统稿。郭晨、张馨月、彭司晨三位老师参与了本书第二版的修订工作，根据最新准则更新和补充了部分习题与案例，对本书的进一步完善做出了贡献，在此表示感谢。此外，特别感谢广东财经大学华商学院的陈美华教授、巴雅尔副教授和广东财经大学的张阳教授对本书编写的帮助与支持。同时很多任课教师为本书的编写提供了素材，对此我们表示由衷的感谢！由于时间紧张，编者能力有限，书中难免存在不足，恳请读者指正，以便修订时改正和完善。

编　者

2023 年 1 月

目 录

4

审／计／习／题／与／案／例

第一章
审计概述

一、学习目标及要求

本章主要讨论了注册会计师审计业务的由来及其发展历程。审计是经济活动产生的一种现象。审计按照不同的标准可以做不同的划分。本章还重点讨论了审计的基本要素、审计流程和审计的基本要求，并对会计师事务所审计业务进行了介绍。审计业务包括鉴证业务和相关服务两大类。最后，本章介绍了审计的四种理论框架。对以上内容学生应加以理解和掌握。

二、重要名词

1. 鉴证业务　　　　　　　　2. 注册会计师审计
3. 注册会计师审计三方关系　4. 审计流程
5. 审计证据　　　　　　　　6. 审计报告
7. 审计意见　　　　　　　　8. 合理保证
9. 有限保证

三、重难点问题

1. 注册会计师审计的概念。
2. 注册会计师审计的基本要素。
3. 合理保证与有限保证的区别。
4. 审计的基本流程。
5. 审计的基本逻辑。

四、练习题

（一）单选题

1. 对于审计业务的三方关系，下列说法中错误的是（　　　）。
    A. 三方关系人是指注册会计师、被审计单位管理层、财务报表预期使用者
    B. 预期使用者是指预期使用审计报告和财务报表的组织或人员，不包括管理层
    C. 审计业务的三方关系中，管理层是财务报表的责任方
    D. 注册会计师通常是指项目合伙人或项目组其他成员，有时也指其所在的会计师事务所

2. 下列关于注册会计师审计的说法中不正确的是（　　）。

   A. 注册会计师审计可以消除财务报表的所有重大错报

   B. 经过审计的财务报表可以降低不准确信息的流传时间或阻止其传播，一定程度上保证市场的效率

   C. 注册会计师审计的最终成果是审计报告

   D. 注册会计师审计可以提供合理保证，提高财务报表的可信程度

3. 下列关于审计业务和审阅业务的区别中说法正确的是（　　）。

   A. 有限保证的目标是将审计业务风险降至具体业务环境下可接受的低水平，合理保证的目标是将审阅业务风险降至具体业务环境下可接受的水平

   B. 合理保证的审计业务运用各种审计程序，获取充分、适当的证据，有限保证的审阅业务主要采用函证程序获取证据

   C. 有限保证的审阅业务的检查风险和合理保证的审计业务的检查风险相同

   D. 合理保证的审计业务要求注册会计师以积极方式提出结论，有限保证的审阅业务要求注册会计师以消极方式提出结论

4. 关于财务报表审计，下列说法中错误的是（　　）。

   A. 审计的用户是财务报表的预期使用者

   B. 审计的目的是改善财务报表的质量或内涵

   C. 审计的基础是独立性和专业性

   D. 审计应查出被审计单位的所有重要舞弊

5. 下列有关财务报表审计的说法中不恰当的是（　　）。

   A. 审计的目的是提高财务报表预期使用者对财务报表的信赖程度

   B. 执行财务报表审计业务比财务报表审阅业务所需证据数量多

   C. 注册会计师的目标是对财务报表是否不存在由于舞弊或错误导致的重大错报获取绝对保证

   D. 财务报表审计并不会减轻被审计单位管理层或治理层的责任

6. 下列属于注册会计师执行的鉴证业务的是（　　）。

   A. 税务代理　　　　　　　　　　　B. 审阅

   C. 理财服务　　　　　　　　　　　D. 代编财务信息

7. 下列有关财务报表审计的说法中不正确的是（　　）。

   A. 审计的基础是独立性和专业性

   B. 恰当的审计意见可以对被审计单位未来生存能力或管理层经营效率、效果提供一定程度的保证

   C. 注册会计师对由被审计单位管理层负责的财务报表发表审计意见，以提高除管理层之外的预期使用者对财务报表的信赖程度

   D. 注册会计师对财务报表是否在所有重大方面按照适用的财务报告编制基础编制发表审计意见

8. 下列关于职业判断的说法中错误的是（　　）。

   A. 注册会计师不需要在整个审计过程中运用职业判断

  B. 注册会计师具有的技能、知识和经验有助于形成必要的胜任能力以做出合理的判断

  C. 注册会计师需要具有专业胜任能力，可以就疑难问题向项目组内部或外部的专业人士进行咨询

  D. 审计过程中运用职业判断很重要，但如果有关决策不被该业务的具体事实和情况所支持或缺乏充分、适当的审计证据，职业判断并不能成为做出决策的正当理由

 9. 为了提高财务报表的可信性，下列不属于注册会计师必须做的工作是（ ）。

  A. 收集充分、适当的审计证据

  B. 评价财务报表是否在所有重大方面符合会计准则

  C. 出具审计报告

  D. 出具管理层建议书

 10. 下列不属于要求注册会计师保持警觉的情形是（ ）。

  A. 存在相互矛盾的审计证据

  B. 引起对作为审计证据的文件记录和对询问答复的可靠性产生怀疑的信息

  C. 表明不可能存在舞弊的情况

  D. 表明需要实施除审计准则规定外的其他审计程序的情形

（二）多选题

 1. 下列各项中属于审计要素的有（ ）。

  A. 审计业务的三方关系

  B. 初步业务约定书

  C. 财务报表

  D. 财务报表编制基础

  E. 审计报告

 2. 关于审计的含义，下列理解中恰当的有（ ）。

  A. 审计可以用来有效满足财务报表所有利益相关者的需求

  B. 由于审计存在固有限制，注册会计师据以得出结论和形成审计意见的大多数审计证据是结论性的

  C. 注册会计师针对财务报表是否在所有重大方面按照财务报告编制基础编制并实现公允反映发表审计意见，并以审计报告的形式予以传达

  D. 审计的目的是以合理保证的方式提高财务报表的质量

 3. 下列关于财务报表审计业务与财务报表审阅业务的相关说法中不正确的有（ ）。

  A. 审计业务以消极方式对财务报表整体发表审计意见，提供有限保证；审阅业务以积极方式对财务报表整体发表审阅意见，提供合理保证

  B. 审计业务所需证据的数量与审阅业务相同

  C. 审计业务的检查风险高于审阅业务的检查风险

  D. 审计业务财务报表的可信性高于审阅业务财务报表的可信性

4. 审计过程包括（　　　）。

　　A. 接受业务委托和计划审计工作

　　B. 评估重大错报风险

　　C. 应对重大错报风险

　　D. 编制审计报告

5. 关于财务报表审计，下列说法中恰当的有（　　　）。

　　A. 审计的最终产品是审计报告

　　B. 审计的目的是对被审计单位财务报表不存在舞弊获取合理保证

　　C. 审计提供的是一种高水平的保证而不是绝对保证

　　D. 财务报表的预期使用者不包括被审计单位管理层

6. 注册会计师需要在整个审计过程中运用职业判断，可以从（　　　）评价职业判断是否适当。

　　A. 做出的职业判断是否使得注册会计师更加快速地完成审计业务

　　B. 根据截至审计报告日注册会计师知悉的事实和情况，做出的判断是否适当、是否与这些事实和情况相一致

　　C. 做出的职业判断是否符合被审计单位管理层的预期

　　D. 做出的判断是否反映了对审计和会计原则的适当运用

7. 下列属于导致审计固有局限的原因有（　　　）。

　　A. 注册会计师据以得出结论和形成的审计意见的大多数审计证据是说服性的而非结论性的

　　B. 注册会计师没有被授予特定的法律权利（如搜查权），而这种权利对调查是必要的

　　C. 编制财务报表过程中做出的主观判断存在不确定性

　　D. 在合理的时间内以合理的成本完成审计的需要

8. 下列关于注册会计师职业怀疑的说法中恰当的有（　　　）。

　　A. 保持职业怀疑需要采取质疑的思维方式，对审计证据审慎评价

　　B. 注册会计师可以使用管理层声明代替应当获取的充分适当的证据

　　C. 在审计中，注册会计师不应依赖过去对管理层和治理层诚信形成的判断

　　D. 在审计过程中，注册会计师发现文件有伪造的迹象，要做出进一步调查，确定是否需要修改审计程序和追加审计程序

9. 注册会计师在实施审计工作时，应当运用职业判断。职业判断对于（　　　）决策尤为重要。

　　A. 确定重要性水平和评估审计风险

　　B. 确定需要实施的审计程序的性质、时间安排和范围

　　C. 评估管理层在编制财务报表时做出的会计估计的合理性

　　D. 评价管理层选择的财务报告编制基础是否适当

10. 审计的固有限制来源于（　　　）。

　　A. 财务报告的性质

　　B. 审计程序的性质

　　C. 注册会计师经验不足

　　D. 在合理的时间内以合理的成本完成审计的需要

（三）判断题

　　1. 注册会计师应当针对财务报表在所有方面是否符合适当的财务报表编制基础发表审计意见。　　　　　　　　　　　　　　　　　　　　　（　　）

　　2. 财务报表通常包括资产负债表、利润表、现金流量表、所有者权益（或股东权益）变动表以及财务报表附注　　　　　　　　　　　　　　（　　）

　　3. 财务报表审计可适度减轻被审计单位管理层或治理层的责任。（　　）

　　4. 管理层也可能成为审计报告的预期使用者，但不是唯一的预期使用者。（　　）

　　5. 审计业务财务报表的可信性高于审阅业务财务报表的可信性。（　　）

　　6. 注册会计师应当了解被审计单位涉及的所有法律法规。　（　　）

　　7. 注册会计师在评价是否已获取充分、适当的审计证据以及是否还需要执行更多的工作时需要运用职业判断。　　　　　　　　　　　　　　　（　　）

　　8. 由于审计的固有限制，不应期望注册会计师将审计风险降至零。（　　）

　　9. 如果审计中确实存在困难、时间或成本等事项，注册会计师可以适当减少一些必要审计程序。　　　　　　　　　　　　　　　　　　　　（　　）

　　10. 完成审计工作后发现由于舞弊或错误导致的财务报表重大错报，其本身并不表明注册会计师没有按照审计准则的规定执行审计工作。　　　（　　）

（四）简答题

　　在"银广夏事件"中，包括被处罚的会计师事务所合伙人在内的个别人士称，由于独立审计准则没有引入风险导向审计，因而致使签字注册会计师履行了必要的审计程序却没有发现银广夏公司管理层的舞弊行为。中国注册会计师协会原副秘书长李爽认为，从我国出台的独立审计准则项目看，几乎每个准则项目都引入了风险导向审计思想，绝非用制度基础审计所能概括的，而且签字注册会计师根本没有履行必要的审计程序，未按照独立审计准则执业，并非履行了必要的审计程序却没有发现银广夏公司管理层舞弊行为。郭晋龙等学者认为，根据独立审计准则的规定，注册会计师审计会计报表是否真实、合法，主要是看其与总账、明细账、记账凭证以及原始凭证是否相符，如果公司采取伪造原始凭证（如销售合同、发票）的方法进行舞弊或恶意欺诈，这种以会计账目为基础的审计方法必定遭到失败。中国注册会计师协会原副秘书长李爽对此予以了坚决回击，他指出，1920 年以前，注册会计师普遍采用账项基础审计，主要目标就是发现错误和舞弊。我国独立审计准则虽然不是建立在账项基础审计的基础上，但明确规定注册会计师应当充分考虑审计风险，实施适当的审计程序，以合理确信能够发现可能导致会计报表严重失实的错误与舞弊。虽然目前审计理论和实务在由制度基础审计向风险导向审计发展，但不能抹杀账项基础审计的作用。如果被审计单位没有内部控制或内部控制形同虚设，注册会计师就只能依赖账项基础审计。换言之，利用账项基础审计也能发现公司管理层的舞弊行为，我国政府查处的一些大案要案充分说明了这一点。

　　要求：查找资料，讨论审计模式有哪些？分析各种模式的优缺点。

五、案 例

"四大"为什么能那么大？①

2016 年 9 月，德勤会计师事务所（以下简称"德勤"）高调公布 2016 年全球成员所合计营业收入达 368 亿美元，增长 9.5%，创下历史新高。在财税专业服务领域，德勤、普华永道会计师事务所（以下简称"普华永道"）、安永会计师事务所（以下简称"安永"）、毕马威会计师事务所（以下简称"华马威"）全球四大会计师事务所（以下简称"四大"）以其强大的品牌号召力和持久的文化吸引力傲视群雄，被国内专业机构竭力模仿却始终难以超越。它们以精致干练的职业形象、庞大的专业队伍、深邃的行业洞见、骄人的全球营业收入、创新的姿态引领行业发展……让人不禁发出"四大"为什么能那么大的惊叹。

成就"四大"强大品牌效应的原因很多，除了悠久的历史以外，给人留下深刻印象的是其成熟标准的制度设计、独立严谨的企业文化、开放先进的人才培养模式、高度共享的全球资源以及引领行业发展的创新能力。这些对我国财税专业服务行业以及税收现代化建设都有一定的借鉴意义。

1. 标准化管理铸就高效服务

为了满足当地法律要求及规避业务风险，从文档样式到业务工具、标准和流程，德勤都建立了严格细致的规范。例如，在审计领域，除了详细的操作指引以外，每一个德勤的员工都会使用微软公司为德勤量身定做的审计系统——AS2。在财务尽职调查、管理咨询等领域，德勤也同样制定了操作指引。标准化流水线般的运作体系带来的最直接的好处就是最大限度地降低了培训、管理和沟通的成本，也对高效的团队协作和高质量的专业服务提供了有力保障。对于每一个业务参与者来说，其在服务流水线上只需严格按照既定的"工序"和标准做好"填空题"。即使是一个本科毕业的新人，在前辈的指点下，通过"照着做，跟着做"，也能够做到基本不走样，每个新"出炉"的业务报告都能确保格式正确、体系完整、逻辑严密、用语专业，至少很容易符合形式标准。

2. 独立公正文化铸就强大品牌

"四大"把客观、独立、公正、严谨的职业精神作为个人和公司的立身之本，特别是自"安达信事件"之后，"四大"先后建立起自己的内控体系。无论接洽客户、出具资讯报告，抑或与政府主管部门打交道，"合规"都是德勤员工经常挂在嘴边的关键词汇。为了规避合规性风险，无论是客户声誉及业务风险的审核、服务合同的签订，还是服务方案的制订、业务报告的制作，都要经过客观的调研、独立

---

① 邓华平．"四大"为什么能那么大？［EB/OL］．(2017-02-08)［2020-5-30］.sohu.com/a/125753491_406657.

的专业判断，还有合伙人及专门的内部控制部门进行严谨细致的层层把关。除此之外，对于可能危及公司声誉或社会形象的业务和客户，德勤还建立了敏感地区、敏感行业、经营异常客户以及高风险业务的"灰名单"库，从而在接洽业务时对业务风险严格把控并谨慎地予以回避。在德勤，每一个员工都把公司品牌和自己的职业声誉当成自己的生命来珍惜，把客观、独立、公正、严谨的企业文化渗透于每一个业务细节，在财务审计和税务咨询等业务领域赢得政府部门和跨国公司的广泛信任。

3. 高度共享全球服务形成核心竞争力

"四大"每年营业收入高达数百亿美元，但世界五百强中并没有"四大"的影子。其实，所谓"四大"，根本就不是一家企业，而是类似于联合国的一个国际性会计师事务所联盟。各成员机构之间虽然在运营中保持着很强的独立性，总部对分部也没有绝对的控制权，但能在统一品牌、统一文化、统一管理体系下保持充分共享和高度协同。

在技术支持方面上，"四大"各成员会计师事务所都有专人负责资讯收集、整理、撰写和网络培训，并通过官网、微信公众号等实时更新，确保全球同步共享。在业务支持方面，以德勤审计和税务为例，"四大"设有国际税务中心，在美国纽约和中国香港各设一个中心，来自世界上15个主要司法辖区的专家（高级经理或以上）常驻纽约和香港，两个中心的相关专业人员通过电视电话会议、电子邮件等，调配全球数十万人的专业服务队伍，在时差、语言、文化、知识、技能方面基本形成互补，从而保证全球专业化服务不受时差、地域阻隔、语言和知识障碍的影响，得以低成本、优质、高效地完成。

4. 创新和跨界融合赢取先机

在行业发展方面，"四大"更是擅长把握客户需求和未来趋势，通过理念、方法、工具、服务领域的创新与跨界整合，从而占尽行业先机，这一直都是"四大"得以不断壮大的秘密武器。在会计准则修订、税制改革、国际反避税规则制定中，"四大"凭借丰富的行业经验和较高的研究水平，掌握着一定的话语权，从而率先取得业务机会。在技术创新方面，德勤率先将人工智能、机器人和无人机等高科技运用至审计领域。在业务领域方面，也许在社会公众看来，"四大"仅仅是财务审计领域全球最大的四家会计师事务所。其实，"四大"依托其优质的客户资源、强大的品牌形象和较强的商业敏感性一直在开疆拓土，早已从传统的财务审计领域拓展到"一条龙"式的综合服务类公司，在财务外包、税务咨询及代理、管理咨询到信息技术服务、法律服务、家族财富管理等专业服务领域无所不在。在同一品牌和业务管理体系下，这些业务领域分别对应着会计师事务所、管理咨询公司、律师事务所、信息技术服务公司等不同性质的独立的专业运营机构。除非最高层的管理合伙人，即便是资深员工也不一定能全部知晓所有业务领域及其服务机构。传统审计业务收入仅占其全部营业收入的30%~40%，并且其比重还在不断下降。

六、参考文献

[1] 刘明辉, 史德刚. 审计 [M]. 大连: 东北财经大学出版社, 2017.

[2] 中国注册会计师协会. 审计 [M]. 北京: 中国财政经济出版社, 2018.

[3] 杨闻萍. 审计学 [M]. 北京: 中国人民大学出版社, 2012.

审/计/习/题/与/案/例

第二章
我国审计职业规范

一、学习目标及要求

注册会计师执业准则是指注册会计师在执行业务的过程中应遵守的职业规范，包括业务准则和质量控制准则。执业准则的根本作用在于保证注册会计师执业质量、维护社会经济秩序以及增强社会公众对注册会计师职业的信任。本章主要介绍鉴证业务基本准则和业务质量控制准则。通过对本章的学习，学生应熟悉中国注册会计师执业准则体系的框架及内容。

二、重要名词

1. 执业准则
2. 鉴证业务
3. 中国注册会计师执业准则体系
4. 审计准则
5. 质量控制准则
6. 业务质量控制

三、重难点问题

1. 我国注册会计师执业准则体系的组成架构。
2. 我国注册会计师审计准则包含的内容。
3. 业务质量控制的要素及具体内容。

四、练习题

（一）单选题

1. 注册会计师执业准则主要包括（　　）。
    A. 业务准则和质量控制准则
    B. 相关服务准则
    C. 审计准则
    D. 审阅准则
2. 注册会计师执行的下列业务中保证程度最高的是（　　）。
    A. 财务报表审计
    B. 代编财务信息
    C. 财务报表审阅
    D. 对财务信息执行的商定程序
3. 注册会计师执行下列业务中对保证程度描述不正确的是（　　）。
    A. 代编财务信息不需要任何程度的保证
    B. 财务信息执行商定程序仅需要有限保证
    C. 预测性财务信息审核业务有可能是有限保证也有可能是合理保证
    D. 验资要合理保证

4. 鉴证业务要素不包括（　　　）。
   　A. 鉴证对象　　　　　　　　　B. 鉴证对象信息
   　C. 证据　　　　　　　　　　　D. 鉴证报告
5. 会计师事务所中对质量控制制度承担最终责任的是（　　　）。
   　A. 所长　　　　　　　　　　　B. 项目经理
   　C. 项目合伙人　　　　　　　　D. 主任会计师
6. 针对质量控制制度的目标和要素，下列说法中不恰当的是（　　　）。
   　A. 会计师事务所应当明确对业务质量承担的领导责任
   　B. 会计师事务所质量控制制度仅对注册会计师执行审计业务提出要求
   　C. 质量控制制度只能合理保证注册会计师出具适合具体情况的报告
   　D. 质量控制制度不仅规范会计师事务所接受客户关系，同时规范保持具体业务
7. 针对会计师事务所指导、监督与复核的总体要求，下列说法中正确的是（　　　）。
   　A. 使审计项目组了解审计工作目标
   　B. 考虑审计项目组是否有足够的时间执行审计工作
   　C. 审计项目合伙人检查各成员是否能够顺利完成审计工作
   　D. 通过实施质量控制政策和程序，保持业务执行质量的一致性
8. 如果会计师事务所承接业务后发现下列情形，应考虑终止该项审计业务的是（　　　）。
   　A. 审计项目组关键成员出现个人贷款无力偿还而遭受诉讼纠纷
   　B. 管理层严重不诚信
   　C. 审计项目组不能在审计业务约定条款要求的时间内完成业务，必须推迟出具审计报告
   　D. 审计项目组对于确定存货存在认定缺乏胜任能力，必须利用专家的工作
9. 针对项目质量控制复核的时间，下列说法中正确的是（　　　）。
   　A. 与审计委员会沟通后完成项目质量控制复核
   　B. 与治理层沟通后完成项目质量控制复核
   　C. 与管理层沟通后完成项目质量控制复核
   　D. 在出具审计报告前完成项目质量控制复核
10. 针对会计师事务所的投诉和指控，下列说法中不恰当的是（　　　）。
   　A. 匿名的投诉和指控更加真实，会计师事务所鼓励匿名投诉和指控
   　B. 会计师事务所应当表明所有的投诉和指控都将得到记录、调查，并且会将结果反馈给投诉和指控人
   　C. 对于来自会计师事务所外部的投诉与指控，会计师事务所通常可以认为该投诉和指控具有较高程度的真实性
   　D. 如果投诉和指控人要求对其身份保密，会计师事务所应当予以保密，未经本人许可，不得披露其姓名

（二）多选题

1. 鉴证业务的目标可以分为（　　）。

    A. 合理保证   B. 绝对保证

    C. 消极保证   D. 有限保证

2. 在注册会计师的鉴证业务中，下列属于"预期使用者"的是（　　）。

    A. 股东及潜在投资者   B. 债权人

    C. 管理层   D. 证券交易机构

3. 注册会计师对鉴证对象信息提出结论主要是为了提高（　　）利害关系人对鉴证对象信息的信任程度。

    A. 管理层和治理层   B. 证券交易机构

    C. 股东、债权人   D. 金融机构及潜在投资者

4. 会计师事务所可以通过（　　）途径提高审计项目组人员素质和专业胜任能力。

    A. 由经验更丰富的员工提供辅导   B. 提升工作经验

    C. 同业互查和舆论宣传   D. 职业教育和职业发展

5. 如果审阅发现因标准或鉴证对象不适当而造成工作范围受到限制，注册会计师不适宜采取的行动有（　　）。

    A. 要求甲公司将该项业务变更为其他类型的鉴证业务或相关服务业务

    B. 视其重大与广泛程度出具保留意见或否定意见的报告

    C. 视其重大与广泛程度出具保留意见或无法表示意见的报告

    D. 单方面解除业务约定，而无须与甲公司管理层沟通

6. 针对质量控制制度目标，下列说法中正确的有（　　）。

    A. 评价注册会计师自身的执行能力

    B. 保持独立性、提高审计项目组专业胜任能力

    C. 会计师事务所和审计项目合伙人出具适合具体情况的报告

    D. 会计师事务所及其人员遵守执业准则和法律法规的规定

7. 审计项目组内部复核应当考虑的事项包括（　　）。

    A. 重大事项是否已提请进一步考虑

    B. 是否需要修改已执行审计工作的性质、时间安排和范围

    C. 审计程序的目标是否已实现

    D. 已获取的审计证据是否充分、适当以支持审计报告

8. 下列有关会计师事务所获取独立性书面确认函的说法中正确的有（　　）。

    A. 书面确认函必须是纸质的

    B. 书面确认函既可以是纸质的，也可以是电子形式的

    C. 应当每年至少一次向所有需要按照相关职业道德要求保持独立性的人员获取其遵守独立性政策和程序的书面确认函

    D. 当有其他会计师事务所参与执行部分业务时，会计师事务所也可以向其获取有关独立性的书面确认函

9. 下列有关会计师事务所项目质量控制复核的说法中正确的有（　　）。

    A. 对所有符合标准的业务实施项目质量控制复核

    B. 由项目合伙人委派项目质量控制复核人

    C. 对所有上市实体财务报表审计实施项目质量控制复核

    D. 明确标准，据此评价所有其他的历史财务信息审计和审阅、其他鉴证和相关服务业务，以确定是否应当实施项目质量控制复核

10. 会计师事务所为了持续改进项目质量控制复核，可以采取的措施有（　　）。

    A. 定期召开项目质量控制复核人员会议

    B. 开发广泛应用的项目质量控制复核培训课程

    C. 对项目质量控制复核人员的工作按照会计师事务所的相关政策和程序进行考核

    D. 汇编形成项目质量控制复核问题案例

11. 中国注册会计师职业准则体系不包括（　　）。

    A. 注册会计师职业道德规范   B. 注册会计师业务准则

    C. 会计师事务所质量控制准则   D. 内部控制准则

12. 注册会计师执业准则的作用包括（　　）。

    A. 衡量和评价注册会计师执业质量提供依据，提高注册会计师的执业质量

    B. 规范审计工作，维护社会经济秩序

    C. 增强社会公众对注册会计师职业的信任

    D. 维护注册会计师的正当权益，免受不公正的指责和控告

    E. 推动审计理论与鉴证业务的研究和现代化审计人才的培养

（三）判断题

1. 如果组成部分业务报告日早于集团业务报告日，会计师事务所应当自集团业务报告日起对组成部分业务工作底稿至少保存 5 年。（　　）

2. 会计师事务所在安排复核工作时，应当由项目组内经验较为丰富的人员复核经验较少的人员的工作。（　　）

3. 会计师事务所应当每年至少一次向所有需要按照相关职业道德要求保持独立性的人员，获取其遵守独立性政策和程序的书面确认函。（　　）

4. 网络事务所是指属于某一网络的会计师事务所或实体。（　　）

5. 在注册会计师执业准则体系中，准则编号由 3 位数组成。（　　）

（四）简答题

ABC 会计师事务所接受委托，负责审计上市公司甲银行 2019 年财务报表，并委派 A 注册会计师担任审计项目合伙人，B 注册会计师为项目质量控制复核人。相关事项如下：

（1）A 注册会计师是新晋升的合伙人，首次负责银行审计项目，以前一直从事房地产行业的审计。

（2）在审计过程中，A 注册会计师就所有重大问题与 B 注册会计师进行了讨论，并由 B 注册会计师做出决策。

（3）在出具审计报告前，A 注册会计师就一重大会计问题向会计师事务所技术部门进行了咨询。由于双方意见一致，A 注册会计师没有就咨询事项和结果形成审计工作底稿。

（4）审计项目组成员 C 发现甲银行财务经理有舞弊的迹象。B 注册会计师根据对甲银行财务经理的了解，认为其不会舞弊，没有必要追加审计程序，并说服 A 注册会计师出具了审计报告。

（5）A 注册会计师在出具审计报告后次日对审计工作底稿进行了复核。

要求：针对上述（1）至（5）项内容，逐项指出 ABC 会计师事务所及其注册会计师的做法是否恰当。如不恰当，简要说明理由。

五、案　例

某会计师事务所为了提高执业水平，保证执业质量，建立和实施了具有特色的质量管理模式。其发展方针为："宁要发展 100 年，不要风险收入 100 万元。"

该会计师事务所集中了一批优秀人员，历时几个月，在总结会计师事务所十几年发展经验的基础上，经多方查阅资料，借鉴国内外同行的先进经验，结合实际情况，经过几十次的讨论和反复修改，制定了一整套执业质量监管制度。这套制度包括质量控制方面的《审计执业质量控制制度》《关于业务承接的有关规定》《审计工作底稿三级复核制度》《关于业务监管程序的规定》以及质量考核方面的《执业质量考核暂行办法》《上市公司业务考核实施细则》《内资企业审计业务考核实施细则》《外商投资企业审计业务考核实施细则》。这些制度汇编成厚厚的一本书，人手一册。该会计师事务所不仅要求大家认真学习和掌握这套制度，而且要求大家保管好这套制度，以便随时查阅，并规定，如果丢失要罚款 1 000 元。

为了保证质量监管制度的贯彻实施，该会计师事务所建立了完善的质量控制体制，而且专门选拔业务骨干成立了业务监管部，负责业务质量监管。为了突出业务监管部的地位和作用，该会计师事务所由一位副所长兼任业务监管部部门经理。业务监管部的职责贯穿每项执业活动的全过程，不仅进行事后监督，还要进行事前监督和事中监督。在承接业务时，业务监管部根据取得的资料，帮助分析审计风险点，以明确审计策略及审计重点。在外勤审计阶段，业务监管部可以根据情况直接进入现场对执业人员执行的审计程序和形成的工作底稿进行检查，对发现的问题，要求执业人员改正或做出重新处理。在报告阶段，业务监管部出具检查和复核意见后才能由该会计师事务所领导签发出具报告。另外，业务监管部还要根据具体情况，从各类业务报告中选取 10%~30% 进行定期或不定期的抽查，并将抽查结果直接向该会计师事务所所长汇报。

为了使质量控制落到实处，该会计师事务所还专门建立了质量考核机制，根据每类业务制定了详细的考核制度，将执业程序分解成各个考核项目，分别确定考核要求与扣分标准，对工作底稿进行定期或不定期考核，并将考核要求作为个人晋升、奖惩的依据。

　　该会计师事务所在加强质量监管的同时，也非常注重职业道德教育，要求员工自觉维护职业形象。该会计师事务所规定了"三原则"和"六不准"。"三原则"是指"决不降价取悦客户，决不参与不正当竞争，决不扰乱执业环境"。"六不准"是"不准做违反国家规定的业务，不准做无政策依据的业务，不准做有损会计师事务所形象的业务，不准做有风险的业务，不准做有重大遗留问题的业务，不准出具虚假报告"。该所经常以情况简报的形式将执业中出现的问题予以公布，要求大家从中吸取教训，并常以"永远不要忘记"为题，就执业中的重要风险领域进行讲解，也专门召开座谈会，讨论一些事件的深刻教训，让警钟长鸣。在加强职业道德教育的同时，该会计师事务所对员工违反职业道德的行为规定了严厉的处罚措施。

　　思考：（1）结合会计师事务所质量控制准则的要求分析该会计师事务所的质量控制措施的不足之处。

　　（2）试分析会计师事务所质量控制的重要性。

　　（3）我国目前会计师事务所质量控制中存在的主要问题有哪些？

六、参考文献

[1] 刘明辉，史德刚. 审计 ［M］. 大连：东北财经大学出版社，2017.

[2] 中国注册会计师协会. 审计 ［M］. 北京：中国财政经济出版社，2018.

[3] 杨闻萍. 审计学 ［M］. 北京：中国人民大学出版社，2012.

第三章
审计人员职业道德及法律责任

一、学习目标及要求

通过对本章的学习，学生应掌握注册会计师职业道德基本原则，熟悉注册会计师职业道德概念框架，掌握对注册会计师职业道德构成不利影响的因素，熟悉对注册会计师职业道德构成不利影响的情形，掌握对注册会计师审计独立性构成不利影响的具体情形和相应的防范措施，熟悉注册会计师法律责任的形式。

二、重要名词

1. 职业道德基本原则
2. 职业道德概念框架
3. 自身利益
4. 自我评价
5. 过度推介
6. 密切关系
7. 外在压力
8. 网络事务所
9. 关联实体
10. 公众利益实体
11. 独立性
12. 关键审计合伙人
13. 违约
14. 欺诈

三、重难点问题

1. 注册会计师职业道德六项基本原则。
2. 审计独立性的内涵。
3. 对注册会计师职业道德构成不利影响的五个因素。
4. 对注册会计师审计独立性构成不利影响的具体情形。
5. 对注册会计师审计独立性构成不利影响相应的防范措施。
6. 注册会计师法律责任的概念。
7. 注册会计师的民事责任、行政责任、刑事责任。

四、练习题

（一）单选题

1. 以下各项中不属于职业道德基本原则的是（　　）。
   A. 及时性
   B. 保密
   C. 良好职业行为
   D. 专业胜任能力和应有的关注

15

2. 以下关于保密原则的表述中错误的是（　　）。

A. 注册会计师在执行审计业务时要对涉密信息保密

B. 注册会计师不应使用客户的涉密信息为自己或他人牟利

C. 注册会计师应当警惕向近亲属或关系密切的人员无意泄密的可能性

D. 注册会计师在终止审计服务起满 20 年则可不再履行保密义务

3. 会计师事务所的下列行为不会对职业道德基本原则产生不利影响的是（　　）。

A. 向客户暗示有能力影响监管机构　　　B. 发布迁址公告

C. 在电视台黄金时间刊登广告，称其是全世界一流的会计师事务所

D. 在招聘广告中刊登其在全国会计师事务所排名超过了国内的几家大型会计师事务所

4. 下列各项中不属于可能因为自身利益导致对职业道德产生不利影响的情形是（　　）。

A. 拥有审计客户的股票

B. 注册会计师在评价所在会计师事务所以往提供的专业服务时，发现了重大错误

C. 会计师事务所的收入过分依赖某一客户

D. 会计师事务所受到客户解除业务关系的威胁

5. 下列事项中不对注册会计师职业道德基本原则产生不利影响的是（　　）。

A. 审计期间恰逢春节之际，被审计单位给每位项目组成员赠送了一张价值 2 000 元的超市购物卡

B. 审计项目组的高级经理准备在项目结束后跳槽到审计客户处担任副总经理职位，会计师事务所不知情。

C. 被审计单位给审计项目组成员提供工作餐

D. 审计客户许诺如果出具无保留意见的审计报告，下一年的审计业务也由该会计师事务所负责

6. ABC 会计师事务所自 2020 年 1 月 3 日起对甲公司 2019 年财务报表实施审计工作，2020 年 1 月 25 日出具审计报告，注册会计师应当保持独立性的期间是（　　）。

A. 2019 年 1 月 1 日至 2020 年 1 月 25 日

B. 2020 年 1 月 1 日至 2020 年 1 月 25 日

C. 2019 年 1 月 1 日至 2019 年 12 月 31 日

D. 2020 年 1 月 3 日至 2020 年 1 月 25 日

7. ABC 会计师事务所负责审计甲公司 2019 年财务报表，项目组成员 A 注册会计师继承了其父亲留下的 100 万元的甲公司股票，下列防范措施中合理的是（　　）。

A. A 注册会计师承诺不会被经济利益影响自己的客观性

B. 复核 A 注册会计师的工作

C. A 注册会计师处置部分股票，使剩余股票金额不再重大

D. A 注册会计师立即处置全部股票

8. ABC 会计师事务所前任高级合伙人 H 在审计业务期间加入审计客户甲上市公司担任董事，将因（　　）对独立性产生不利影响。

    A. 外在压力   B. 自身利益

    C. 自我评价   D. 过度推介

9. 下列关系中不能通过调离项目组成员消除对独立性的不利影响或将其降低至可接受的水平的是（　　）。

    A. 会计师事务所与被审计单位存在密切的商业关系

    B. 审计项目组成员的其他近亲属处在重要职位或可以对财务报表施加重大影响

    C. 审计项目组成员与审计客户重要职位的人员具有密切关系

    D. 审计项目组成员的主要近亲属处在被审计单位的重要职位

10. 下列有关职业道德基本原则的说法中错误的是（　　）。

    A. 注册会计师只要执行业务就必须遵守独立性的要求

    B. 注册会计师应当对拟接受的客户向其披露的涉密信息保密

    C. 客观公正原则要求注册会计师不应因偏见、利益冲突以及他人的不当影响而损害职业判断，独立于鉴证客户是遵循客观公正基本原则的内在要求

    D. 在推介自身和工作时，注册会计师不应对其能够提供的服务、拥有的资质以及积累的经验进行夸大宣传

11. 下列有关注册会计师法律责任的判断中正确的是（　　）。

    A. 注册会计师明知 A 公司的财务报表有重大错报，却加以虚伪地陈述，出具无保留意见的审计报告，应属于注册会计师的欺诈行为，注册会计师和 A 公司管理层都应承担相应的法律责任

    B. 注册会计师未检查出财务报表的重大错报，即构成审计失败，注册会计师应承担相应的法律民事责任或刑事责任

    C. C 公司于 2020 年 5 月完成验资，2020 年 6 月成立。D 公司因依据注册会计师的验资报告与 C 公司建立供货关系。2021 年，D 公司应收 C 公司货款到期前，C 公司因虚假出资被查处且不久破产已无力偿还货款，D 公司可向法院申请要求注册会计师在其不实审验金额范围内承担连带赔偿责任

    D. 在对 D 公司 2020 年的财务报表进行审计时，已对 D 公司提前确认收入出具了保留意见的审计报告，但注册会计师未发现 D 公司少计制造费用的事实。该项错报也可能导致注册会计师出具保留意见的审计报告。因为注册会计师已经出具了保留意见的审计报告，所以注册会计师不应承担民事赔偿责任

（二）多选题

1. 下列各项中属于对遵循职业道德基本原则产生不利影响的因素有（　　）。

    A. 过度推介   B. 自我评价

    C. 客观和公正   D. 外在压力

2. 下列防范措施中能够消除或降低对客观和公正原则的不利影响的有（　　　）。

    A. 退出项目组　　　　　　　　　　　　B. 实施督导程序

    C. 终止产生不利影响的经济利益或商业关系

    D. 与会计师事务所内部较高级别的管理人员讨论有关事项

3. 以下属于自身利益导致的不利影响的情形有（　　　）。

    A. 会计师事务所的收入过分依赖某一客户

    B. 会计师事务所与客户就审计业务达成或有收费的协议

    C. 审计项目组成员在审计客户中拥有少量股票

    D. 在审计客户与第三方发生诉讼或纠纷时，注册会计师担任该客户的辩护人

4. 会计师事务所的下列行为中违反职业道德基本原则的有（　　　）。

    A. 通过报纸刊登事务所合并的行为　　　B. 为获得客户支付业务介绍费

    C. 帮审计客户介绍生意并向其收取佣金

    D. 与审计客户签订审计业务约定书，约定由审计客户报销审计项目组成员的交通、住宿和工作餐

5. 下列情形中不属于因自我评价导致不利影响的情形的有（　　　）。

    A. 注册会计师在评价所在会计师事务所以往提供的专业服务时，发现了重大错误

    B. 会计师事务所在对客户提供财务系统的设计或操作服务后，又对系统的运行有效性出具鉴证报告

    C. 审计项目组成员担任或最近曾经担任客户的董事或高级管理人员

    D. 审计项目组成员的近亲属担任客户的董事或高级管理人员

6. ABC 会计师事务所承接甲公司 2019 年财务报表审计业务，A 是 ABC 会计师事务所的合伙人之一，因为其妻子在甲公司担任高级管理人员，所以 ABC 会计师事务所委派了另一合伙人 B 担任该项目的项目合伙人，而 A 只作为项目组成员。针对这种情形，以下说法中不正确的有（　　　）。

    A. ABC 会计师事务所的现有安排可以消除对独立性产生的不利影响

    B. ABC 会计师事务所现有的安排仍然可能因自身利益、密切关系或外在压力对独立性产生不利影响

    C. 因为 A 的妻子不是审计项目组成员，所以并不影响审计项目组的独立性

    D. ABC 会计师事务所应当将 A 调离项目组

7. 会计师事务所、审计项目组成员或其主要近亲属从审计客户处购买商品或服务，以下说法中正确的有（　　　）。

    A. 如果按照正常的商业程序公平交易，通常不会对独立性产生不利影响

    B. 如果交易性质特殊或金额较大，可能因自身利益产生不利影响

    C. 如果交易因金额较大对独立性产生不利影响，可以采取降低交易规模的防范措施

    D. 会计师事务所、审计项目组成员或其主要近亲属不得从审计客户处购买商品或服务。

8. 下列商业关系中会对独立性产生不利影响的有（　　）。

    A. 审计项目合伙人在与客户或其控股股东、董事、高级管理人员共同开办的企业中拥有经济利益

    B. 按照协议，将会计师事务所的产品或服务与客户的产品或服务结合在一起，并以双方名义捆绑销售

    C. 按照协议，会计师事务所销售或推广客户的产品或服务，或者客户销售或推广会计师事务所的产品或服务

    D. 会计师事务所员工从商场按照市场价格购买被审计单位的商品，并且交易金额较小

9. 为被审计单位提供的下列服务中通常不会对独立性产生不利影响的有（　　）。

    A. 分析监管机构要求提供的信息，并且不承担管理层职责

    B. 将按照中国企业会计准则编制的财务报表转换为按照国际会计准则编制的财务报表，并且不承担管理层职责

    C. 会计师事务所暂时借调员工给客户提供日常行政事务性的工作

    D. 为属于公众利益实体的审计客户编制所审计的财务报表

10. A 注册会计师从 2014 年到 2017 年连续担任甲上市公司财务报表审计业务的项目质量控制复核人，2018 年担任甲公司的项目合伙人。下列说法中正确的有（　　）。

    A. A 注册会计师不能再担任甲公司 2019 年财务报表审计业务的项目质量控制复核的负责人

    B. A 注册会计师可以继续为甲公司 2019 年财务报表审计业务提供咨询

    C. A 注册会计师不能再担任甲公司 2019 年财务报表审计业务的签字注册会计师

    D. A 注册会计师不能再担任甲公司 2019 年财务报表审计业务的项目合伙人

11. 会计师事务所能够证明以下情形之一时，可以不承担责任的有（　　）。

    A. 已经遵守执业准则、规则确定的工作程序并保持必要的职业谨慎，但仍未能发现被审计单位的会计资料错误

    B. 审计业务所必须依赖的金融机构等单位提供虚假或不实的证明文件，注册会计师未能发现虚假或不实

    C. 已对被审计单位的舞弊迹象提出警告并在审计报告中予以指明

    D. 为登记时未出资或未足额出资的出资人出具不实报告，但出资人在登记时已补足出资

12. 下列关于注册会计师在受到指控时的抗辩事由合理的有（　　）。

    A. 无提供服务义务，即注册会计师声称会计师事务所和客户没有隐含或明确的服务合同

    B. 审计中无过失行为　　　　　　　　C. 存在共同过失

    D. 缺乏因果关系

13. 会计师事务所与被审计单位承担连带责任的情形包括（　　）。

    A. 与被审计单位恶意串通

    B. 明知被审计单位对重要事项的财务会计处理与国家有关规定相抵触而不予指明

    C. 明知被审计单位的财务会计处理会直接损害利害关系人的利益而予以隐瞒或做不实报告

    D. 明知被审计单位的财务会计处理会导致利害关系人产生重大误解而不予指明

14. 注册会计师在验资业务中出具了不实报告，下列赔偿责任的判定中得当的有（　　）。

    A. 如果明知出资人虚假出资而出具了不实的验资报告，注册会计师应在被审验单位、出资人的财产依法强制执行后仍不足以赔偿损失时，在不实审验金额范围内赔偿

    B. 如果明知出资人虚假出资而出具了不实的验资报告，注册会计师先行赔偿并有可能赔偿数额超出其不实审验金额范围

    C. 如果因过失出具了不实的验资报告，在被审验单位、出资人的财产依法强制执行后利害关系人的损失全部得以赔偿后，会计师事务所不必再承担赔偿责任

    D. 注册会计师在保持必要的职业谨慎并按相关准则和规定进行审验后，仍未发现出资人虚假出资，且事后未补足，在依法执行被审验单位、出资人的财产后仍不足以赔偿损失的，注册会计师在其审验的不实数额范围内向利害关系人承担补充赔偿责任

（三）判断题

1. 注册会计师只要考取了注册会计师证书就具备了专业胜任能力。（　　）

2. 注册会计师在与前任注册会计师沟通前，应征得客户的同意。（　　）

3. 注册会计师在终止客户关系两年之后披露客户的相关信息不违反保密原则。（　　）

4. 如果注册会计师为获得某一客户支付介绍费，将因自身利益对审计独立性产生不利影响。（　　）

5. 会计师事务所受到客户解除业务关系的威胁可能会因过度推介对审计独立性构成不利影响。（　　）

6. 注册会计师在执行鉴证业务时，不得因任何利害关系影响其客观、公正的立场。（　　）

7. 通过获取和保持专业胜任能力与应有的关注可以消除审计固有局限性。（　　）

8. 客户的员工对所涉事项更具专长可能会因外在压力对注册会计师的审计独立性构成不利影响。（　　）

9. 如果注册会计师认为被审计单位财务信息含有严重虚假或误导性的陈述，则注册会计师不得与这些有问题的信息发生牵连，这是对诚信基本原则的要求。（　　）

10. 审计项目组成员可以享受客户的员工价从审计客户处购买商品或服务，不会影响职业道德。　　　　　　　　　　　　　　　　　　　　　　（　　）

（四）简答题

1. ABC 会计师事务所委派 A 注册会计师担任上市公司甲公司 2019 年度财务报表审计项目合伙人。ABC 会计师事务所和 XYZ 公司处于同一网络。审计项目组在审计中遇到下列事项：

（1）审计项目组成员 B 的妻子，通过继承，获得甲公司股票 3 000 股，市值 9 000元。

（2）审计项目组受邀参加了甲公司年度股东大会，全体参与人员都获得甲公司生产的手机作为礼品。

（3）审计项目组成员 C 注册会计师自 2015 年以来一直协助甲公司编制财务报表。

（4）甲公司请审计项目组对其自行设计的计算机信息系统进行评价并提出建议。

（5）A 注册会计师的妻子在甲公司担任人事部经理。

（6）甲公司聘请 XYZ 公司担任某合同纠纷的诉讼代理人，诉讼结果将对甲公司财务报表产生重大影响。

要求：请逐项指出上述事项（1）至事项（6）是否影响独立性，并简要说明理由。

2. ABC 会计师事务所自 2015 年起已连续 5 年承接甲银行总行的年度财务报表审计业务，A 注册会计师一直担任项目合伙人。ABC 会计师事务所与甲银行总行于 2019 年 5 月续签了 2020—2023 年财务报表审计业务约定书。A 注册会计师接受委派担任 2019 年财务报表审计项目合伙人。在审计 2019 年的财务报表过程中，审计项目组发生下列与职业道德有关的事项：

（1）ABC 会计师事务所按照正常的商业条件在甲银行开立存款和交易账户。

（2）甲银行因业务需求，要求 ABC 会计师事务所加快进度加班完成，承诺一旦如期完成，将安排项目合伙人去欧洲旅游。

（3）审计项目组成员 B 为购置新房按照正常的程序从甲银行取得贷款 100 万元。

（4）审计项目组成员 C 的父亲在甲银行中担任基建处处长，甲银行目前正在建设耗资 9 000 万元的办公大楼。

（5）D 注册会计师是审计乙公司的项目合伙人，与 A 注册会计师都隶属于北京分部，D 注册会计师的妻子拥有甲银行 1 000 股股票，市值 1 000 元。

（6）因为 A 注册会计师连续担任项目合伙人五年，为了避免密切关系对独立性产生不利影响，在结束 2019 年审计工作后，ABC 事务所安排 A 注册会计师自 2020 年起担任甲银行审计项目质量控制复核人。

（7）项目组成员 E 与甲银行协商担任甲银行的投资理财顾问，E 未将该情况告知 ABC 会计师事务所。

（8）在审计过程中，甲银行为了履行纳税申报义务，要求 ABC 会计师事务所计算当期所得税和递延所得税以用于编制会计分录。

要求：请逐项指出上述事项（1）至事项（8）是否影响独立性，并简要说明理由。

3. D 注册会计师负责对上市公司丁公司 2019 年财务报表进行审计。2019 年，丁公司管理层通过与银行串通编造虚假的银行进账单和银行对账单，虚构了一笔大额营业收入。D 注册会计师实施了向银行函证等必要审计程序后，认为丁公司 2019 年财务报告不存在重大错报，出具了无保留意见审计报告。在丁公司 2019 年度已审计财务报表公布后，股民甲购入了丁公司股票。随后，丁公司财务舞弊案件曝光，并受到监管部门的处罚，其股票价格大幅下跌。为此，股民甲向法院起诉 D 注册会计师，要求其赔偿损失。D 注册会计师以其与股民甲未构成合约关系为由，要求免于承担民事责任。

要求：（1）为了支持诉讼请求，股民甲应当向法院提出哪些理由？

（2）指出 D 注册会计师提出的免责理由是否正确，并简要说明理由？

（3）在哪些情形下，D 注册会计师可以免于承担民事责任？

五、案　例

《中国会计报》：职业道德是整个会计师行业的基础
——专访 IESBA 主席斯达沃斯·汤马达基斯①

国际会计师职业道德准则理事会（IESBA）主席斯达沃斯·汤马达基斯

---

① 营莹.《中国会计报》：职业道德是整个会计师行业的基础——专访 IESBA 主席斯达沃斯·汤马达基斯 [EB/OL].（2019-11-25）[2020-5-30]. http://www.cicpa.org.cn/Media_Fax/201911/t20191125_52241.html.

（Stavros B. Thomadakis）来访中国。《中国会计报》记者对其进行了专访，请斯达沃斯·汤马达基斯回答国际会计师职业道德守则的制定、中国注册会计师职业道德守则与国际职业道德守则的趋同、数字化时代职业道德基本原则的适用性、如何增强职业道德观念和职业道德意识等问题。

中国的"与时俱进"

《中国会计报》：IESBA 是如何制定国际会计师职业道德守则的？请介绍国际会计师职业道德守则在全球范围的采用情况。

斯达沃斯·汤马达基斯：IESBA 是一个国际性的、独立的会计师职业道德准则制定机构。在制定和修改准则时，我们的第一个步骤就是在世界各地广泛地磋商和征求意见，征求所有利益相关者的意见。磋商的对象包括会计师行业相关人士、投资人、监管部门官员、政策制定者和各个国家的准则制定机构。我们的准则由一系列原则构成，不是说把各个国家已经制定的规则进行融合折中，然后拿出一个我们自己版本的具体规则，而是要体现一些原则性的规定，这样才能确保准则的普遍适用性。我们的准则制定过程也是非常严谨、有根据的。因此，我们的守则在全世界的采用率是非常高的，大概被包括中国在内的 120 个国家和地区采纳，也被 32 个世界上最大的事务所网络采纳，用于他们的跨国审计。

《中国会计报》：在中国注册会计师职业道德守则与国际会计师职业道德守则的趋同方面，您如何看待中国所做出的努力？

斯达沃斯·汤马达基斯：我非常高兴地看到，中国的准则制定与国际准则之间实现了非常高度的趋同。中国的准则制定者总能与时俱进，他们在这方面的努力也是有目共睹的。中国注册会计师职业道德守则是一个很好的例子。它与国际守则实现了实质性趋同，但在独立性方面有更为严格的要求，如合伙人轮换和亲属关系等，这是我们认同的，因为这些规定比国际守则更为严格，更加适应中国的具体情况，并且这些规定符合国际守则的基本原则，既没有弱化，也没有修改总体目标。2018 年 4 月，IESBA 发布了新修订的国际会计师职业道德守则（包括国际独立性标准）。新守则对原来的守则进行了全面改写，更易于阅读、理解和执行。除了结构调整之外，新守则还整合了 IESBA 过去 4 年在职业道德标准建设方面的重要成果，更清晰地规范了职业会计师应该如何处理职业道德和独立性问题。我们正在呼吁各个已经采纳了原来守则的国家和地区，更新到最新的版本。中国注册会计师协会很敏锐、密切地关注了这一动态，并且正在对标国际准则的新版本来修改中国的会计师职业道德准则。这也是我们希望全球各个国家和地区能做到的，就是要密切关注准则的动态调整，做到与时俱进，跟上步伐。毕竟我们的环境总是在发生变化，国际准则的调整就是一个随时变化的过程。

五大基本原则不会过时

《中国会计报》：在当前飞速发展的数字化时代，会计师职业道德五大基本原则是否仍然适用？如何在信息化时代保持职业怀疑能力？

斯达沃斯·汤马达基斯：IESBA 五大基本原则为会计师提供了道德行为基础，这五项基本原则分别为诚信，客观，专业胜任能力，应有的关注、保密，良好的职业行为。这五大基本原则是不会过时的，甚至在新的时代，这五大基本原则会更有适应性、有针对性。实际上，颠覆性技术的出现会使得五大基本原则的具体内容发生变化。比如在保密方面，会计师需要为客户保密的内容会包括数字化的内容，要关注数据和网络的安全等。同时，会计师行业要保持客观中立，在新技术面前会面临一些挑战，因为审计师进行沟通的对象不一定是人，有可能是具有自我学习能力的机器，或者是其他的人工智能设备。因此，新技术对于行业的影响有两点：一方面会使得我们对于根本原则的应用和理解更加丰富，另一方面是新技术的使用也带来了一定的风险，具体是什么样的风险需要我们去评估，同时积极地做出应对。对于如何在信息化时代保持职业怀疑能力，也是我们正在研究探索的。毕竟在信息化时代，很多数据挖掘和分析工作是由机器完成的，我们没办法检查机器得出结论背后的逻辑、推理分析等中间过程。

事务所管理层要"以身作则"

《中国会计报》：如何平衡公众利益与会计师行业的利益？职业道德在提高审计质量以及会计师行业取得信任当中发挥什么作用？

斯达沃斯·汤马达基斯：会计师行业的一个与众不同的地方就在于，它是承诺要为公众利益服务的。同时，我也相信公众利益与会计师行业利益之间有很多的交叉点，它们是重叠的。会计师行业要在乎自己的声誉、要得到公众信任。没有了信任，我们就不再是一个具有专业威望的行业。比如一些审计失败的案例，一旦被揭露出来，对这个行业就是极大的打击。因此，公众利益与行业利益之间是能够取得平衡的。对于职业道德在提高审计质量以及会计师行业取得信任当中发挥的作用，其实不仅仅是有帮助，而是说职业道德是整个行业的基础。会计行业的职业化发展是离不开职业道德的。我们的五大基本原则，不仅是职业道德守则的制定基础，也是会计师行业获得各个利益相关者信任的基础。

《中国会计报》：如何增强会计师及会计师事务所的道德观念和道德意识？

斯达沃斯·汤马达基斯：会计师行业道德观念和道德意识的培养可以通过以下四个方面实现：一是会计师行业要接受来自各方面的相关教育培训。二是会计师事务所内部要有正确的企业文化。三是要增强公众意识。也就是说，公众也需要认识到，会计师行业是需要具备很严格的职业道德的。四是会计师事务所的管理层要做到以身作则。除了专业能力以外，他们应该成为职业道德的榜样，并影响到自己的下属和同事。因此，会计师行业的职业道德守则是可以被学会的，应该成为整个行业的"公约"。

六、参考文献

［1］魏冬. 关于审计人员职业道德缺失原因及对策研究［J］. 现代营销，2019（5）：20-21.

［2］徐英倩. 经济学视角下审计道德滑坡问题分析与对策［J］. 决策探索（下），2019（5）：85-87.

［3］杨闻萍. 审计学［M］. 北京：中国人民大学出版社，2012.

［4］中国注册会计师协会. 中国注册会计师执业准则应用指南2010［M］. 北京：中国财政经济出版社，2010.

［5］中国注册会计师协会. 审计［M］. 北京：中国财政经济出版社，2018.

第四章
审计目标

- -

一、学习目标及要求

通过对本章的学习，学生应了解审计目标的含义与影响因素；了解审计目标的演变阶段；掌握现阶段我国注册会计师的总体目标；理解注册会计师目标的逻辑过程；掌握管理层和注册会计师对财务报表的责任及两者的关系；掌握注册会计师总体目标、具体审计目标与管理层认定的关系；掌握被审计单位管理层认定的相关内容；掌握审计师根据管理层的认定推论得出一般审计目标；掌握项目审计目标；掌握审计目标的实现过程。

二、重要名词

1. 审计目标　　　　　　　　　　2. 具体审计目标
3. 审计总体目标　　　　　　　　4. 审计一般目标
5. 管理层认定　　　　　　　　　6. 项目审计目标

三、重难点问题

1. 审计总目标及近年来审计总目标的变化。
2. 现阶段我国注册会计师的总目标的内容。
3. 具体审计目标及其确定依据。
4. 审计一般目标及其内容。
5. 项目审计目标及其确定依据。

四、练习题

（一）单选题

1. 一般认为，注册会计师审计的目标的层次为（　　　）。

　　A. 3 个　　　　　　　　　　　B. 1 个
　　C. 2 个　　　　　　　　　　　D. 4 个

2. "发生"认定指记录的交易和事项已发生且与被审计单位有关，其目标主要针对（　　　）。

　　A. 数量　　　　　　　　　　　B. 低估
　　C. 高估　　　　　　　　　　　D. 金额

3. "完整性"认定指所有应当记录的交易和事项都已记录，其目标主要针对（　　　）。

A. 数量   B. 金额

C. 高估   D. 低估

4. 注册会计师计划测试 M 公司 2020 年度主营业务收入的完整性。下列各项审计程序中通常难以实现上述目标的是（　　）、

    A. 抽取 2020 年 12 月 31 日开具的销售发票，检查相应的发运单和账簿记录

    B. 抽取 2020 年 12 月 31 日的发运单，检查相应的销售发票和账簿记录

    C. 从主营业务收入明细账中抽取 2020 年 12 月 31 日的明细记录，检查相应的记账凭证、发运单和销售发票

    D. 从主营业务收入明细账中抽取 2020 年次年 1 月 1 日的明细记录，检查相应的记账凭证、发运单和销售发票

5. 每项审计准则都包含一个或多个目标，关于审计准则中"目标"的理解，下列说法中不正确的是（　　）。

    A. 有助于使注册会计师关注每项审计准则预期实现的结果

    B. 可以帮助注册会计师理解所需完成的工作以及在必要时为完成工作使用的恰当手段

    C. 可以帮助注册会计师确定在审计业务的具体情况下是否需要完成更多的工作以实现目标

    D. 无须与总体目标相联系

6. 被审计单位甲公司于 2019 年 8 月 31 日委托某商场销售自产的电子书阅读器，按照销售额的一定比例支付手续费，在发出商品时账上记录了该笔销售，确认收入结转成本。甲公司的营业收入违反了（　　）认定。

    A. 准确性   B. 发生

    C. 完整性   D. 分类

7. 针对被审计单位将对现销客户的销售折扣比例由原先的 5% 提高到 10% 这一情况，注册会计师最应关注由此导致营业收入项目（　　）认定的重大错报风险。

    A. 截止   B. 发生

    C. 完整性   D. 准确性

8. 为了适应产品的更新换代需要，X 公司已支付大额资金引进全新的生产线代替原有设备，对新老设备进行实物检查后，注册会计师可能最需要关注（　　）的重大错报风险。

    A. 应付账款的完整性   B. 固定资产的计价和分摊

    C. 营业成本的准确性   D. 固定资产的存在

9. 甲公司由于市场竞争对手推出新产品，现有产品因滞销而导致大量积压。据此，注册会计师应当关注甲公司（　　）的重大错报风险。

    A. 存货项目的计价和分摊认定   B. 营业成本项目的准确性认定

    C. 营业收入项目的发生认定   D. 应收账款的完整性认定

10. 下列各事项中不属于违反完整性认定的是（　　）。

    A. 甲公司 12 月 5 日采购原材料时，已收到材料，但发票账单一直未收到，甲公司至 12 月 31 日尚未进行账务处理

B. 乙公司赊销一批产品给 A 公司，但由于财务人员请假，至 12 月 31 日尚未登记收入明细账

C. 丙公司 12 月 29 日从银行提取现金 1 万元，但截至 12 月 31 日尚未登记银行存款明细账（已登记现金日记账）

D. 丁公司 12 月发生销售商品退回，12 月 15 日收到退回商品，由于盘点入库人员离职，截至 12 月 31 日尚未入账

11. 下列各项中为获取适当审计证据所实施的审计程序与审计目标最相关的是（   ）。

A. 从甲公司销售发票中选取样本，追查至对应的发货单，以确定销售的完整性

B. 实地观察甲公司固定资产，以确定固定资产的所有权

C. 对已盘点的甲公司存货进行检查，将检查结果与盘点记录相核对，以确定存货的计价正确性

D. 复核甲公司编制的银行存款余额调节表，以确定银行存款余额的正确性

（二）多选题

1. 审计目标是（   ）。

A. 整个审计系统运行的定向机制　　　B. 审计工作的出发点和落脚点

C. 构成审计理论结构的基石　　　　　D. 审计的基本职能

2. 社会环境对审计目标的制约主要体现在（   ）

A. 社会观念　　　　　　　　　　　B. 法庭判决

C. 会计职业团体　　　　　　　　　D. 国家法律

3. 审计目标的主要影响和决定因素有（   ）。

A. 社会环境　　　　　　　　　　　B. 生产力水平

C. 审计能力　　　　　　　　　　　D. 社会需求

4. 关于注册会计师执行财务报表审计工作的目标，下列说法中正确的有（   ）。

A. 总体目标包括对财务报表整体是否不存在重大错报获取合理保证，使得注册会计师能够对财务报表是否在所有重大方面按照适用的财务报告编制基础编制发表审计意见

B. 审计的总体目标是指注册会计师为完成整体审计工作而达到的预期目的

C. 具体审计目标是指注册会计师通过实施审计程序以确定管理层在财务报表中确认的各类交易、账户余额、披露层次认定是否恰当

D. 总体目标包括按照审计准则的规定，根据审计结果对财务报表出具审计报告，并与管理层和治理层沟通

5. 注册会计师运用审计准则规定的目标评价是否获取充分适当的审计证据，如果评价结果认为没有获取充分适当的审计证据，注册会计师可以采取的措施包括（   ）。

A. 评价通过遵守其他审计准则是否已经获取进一步的相关审计证据

B. 在执行一项或多项审计准则的要求时，扩大审计工作的范围

C. 评价通过遵守其他审计准则是否将会获取进一步的相关审计证据

D. 实施注册会计师根据具体情况认为必要的其他程序

6. 下列各项中不属于与审计期间各类交易和事项相关的认定的有（ ）。

A. 发生   B. 准确性和计价

C. 权利和义务   D. 截止

7. A 注册会计师负责审计甲公司 2019 年度的财务报表，在审计中，发现本年销售商品时产生的运费与营业收入的比值比 2018 年下降很多，而 2019 年与 2018 年的经营环境大致相同。由此，A 注册会计师可能会怀疑被审计单位的（ ）认定存在重大错报风险。

A. 营业收入的发生   B. 销售费用的完整性

C. 管理费用的完整性   D. 营业收入的完整性

8. A 注册会计师在审计中发现甲公司 2019 年 3 月的某项生产用设备少计提了折旧，由此应将（ ）认定的重大错报风险评估为高水平。

A. 营业收入的准确性   B. 营业成本的准确性

C. 固定资产的计价和分摊   D. 存货的计价和分摊

9. 如果发现 X 公司将赊销的一批 120 万元产品在入账时错记为 210 万元，A 注册会计师应当据此认为 X 公司违反了下列（ ）审计目标。

A. 与交易和事项相关的"发生"目标

B. 与交易和事项相关的"准确性"目标

C. 与期末账户余额相关的"存在"目标

D. 与期末账户余额相关的"计价和分摊"目标

10. 职业怀疑是保证审计质量的关键要素，注册会计师在审计中保持职业怀疑的作用有（ ）。

A. 识别和评估重大错报风险时，有助于设计恰当的风险评估程序

B. 设计和实施进一步审计程序时，有助于恰当设计进一步审计程序的性质、时间安排和范围

C. 评价审计证据时，有助于审慎评价审计证据，防止忽视存在相互矛盾的审计证据的偏向

D. 有助于认识到存在由于舞弊导致的重大错报的可能性

11. 下列有关具体审计目标的说法中正确的有（ ）。

A. 如果没有发生销售交易，但在销售日记账中记录了一笔销售，违反了发生目标

B. 将他人寄售商品列入被审计单位的存货中，违反了存在认定

C. 如果关联方和关联方交易没有在财务报表中得到充分披露，违反了完整性目标

D. 如果在销售交易中，发出商品的价格与账单上的价格不符，违反了完整性或发生目标

（三）判断题

1. 注册会计师审计的总目标由审计具体目标组成。（　　）

2. 注册会计师审计的总目标是对被审计单位财务报表的合法性、公允性以及会计处理方法的一贯性负责。（　　）

3. 被审计单位管理层的认定指管理层对财务报表各组成要素做出的认定。（　　）

4. 管理层在财务报表上的认定都是明确表达的。（　　）

5. 被审计单位管理层的认定是指与各类交易和事项相关的认定。（　　）

6. 特定财务报表项目的审计具体目标是依据管理层的认定和审计一般目标，结合被审计单位具体情况而确定的。（　　）

7. 审计总目标包括一般目标和项目目标。（　　）

8. 审计范围中的审计程序就是指审计程序的范围。（　　）

9. 注册会计师有责任制订计划和实施必要程序，以保证能发现财务报表的重大错误、舞弊以及对财务报表有直接影响的重大违反法律法规行为。（　　）

10. 注册会计师对财务报表的编制承担完全责任。（　　）

（四）简答题

A 注册会计师负责审计甲公司 2019 年度的财务报表，在审计过程中，实施了如下的审计程序：

（1）检查资产负债表日前后的营业收入是否已经计入恰当的会计期间。

（2）将 2019 年年末产成品账面单位成本与 2020 年年初单位产品可变现净值比较。

（3）将员工工薪表中列示的员工总人数与经实际清点并确认的员工人数比较。

（4）针对资产负债表日后付款事项，检查银行对账单及有关付款凭证。

（5）针对融资租入的固定资产，验证有关租赁合同，证实其并非经营租赁。

要求：根据上述审计程序，请指明每一项审计程序主要针对的是哪个财务报表项目的哪项认定（每个审计程序仅限一个项目的一个认定）。

五、案　例

光大会计师事务所甲、乙注册会计师在对远华公司 2019 年度财务报表进行审计时，发现该公司的财务报表、期末账户余额以及各类交易和事项可能存在下列导致重大错报的情况：

（1）在销售交易中，发出商品的数量与账单上的数量不符。

（2）期末存货的盘点可能存在较大的差错。

（3）准备持有至到期投资摊余成本计算可能存在较大的差错。

（4）可能存在未入账的应付账款。

（5）长期借款中可能有一部分年内将会到期。

（6）在销售交易中，将现销记录为赊销。

请按上述要求，完成审计目标与审计过程（见表4-1）。

表4-1　审计目标与审计过程

序号	管理层的认定	审计程序	审计目标	审计证据的种类
（1）				
（2）				
（3）				
（4）				
（5）				
（6）				

六、参考文献

［1］阿尔文·A.阿伦斯，詹姆斯·K.洛布贝克.审计学——整合方法研究［M］.石爱中，等，译.北京：中国审计出版社，2001.

［2］朱荣恩.审计学［M］.2版.北京：高等教育出版社，2005.

［3］余玉苗.审计学［M］.2版.北京：清华大学出版社，2008.

［4］中国注册会计师协会.中国注册会计师执业准则应用指南［M］.北京：中国财政经济出版社，2010.

［5］中国注册会计师协会.审计［M］.北京：经济科学出版社，2018.

第五章
审计证据和审计工作底稿

‒ ‒

一、学习目标及要求

本章属于基础理论部分的内容，涉及的知识点相对较多。通过本章的学习，学生应了解什么是审计证据，熟悉审计证据的两大特征，即充分性和适当性，并了解影响审计证据充分性和适当性的因素，掌握审计程序的种类和使用范围、函证程序的步骤与要点，理解在审计不同阶段下使用分析程序的特点。同时，通过本章的学习，学生要掌握审计工作底稿的定义、工作底稿编制的目的、工作底稿编制的要求以及工作底稿格式的要素和组成范围，了解审计工作底稿归档的相关知识，重点了解什么是底稿归档的事务性变动和底稿归档的业务性变动。

二、重要名词

1. 充分性
2. 适当性
3. 审计证据
4. 审计程序
5. 函证
6. 分析程序
7. 审计工作底稿
8. 审计工作底稿的要素
9. 识别特征
10. 审计工作底稿归档
11. 事务性变动
12. 业务性变动

三、重难点问题

1. 审计证据的概念。
2. 审计证据的充分性和适当性及充分性和适当性之间的关系。
3. 影响审计证据的充分性的因素。
4. 比较审计证据的可靠性。
5. 获取审计证据的审计程序。
6. 积极式函证和消极式函证的区别。注册会计师应如何具体实施函证审计程序。
7. 分析程序的概念、使用范围。注册会计师在使用分析程序时需要注意的问题。
8. 审计工作底稿的定义。
9. 审计工作底稿的组成要素。
10. 审计工作底稿的事务性变动的概念。审计工作底稿的业务性变动的概念。

审计工作底稿事务性变动和业务性变动的区别。

    11. 审计工作底稿的归档期限和审计工作的保管期限。

    12. 审计工作底稿的所有权归属。

    四、练习题

（一）单选题

1. 关于审计证据的充分性，下列说法中错误的是（　　　）。

    A. 充分性是审计证据数量方面的衡量，主要与注册会计师确定的样本量有关

    B. 评估的重大错报风险越高，注册会计师需要的审计证据可能越多

    C. 审计证据质量存在缺陷，注册会计师需要通过获取更多的审计证据来弥补

    D. 获取审计证据是否充分，基本的判断标准是获取的审计证据是否足以将与每个重要认定相关的审计风险限制在可接受的水平

2. 下列有关审计证据可靠性的说法中正确的是（　　　）。

    A. 审计证据的充分性影响审计证据的可靠性

    B. 可靠的审计证据是高质量的审计证据

    C. 从独立的外部来源获得的审计证据可能是不可靠的

    D. 内部控制薄弱时内部生成的审计证据是不可靠的

3. 在注册会计师获取的下列审计证据中，按照审计证据的可靠性由高到低的顺序排序，正确的是（　　　）。

    A. 销货发票副本、银行存款函证回函、购货发票、应收账款明细账

    B. 银行存款函证回函、购货发票、销货发票副本、应收账款明细账

    C. 购货发票、银行存款函证回函、应收账款明细账、销货发票副本

    D. 应收账款明细账、销货发票副本、购货发票、银行存款函证回函

4. 在对甲公司应收账款审计时，注册会计师获取的下列审计证据中可靠性最强的通常是（　　　）。

    A. 甲公司与购货方签订的合同　　　B. 注册会计师向购货方函证的回函

    C. 甲公司产品销售的出库凭证　　　D. 甲公司管理层提供的声明书

5. 下列关于相关性的说法中不恰当的有（　　　）。

    A. 测试应付账款的高估，则测试已记录的应付账款是相关的

    B. 有关某一特定认定的审计证据可以替代与其他认定的相关证据，以此来降低审计成本

    C. 不同来源的审计证据可能会证实同一认定

    D. 设计实质性程序包括识别与测试目的相关的情况，这些情况构成相关认定的错报

6. 审计证据是否相关必须结合具体审计目标来考虑，在确定审计证据的相关性时，注册会计师应当考虑的内容不包括（　　　）。

    A. 用作审计证据的信息的相关性可能受到测试方向的影响

B. 特定的审计程序可能只为某些认定提供相关的审计证据，而与其他认定无关

C. 从原件获取的审计证据比从传真件获取的审计证据更可靠

D. 有关某一特定认定相关的审计证据并不能替代与其他认定相关的审计证据

7. A 注册会计师在检查甲公司某项固定资产的累计折旧的计提情况时，为证实甲公司确定的此项固定资产预计使用年限是否适当，打算对下列证据进行分析。下列证据中相关性最低的是（　　　）。

A. 甲公司形成的此项固定资产的使用与维修记录

B. 甲公司保存的此项固定资产的购买发票

C. 甲公司保存的关于此项固定资产性能的说明

D. 甲公司常年所聘法律顾问的投资函证回函

8. 注册会计师用以证实固定资产所有权的下列审计证据中相关性最小的是（　　　）。

A. 检查外购办公设备的卖方发票

B. 检查房屋建筑物的产权证明文件

C. 检查大型运输设备的运营证件

D. 检查生产设备的维修保养记录

9. 下列有关审计证据的充分性和适当性的说法中不正确的是（　　　）。

A. 审计证据的充分性是对审计证据数量的衡量

B. 审计证据的适当性是对审计证据质量的衡量

C. 错报风险越大，需要的审计证据可能越多

D. 审计证据的数量可以弥补质量上的不足

10. 下列有关审计证据数量的说法中不正确的是（　　　）。

A. 如果审计证据的质量存在缺陷，注册会计师仅需要获取更多的审计证据就可以予以弥补

B. 如果注册会计师获取的证据不可靠，那么证据数量再多也难以起到证明作用

C. 注册会计师评估的错报风险越高，需要的审计证据可能越多

D. 不能为了提高审计效率，减少审计证据的数量而人为地调高重要性水平

11. 下列有关积极式函证说法中错误的是（　　　）。

A. 如果在合理的时间内没有收到回函，注册会计师应当考虑必要时再次向被询证者寄发询证函

B. 积极式函证要求被询证者必须回函

C. 如果在合理时间内没有收到回函，注册会计师直接实施替代程序

D. 在采用积极的函证方式时，注册会计师只有收到回函，才能为财务报表认定提供审计证据

12. 会计师事务所接受委托对被审计单位进行审计并形成了审计工作底稿，下列各方中拥有其所有权的是（　　　）。

A. 被审计单位   B. 执行审计工作的注册会计师

C. 会计师事务所   D. 会计师事务所和被审计单位

13. 下列关于审计工作底稿的说法中不恰当的是（   ）。

  A. 审计工作底稿是指注册会计师对制订的审计计划、实施的审计程序、获取的相关的审计证据以及得出的审计结论做出的记录

  B. 审计工作底稿是审计结论的载体

  C. 审计工作底稿形成于审计过程，也反映整个审计过程

  D. 具体审计计划可以作为审计工作底稿归档

14. 下列各项中不属于注册会计师应当及时编制审计工作底稿的原因的是（   ）。

  A. 及时编制充分、适当的审计工作底稿，有助于提高审计质量

  B. 便于在完成审计报告前，对获取的审计证据和得出的结论进行有效复核和评价

  C. 在审计工作完成后编制的审计工作底稿可能不如在执行审计工作时编制的审计工作底稿准确

  D. 因审计工作时间有限，审计人员应当及时编制审计工作底稿

15. 下列有关审计工作底稿的说法中不正确的是（   ）。

  A. 审计工作底稿是形成审计报告的基础

  B. 审计证据的载体是审计工作底稿

  C. 审计工作底稿中仅记录获取的审计证据及形成的审计结论

  D. 审计工作底稿形成于审计的过程，同时反映整个审计过程

16. 注册会计师编制的审计工作底稿应当使得未曾接触该项审计工作的有经验的专业人士清楚了解相关事项，下列各项中不属于相关事项的是（   ）。

  A. 按照审计准则和相关法律法规的规定实施的审计程序的性质、时间安排和范围

  B. 实施审计程序的结果和获取的审计证据

  C. 审计中遇到的重大事项和得出的结论以及在得出结论时做出的重大职业判断

  D. 审计收费金额以及收费标准

17. 下列有关审计工作底稿的存在形式的说法中错误的是（   ）。

  A. 审计工作底稿可以以纸质、电子或其他介质形式存在

  B. 在实务中，为便于复核，注册会计师通常将以电子或其他介质形式存在的工作底稿通过打印等方式转换成纸质形式的工作底稿

  C. 若将以电子或其他介质形式存在的工作底稿通过打印等方式转换成纸质形式的工作底稿，归档时只需保存纸质形式的工作底稿

  D. 无论审计工作底稿以哪种形式存在，会计师事务所都应当针对审计工作底稿设计和实施适当的控制

18. 审计工作底稿的归档期限为审计工作报告后的（   ）。

A. 30 日内   B. 60 日内

C. 90 日内　　　　　　　　　　D. 180 日内

19. 会计师事务所应当自审计报告日起，对审计工作底稿（　　）。

    A. 至少保存 8 年　　　　　　　B. 至少保存 10 年

    C. 至少保存 15 年　　　　　　　D. 永久保存

20. 审计工作底稿通常不包括的内容有（　　）。

    A. 总体审计策略　　　　　　　B. 问题备忘录

    C. 重大事项概要　　　　　　　D. 重复的文件记录

21. 以下各项中不属于审计工作底稿要素的是（　　）。

    A. 审计工作底稿的标题　　　　B. 审计过程的记录

    C. 重大事项概要　　　　　　　D. 索引号及页次

（二）多选题

1. 下列与审计证据相关的表述中正确的有（　　）。

    A. 如果审计证据数量足够多，审计证据的质量就会提高

    B. 审计工作通常不涉及鉴定文件的真伪，对用作审计证据的文件记录，只需考虑相关内部控制的有效性

    C. 审计证据的可靠性受其来源和性质的影响，与审计证据的数量无关

    D. 会计记录中含有的信息本身不足以提供充分的审计证据作为对财务报表发表审计意见的基础

2. 下列关于获取的审计证据相互矛盾的情形中说法错误的有（　　）。

    A. 当获取的审计证据相互矛盾时，选取注册会计师倾向的审计证据归入审计工作底稿

    B. 如果从不同来源获取的审计证据或获取的不同性质的审计证据不一致，注册会计师应当追加必要的审计程序

    C. 针对某项认定从不同来源获取的审计证据相互印证，该证据的可靠性较高

    D. 当通过检查和函证获取的审计证据相矛盾时，以函证回函结果为准

3. 必要审计证据的性质与范围取决于注册会计师的职业判断，影响这种判断的因素有（　　）。

    A. 重要性评估水平　　　　　　B. 总体规模

    C. 与特定认定相关的审计风险

    D. 影响账户余额的经常性或非经常性交易

4. 下列审计证据中属于从其他来源获取的信息的有（　　）。

    A. 询证函的回函　　　　　　　B. 分析师的报告

    C. 内部控制手册　　　　　　　D. 合同记录

5. 关于审计程序，下列说法中正确的有（　　）。

    A. 根据使用的目的不同，审计程序可以分为风险评估程序和进一步审计程序以及其他审计程序

    B. 进一步审计程序包括控制测试和实质性程序，实质性程序又包括实质性分析程序和细节测试

C. 注册会计师执行控制测试可能用到的程序有观察、检查、询问、穿行测试、分析程序和重新执行

D. 注册会计师在风险评估阶段必须使用分析程序

6. 按照审计准则的要求，下列审计过程的各阶段中，注册会计师必须运用分析程序的有（　　）。

A. 初步业务活动　　　　　　　　B. 风险评估

C. 风险应对　　　　　　　　　　D. 总体复核

7. 在函证中针对舞弊风险的迹象，注册会计师可以实施的审计程序有（　　）。

A. 验证被询证者是否存在

B. 将与从其他来源得到的被询证者的地址相比较，验证寄出方地址的有效性

C. 将被审计单位档案中有关被询证者的签名样本、公司公章与回函核对

D. 验证被询证者是否与被审计单位之间缺乏独立性

8. 注册会计师对甲公司 2019 年 12 月 31 日应收账款实施函证程序，回函存在不符事项，下列不符事项可能与舞弊不相关的是（　　）。

A. 债务人已于 2019 年 12 月 30 日付款

B. 债务人尚未收到货物

C. 因质量原因债务人于 2020 年 1 月 3 日退回

D. 债务人未购买甲公司货物

9. 下列关于注册会计师收到回函后发现不符事项的说法中正确的有（　　）。

A. 注册会计师应当调查不符事项

B. 不符事项可以为类似账户回函质量提供依据

C. 如果不符事项显示财务报表存在错报，注册会计师需要评价该错报是否表明存在舞弊

D. 某些不符事项并不表明存在错报

10. 与函证程序有关的舞弊风险迹象有（　　）。

A. 管理层不允许寄发询证函

B. 管理层试图拦截、篡改询证函或回函

C. 从私人电子邮箱发送的回函

D. 收到同一日期发回的、相同笔迹的多份回函

11. 注册会计师应当及时编制审计工作底稿，实现的目的包括（　　）。

A. 有助于项目组计划和执行审计工作

B. 提供充分、适当的记录作为审计报告的基础

C. 既有利于项目组内部复核，也有利于项目质量控制复核

D. 提供证据证明其按照审计准则的规定执行了审计工作

12. 编制的审计工作底稿应当使未曾接触该项审计工作的有经验的专业人士清楚了解审计程序、审计证据和重大审计结论。下列条件中有经验的专业人士应当具备的有（　　）。

A. 了解相关法律法规和审计准则的规定

B. 在会计师事务所长期从事审计工作

C. 了解与被审计单位所处行业相关的会计和审计问题

D. 了解注册会计师的审计过程

13. 以下关于以电子或其他介质形式存在的审计工作底稿的表述中正确的有（   ）。

A. 以电子或其他介质形式存在的审计工作底稿，不应与其他纸质形式的审计工作底稿一并归档

B. 以电子或其他介质形式存在的审计工作底稿，应与其他纸质形式的审计工作底稿一并归档

C. 在实务中，注册会计师应该单独保存以电子或其他介质形式存在的审计工作底稿

D. 在实务中，注册会计师不应该单独保存以电子或其他介质形式存在的审计工作底稿

14. 下列各项中属于审计工作底稿中应包含的内容有（   ）。

A. 审计结论   B. 审计过程的记录

C. 审计标识及其说明   D. 编制人姓名及编制日期

15. 下列各项中通常不纳入审计工作底稿的有（   ）。

A. 财务报表草稿   B. 初步思考的记录

C. 存在印刷错误而作废的文本   D. 与治理层口头沟通的记录

16. 下列有关审计工作底稿的变动中属于事务性变动的有（   ）。

A. 归档期间对审计工作底稿进行分类、整理和交叉索引

B. 对审计档案规整工作的完成核对表签字认可

C. 记录在审计报告日前获取的、与项目组相关成员进行讨论并达成一致意见的审计证据

D. 记录审计归档后获取的关于资产负债表期后事项的审计证据

17. 下列有关注册会计师在审计报告日后对审计工作底稿做出变动的做法中正确的有（   ）。

A. 在归档期间删除或废弃被取代的审计工作底稿

B. 在归档期间记录在审计报告日前获取的、与项目组相关成员进行讨论并达成一致意见的审计证据

C. 以归档期间收到的询证函回函替换审计报告日前已实施的替代程序审计工作底稿

D. 在归档后由于实施追加的审计程序而修改审计工作底稿，并记录修改的理由、时间和人员以及复核的时间和人员

18. 下列各项中属于审计完成阶段工作底稿的有（   ）。

A. 审计工作完成情况核对表   B. 管理层声明书原件

C. 重大事项概要   D. 错报汇总表

19. 下列有关审计工作底稿归档期限的表述中正确的有（   ）。

A. 如果完成审计业务，归档期限为审计报告日后 2 个月内

B. 如果完成审计业务，归档期限为审计报告日后 60 天内

　　C. 如果未能完成审计业务，归档期限为审计工作中止日后 60 天内

　　D. 如果未能完成审计业务，归档期限为审计业务中止日后 30 天内

　　20. 在完成最终审计档案的归整工作后，如果有必要修改现有审计工作底稿，注册会计师的下列做法中正确的有（　　　）。

　　A. 在审计工作底稿中记录修改审计工作底稿的理由

　　B. 在审计工作底稿中记录修改审计工作底稿的时间和人员以及复核的时间和人员

　　C. 注册会计师应将以前记录的该事项的审计工作底稿废弃

　　D. 注册会计师应将修改后及修改前的审计工作底稿都作为审计档案保存

（三）判断题

　　1. 审计证据是为注册会计师得出审计结论和形成审计意见而使用的信息。（　　）

　　2. 审计证据如果没有其他信息，审计工作将无法开展。（　　）

　　3. 审计证据要求数量上要适当，质量上要充分。（　　）

　　4. 审计证据的相关性是指审计证据要和实现的审计目标相关。（　　）

　　5. 相关不可靠的审计证据我们也认为其是适当的审计证据。（　　）

　　6. 注册会计师通过实施监盘审计程序能够获取到证实存货权利与义务认定的全部审计证据。（　　）

　　7. 积极式函证和消极式函证最大的区别在于对回函的要求不同。（　　）

　　8. 注册会计师单独实施询问审计程序能够帮助注册会计师获取到充分适当的审计证据。（　　）

　　9. 分析程序通常被注册会计师用于风险评估、控制测试和总体复核中。（　　）

　　10. 当注册会计师的工作比较繁忙的时候，可以请被审计单位的工作人员帮忙发送银行询证函。（　　）

　　11. 审计工作底稿又可以称为审计工作的备忘录。（　　）

　　12. 审计证据是审计工作底稿的载体。（　　）

　　13. 审计工作底稿可以以纸质、电子或其他介质形式存在。（　　）

　　14. 财务报表的草稿也属于审计工作底稿。（　　）

　　15. 以电子或其他介质形式存在的工作底稿可以不用保存。（　　）

　　16. 审计工作底稿要求编写者和复核者签名并填写日期的主要目的是明确责任。（　　）

　　17. 对于需要询问被审计单位中特定人员的审计程序，注册会计师可能会以询问的时间作为识别特征。（　　）

　　18. 审计标识应该具有唯一性和一致性。（　　）

　　19. 审计工作底稿归档期间内的变动是事务性的变动。（　　）

　　20. 审计工作底稿的归档期限为审计报告日后 50 天。（　　）

（四）简答题

　　1. 明天会计师事务所 A 注册会计师和 B 注册会计师对新华公司 2019 年度的财务报表进行审计，发现该公司财务报表、期末账户余额以及各类交易和事项可能存在下列导致重大错报的情况：

（1）已列入仓库存货商品的真实性存在问题。

（2）当年应收账款所提的坏账准备可能不准确。

（3）在销售交易中，现销记录为赊销。

（4）在销售交易中（针对主营业务收入），发出商品的数量与账单上的数量不符。

要求：请按要求填列表格（见表5-1）。针对上述问题管理层是如何认定的，请分别写出认定的大类和具体认定？针对上述认定，注册会计师应该执行何种实质性审计程序？能够获取到什么类别的审计证据（书面证据、实物证件、口头证据）？

表5-1　管理层认定、实质性审计程序和审计证据类别

序号	管理层认定	实质性审计程序	审计证据类别
（1）			
（2）			
（3）			
（4）			

2. ABC会计师事务所的A注册会计师负责对甲公司2018年财务报表进行审计。2019年2月10日，A注册会计师完成审计业务。审计工作底稿大部分是以电子形式存在，A注册会计师在归档前将电子形式的工作底稿打印成纸质形式的工作底稿，同时为了保密，将电子形式的工作底稿销毁，并于2019年4月13日归整为最终审计档案。ABC会计师事务所由于工作底稿过多无处存放，因此将2013年以前的审计工作底稿销毁。

要求：根据审计工作底稿准则和会计师事务所质量控制准则，请指出关于审计工作底稿的性质、归档及保存过程中是否存在不当之处，同时说明理由。

五、案　例

案例一①：2016年7月20日，中国证监会对ABC会计师事务师及注册会计师做出行政处罚，原因是其对甲公司出具2013年财务报表审计报告时，构成《中华人民共和国证券法》（以下简称《证券法》）第二百二十三条规定的"证券服务机构

---

① 吴秋林. 审计案例分析第3号——会计师事务所被判连带赔偿责任的审计案例［EB/OL］.（2018-07-12）［2020-05-30］.fjjcpa.org.cn/news/show/e29fdf2513c843769bb4d79fa54bbc96？menulevel=.

未勤勉尽责，所制作、出具的文件有虚假记载、误导性陈述或者重大遗漏"的违法行为。2017年，甲公司投资者向法院提起诉讼，以甲公司虚假陈述造成投资者损失为由进行索赔，诉求法院判决甲公司赔偿投资者投资损失。经法院审理，部分案件最终判令甲公司赔偿投资者投资差额损失及佣金损失；ABC会计师事务所因作为审计机构，被判决对甲公司所负的赔偿义务承担连带赔偿责任。

一、ABC会计师事务所被中国证监会做出行政处罚是其成为共同被告的主要原因，这是法院作为会计师事务所在出具失实审计报告时是否存在侵权责任的依据

（一）中国证监会进行行政处罚的事实和理由

中国证监会行证处罚决定书说明：经查，ABC会计师事务所（以下简称"ABC所"）作为甲公司2013年财务报表审计机构，出具了标准无保留意见的审计报告，ABC所在审计过程中存在如下违法事实：

1. 未对销售与收款业务中已关注到的异常事项执行必要的审计程序

2013年12月，甲公司将不满足收入确认条件的软件产品销售确认为当期销售收入，导致2013年提前确认收入87 446 901.48元。

注册会计师在审计工作底稿中记录，甲公司2013年12月确认收入占全年的比重达37.74%（审计调整前，以母公司口径计算），并对在2014年1月1日至2月26日财务报表批准报出日间发生的销售退回22 422 913.77元收入进行了审计调整，调减了2013年收入。

针对临近资产负债表日的软件产品销售收入大增，期后退货显著增加的情况，ABC所在审计过程中未对退货原因进行详细了解。注册会计师仅执行了查验公司合同，抽样检查并获取软件开通权限单、销售收款单、退款协议、原始销售凭证等常规审计程序，没有根据公司销售相关的财务风险状况，采取更有针对性的审计程序，从而获取充分的审计证据以支持审计结论。在客户数量较多而无法函证的情况下，注册会计师也没有采取更有效的替代程序以获取充分适当的审计证据。

2. 未对临近资产负债表日非标准价格销售情况执行有效的审计程序

2013年12月，甲公司对部分客户以非标准价格销售软件产品。经查，该售价主要是以"打新股""理财"为名进行营销，虚增2013年销售收入2 872 486.68元。

对此，注册会计师称关注到非标准价格销售的情况，并获取了销售部门的审批单。但是，相关过程没有在审计工作底稿中予以记录。同时，审计工作底稿程序表中"获取产品价格目录，抽查售价是否符合价格政策"的程序未见执行记录。

3. 未对抽样获取的异常电子银行回单实施进一步审计程序

2013年12月，甲公司电话营销人员对客户称可以参与打新股、理财、投资等以弥补前期亏损。部分客户应邀向甲公司汇款，其中有客户在汇款时注明"打新股"等。甲公司收到款项后计入2013年产品销售收入。经查，甲公司虚增12名客户2013年收入2 872 486.68元，后续已应客户的要求全部退款。

ABC所审计工作底稿中复印留存了部分软件产品销售收款的电子银行回单，其中摘要栏中的"打新股资金""理财投资资金"等备注存在明显异常。对此，注册会计师没有保持合理的职业怀疑态度，以发现的错报金额低于重要性水平为由，未进一步扩大审计样本量，以确认抽样总体不存在重大错报，审计底稿中也没有任何

记录表明 ABC 所已对该异常事项执行了任何风险识别和应对的程序。经查，如果 ABC 所扩大银行回单的抽样范围，2013 年 12 月存在异常摘要的银行进账单笔数将为 48 笔，合计金额 873 万元，明显高于审计工作底稿中抽样涉及回单数量及对应金额。

4. 对甲公司 2014 年跨期计发 2013 年年终奖的情况未根据重要性按照权责发生制的原则予以调整

甲公司将应归属于 2013 年的年终奖跨期计入 2014 年的成本费用，导致 2013 年少计成本费用 24 954 316.65 元。

审计工作底稿未描述或记录针对审计报告报出日前已发放的 2013 年年终奖执行的审计程序以及其未被计入 2013 年成本费用的合理性解释。审计工作底稿"应付职工薪酬"程序表中第 8 项应执行的审计程序记录为检查应付职工薪酬的期后付款情况，并关注在资产负债表日至财务报表批准报出日之间，是否有确凿证据表明需要调整资产负债表日原确认的应付职工薪酬。但对应的审计工作底稿明细表中未记录此程序的执行情况。

5. 未对甲公司全资子公司股权收购日的确定执行充分适当的审计程序

甲公司全资子公司（以下简称"子公司"）提前一个月将其新增的下属公司财务报表纳入子公司的合并范围，导致甲公司 2013 年合并财务报表虚增利润 8 250 098.88 元，虚增商誉 4 331 301.91 元。

审计工作底稿"长期股权投资——成本法××子公司审核表（初始计量）"明细表编制不完整，确认合并（购买）日的审计表格未填列，无法确定其具体执行了何种审计程序以确定购买日。审计工作底稿后附的审计证据中，未见注册会计师所称据以认定购买日的支持性文件。

ABC 所的上述行为不符合《中国注册会计师审计准则第 1301 号——审计证据》第十条"注册会计师应当根据具体情况设计和实施恰当的审计程序，以获取充分、恰当的审计证据"，《中国注册会计师审计准则第 1314 号——审计抽样》第二十一条"注册会计师应当调查识别出的所有偏差或错报的性质和原因，并评价其对审计的其他方面可能产生的影响"以及《中国注册会计师审计准则第 1131 号——审计工作底稿》等准则的要求。

以上事实，有相关审计报告、审计工作底稿、财务资料、情况说明和相关询问笔录等证据证明，足以认定 ABC 所的上述行为违反了《证券法》第一百七十三条"证券服务机构为证券的发行、上市、交易等证券业务活动制作、出具审计报告、资产评估报告、财务顾问报告、资信评级报告或者法律意见书等文件，应当勤勉尽责，对所依据的文件资料内容的真实性、准确性、完整性进行核查和验证"的规定，构成《证券法》第二百二十三条所述"证券服务机构未勤勉尽责，所制作、出具的文件有虚假记载、误导性陈述或者重大遗漏"的违法行为。

（二）人民法院根据中国证监会生效的行政处罚决定，受理投资人以 ABC 会计师事务所为共同被告的民事诉讼

人民法院受理的虚假陈述民事赔偿案件，其虚假陈述行为，须有当事人依据已经查处生效的处罚结果作为提起民事诉讼事实依据，人民法院方予依法受理。依据

已经查处生效的处罚主要情形如下：

（1）中国证监会或其派出机构对虚假陈述行为做出生效处罚决定。

（2）财政部、其他行政机关以及有权做出行政处罚的机构公布对虚假陈述行为人做出生效处罚决定。

（3）虚假陈述行为人未受行政处罚，但已被人民法院认定有罪的，做出生效刑事判决。

如果存在上述被处罚的情形，就存在投资人以自己受到虚假陈述侵害为由，依据有关机关的行政处罚决定或人民法院的刑事裁判文书，对虚假陈述行为人提起的民事赔偿诉讼的风险。但是，如果利害关系人未对被审计单位提起诉讼而直接对会计师事务所提起诉讼的，人民法院应当告知其对会计师事务所和被审计单位一并提起诉讼；利害关系人拒不起诉被审计单位的，人民法院应当通知被审计单位作为共同被告参加诉讼中。也就是说，会计师事务所因不实报告引起的侵权是一种共同侵权责任。

二、ABC 会计师事务所被人民法院判决对甲公司所负的赔偿义务承担连带赔偿责任的依据是 ABC 会计师事务所存在重大过失

判断注册会计师是否承担民事责任及承担民事责任的大小，主要看其是否存在过错及过错的程度，判断是否存在过错的标准是其是否"勤勉尽责"；过错程度可分为故意、重大过失、一般过失以及没有过错几种情形，而与之相应承担的民事责任分别为连带赔偿民事责任、补充赔偿民事责任、不承担民事责任。

注册会计师在审计业务活动中存在下列情形之一，故意出具不实报告并给利害关系人造成损失的，应当认定会计师事务所与被审计单位承担连带赔偿责任：

（1）与被审计单位恶意串通。

（2）明知被审计单位对重要事项的财务会计处理与国家有关规定相抵触，而不予指明。

（3）明知被审计单位的财务会计处理会直接损害利害关系人的利益，而予以隐瞒或做不实报告。

（4）明知被审计单位的财务会计处理会导致利害关系人产生重大误解，而不予指明。

（5）明知被审计单位的会计报表的重要事项有不实的内容，而不予指明。

（6）被审计单位示意其做不实报告，而不予拒绝。

对被审计单位有上述第（2）至（5）项所列行为，注册会计师按照执业准则、规则应当知道的，人民法院应认定其明知。

会计师事务所在审计业务活动中因过失出具不实报告，并给利害关系人造成损失的，人民法院应当根据其过失大小确定其赔偿责任。

注册会计师在审计过程中未保持必要的职业谨慎，存在下列情形之一，并导致报告不实的，人民法院应当认定会计师事务所存在过失：

（1）违反《中华人民共和国注册会计师法》（以下简称《注册会计师法》）第二十条第（二）项和第（三）项的规定。

（2）负责审计的注册会计师以低于行业一般成员应具备的专业水准执业。

（3）制订的审计计划存在明显疏漏。

（4）未依据执业准则、规则执行必要的审计程序。

（5）在发现可能存在错误和舞弊的迹象时，未能追加必要的审计程序予以证实或排除。

（6）未能合理地运用执业准则、规则所要求的重要性原则。

（7）未根据审计的要求采用必要的调查方法获取充分的审计证据。

（8）明知对总体结论有重大影响的特定审计对象，缺少判断能力，未能寻求专家意见而直接形成审计结论。

（9）错误判断和评价审计证据。

（10）其他违反执业准则、规则确定的工作程序的行为。

会计师事务所能够证明存在以下情形之一的，不承担民事赔偿责任：

（1）已经遵守执业准则、规则确定的工作程序并保持必要的职业谨慎，但仍未能发现被审计的会计资料错误。

（2）审计业务所必须依赖的金融机构等单位提供虚假或不实的证明文件，会计师事务所在保持必要的职业谨慎下仍未能发现其虚假或不实。

（3）已对被审计单位的舞弊迹象提出警告并在审计业务报告中予以指明。

（4）已经遵照验资程序进行审核并出具报告，但被验资单位在注册登记后抽逃资金。

（5）为登记时未出资或未足额出资的出资人出具不实报告，但出资人在登记后已补足出资。

ABC 会计师事务所承担民事责任的过错要件是实行过错推定原则。过错推定原则与过错原则的区别在于举证的不同。在过错原则下，谁主张谁举证；而在过错推定原则下，举证责任倒置。

由于注册会计师是高度专业技能化的行业，相对于外部第三者而言，注册会计师具有信息优势，在注册会计师故意或由于过失提供失实审计报告，对财务报告发表不当审计意见时，第三者很难举证注册会计师的过错，因此对于注册会计师，法律规定采用过错推定原则，实行举证责任倒置，注册会计师如果不能证明自己没有过错就应当承担民事责任，以充分保护投资者的利益。

会计师事务所要证明自己没有过错，审计工作底稿是关键。会计师事务所在证明自身没有过错时，可以向人民法院提交与该案件相关的执业准则、规则以及审计工作底稿等。中国证监会在对 ABC 会计师事务所做出行政处罚的事实和理由中多次提到审计工作底稿的问题："相关过程没有在审计工作底稿中予以记录""审计底稿中也没有任何记录表明 ABC 所已对该异常事项执行了任何风险识别和应对的程序""但对应的审计工作底稿明细表中未记录此程序的执行情况"等。

三、会计师事务所承担民事赔偿责任的构成要件

会计师事务所及其注册会计师民事法律责任性质是侵权责任。侵权责任的构成要件由行为的违法性、损害事实、主观过错和因果关系构成。ABC 会计师事务所被判承担连带赔偿责任，除了其受到行政处罚的行为违法性、推定存在过错外，还须具有投资者损失事实的存在及违法行为与损害结果存在因果关系的要件。

第一，注册会计师在执业中存在违法行为。注册会计师在执业中存在违法行为指注册会计师违反法律的相关规定，出具了不实的审计报告，如注册会计师违反《注册会计师法》第二十一条、第二十二条之规定以及违反《证券法》第一百六十一条之规定。

第二，注册会计师的违法行为对投资人造成损失事实。损失事实作为确定民事责任的要件，是构成民事责任的前提，无损失则无责任。就注册会计师法律责任来说，损失事实应该是一种已实现的经济损失，主要是指受害人因依赖注册会计师出具的不实报告而导致的损失，其表现为财产损失。虚假陈述行为人在证券交易市场承担民事赔偿责任的范围，以投资人因虚假陈述而实际发生的损失为限。

第三，注册会计师执业过程中存在过错。

第四，注册会计师的不法行为与损失事实之间存在因果关系。投资人要追究注册会计师的民事责任，则注册会计师的过错不仅必须是投资人所受损失的原因，而且应该是最近的或法定的原因。在判断这种因果关系时，确定投资人是否对注册会计师出具的审计报告产生合理的依赖十分重要。

四、案例对会计师事务所审计工作的启示

根据甲公司发布的 2017 年度审计报告，甲公司收到人民法院发来的应诉通知书及相关法律文件。应诉通知书显示，人民法院已受理 2 121 件起诉甲公司证券虚假陈述责任纠纷案，截至 2018 年 4 月 20 日上述案件中一审已判决及驳回的共计 854 起。这警示我们，法律规定会计师事务所承担连带民事责任不是一纸空文，执业质量不是可有可无，职业风险不是空洞说教；如果诉讼持续发酵，很可能对 ABC 会计师事务所的信誉和经营产生巨大损失，甚至对整个注册会计师行业都将产生历史性的重大影响。

因此，会计师事务所及其注册会计师在执业过程中，如何提高执业能力和执业质量，如何证明自己在执业中没有过错，如何合理规避民事责任风险、增强抵御风险的能力，显得非常重要。

（一）勤勉尽责，严格遵守执业准则执行审计工作的审计程序

勤勉尽责，是判断注册会计师在执业中是否有过错的标准，而判断注册会计师是否勤勉尽责，就要看注册会计师是否严格遵守执业准则执行审计程序、实施审计工作、出具审计报告，可以说程序在特定环境下比结果更重要。由于审计风险的存在和审计方法的局限性，我们不能保证在审计过程中发现所有的错报或舞弊，但我们要严格遵循《中国注册会计师审计准则》要求的审计程序执行审计工作，要慎重选择客户、保持合理的职业怀疑，保持审计的独立性。尤其是针对审计过程中发现的舞弊迹象或异常情况，应当提高警惕、充分重视，分析其对风险评估和审计工作的影响，并相应采取有效的针对性措施加以应对，以将审计风险降低至可接受的水平。

（二）充分认识工作底稿在诉讼中证明自己没有过错的作用

会计师事务所在证明自己没有过错时，可以向人民法院提交与该案件相关的执业准则、规则以及审计工作底稿等。注册会计师应按《中国注册会计师审计准则第1131 号——审计工作底稿》的要求编制和保存底稿，按照《会计师事务所质量控制准则第 5101 号——业务质量控制》的规定，对审计工作底稿实施适当的质量控制程

45

序，使审计工作底稿能够提供充分、适当的记录，作为出具审计报告的基础，并能够作为证据，证明注册会计师已按照审计准则的规定执行了审计工作。

（三）会计师事务所涉诉时要积极应对，据理进行抗辩

1. 从因果关系方面进行抗辩

如果虚假陈述与损害结果之间不存在因果关系，会计师事务所即使有虚假陈述的违法行为发生，也不承担民事责任，比如投资者存在如下情况：在虚假陈述揭露日或更正日之前已经卖出股票，在虚假陈述揭露日或更正日及以后进行的投资，明知虚假陈述存在而进行的投资，损失或部分损失是由证券市场系统风险等其他因素所导致，投资者恶意投资、操纵证券价格等，虚假陈述与损害结果之间就不存在因果关系。

2. 从过错程度方面进行抗辩

会计师事务所及其注册会计师承担民事责任的大小与其过错程度高低相关。故意或重大过失一般承担连带赔偿民事责任，一般过失一般承担补充赔偿民事责任，没有过错不承担民事责任。因此，会计师事务所应从遵守审计准则及在执行审计程序上客观条件所限方面，对注册会计师主观过错程度做出客观评价，以没有过错或一般过失进行抗辩。

（四）强化会计师事务所的风险管理

随着会计师事务所民事责任风险的显现，强化会计师事务所风险管理，积极采取风险应对策略，是化解风险的有效途径。会计师事务所及其注册会计师可以考虑采取以下策略：

1. 风险回避

注册会计师应当充分了解被审计单位及其业务环境，以识别和评估财务报表重大错报风险，在完成项目风险分析与评价后。如果发现项目风险较高，又没有有效的对策来降低风险时，应采取放弃项目、放弃原有计划或改变目标等方法，从而避免可能产生难以控制的潜在风险。

2. 风险转移

风险转移是指通过合同或非合同的方式将风险转嫁给其他方的一种风险处理方式，是对风险造成损失承担的转移。

（1）被审计单位、管理层或第三方提供担保。现代审计是一种风险导向审计模式，很大程度上依赖于被审计单位内部控制的有效运行。由于内部控制存在固有局限性，如在决策时人为判断可能出现错误和由于人为失误而导致内部控制失效，或者可能由于两个或更多的人员进行串通或管理层凌驾于内部控制之上而被规避，这就会给审计带来不可避免的风险。特别是随着企业组织形式和经济业务的复杂化，如果被审计单位管理层存在提供虚假会计信息的利益驱动，并由管理层进行舞弊造假时，难免陷注册会计师审计于极大的风险之中。

为了落实被审计单位及管理层的责任，也为了给会计师事务所及其注册会计师提供良好的执业环境，注册会计师在出具审计报告时，可以要求被审计单位及管理层或第三方提供担保，对其提供的财务信息的真实性、可靠性负责，并对因被审计单位及管理层造成虚假陈述而致会计师事务所承担民事赔偿损失负责，会计师事务

所可以向其追偿，以转移民事赔偿损失的风险。

（2）保险转移。这是指积极参加会计师事务所职业责任保险，通过保险转移会计师事务所及其合伙人、股东和其他执业人员因执业活动造成委托人或其他利害关系人经济损失，以提高会计师事务所职业责任赔偿能力，促进会计师事务所可持续发展。

案例二：审计工作底稿是注册会计师及其助理人员在执行审计业务过程中形成的审计工作记录和取得的资料，其不仅是形成审计结论、发表审计意见的直接依据，也是证明注册会计师按照独立审计准则要求完成审计工作、履行应尽职责的依据。规范、高效率、高质量地编制各种审计工作底稿是注册会计师业务素质和知识水平的体现。

注册会计师的审计过程实际上是收集审计证据、编制审计工作底稿，进而得出审计结论的过程。注册会计师通过编制审计工作底稿，把已收集到的数量众多但又不系统、没有重点的各种审计证据资料系统地加以归类整理，从而使审计结论建立在充分和适当的审计证据基础之上。

一、编制审计工作底稿的规范性要求

《独立审计准则》对编制审计工作底稿提出了规范性的操作要求，主要内容如下：

（1）必要性规定。《独立审计基本准则》第十五条规定："注册会计师应当将审计计划及其实施过程、结果和其他需要加以判断的重要事项，记录于审计工作底稿。"《独立审计具体准则第1号——会计报表审计》第十九条规定："注册会计师应当对审计工作进行记录，形成审计工作底稿。"第十九条规定编制审计工作底稿是对注册会计师执行审计业务的强制性规定。没有审计工作底稿的审计报告无疑是一份虚假报告。

（2）技术性规定。《独立审计准则第6号——审计工作底稿》第五条对编制审计工作底稿提出了具体的技术性规定，即内容完整、格式规范、标识一致、记录清晰、结论明确。

（3）适当性规定。规范的审计工作底稿并不是各种书面文字的简单堆砌，应当体现已收集到的审计证据和最终形成的审计意见之间内在的逻辑关系。审计工作底稿种类繁多，且有不同的来源和编制人，为保证审计工作底稿的适当性，《独立审计具体准则第1号——会计报表审计》第二十一条规定："注册会计师应当对审计工作底稿进行必要的检查和复核。"同时，对于由业务助理人员编制的工作底稿，《独立审计具体准则第1号——会计报表审计》第二十条规定："注册会计师应对业务助理人员的工作进行指导、监督、检查，并对其工作结果负责。"

二、审计工作底稿的现状和问题

编制审计工作底稿是一项对专业能力与实务经验要求较高的工作。工作底稿编制尚存在不少问题，主要表现如下：

（1）审计工作底稿不规范，如内容不完整，要素不齐全，格式不规范，标识不一致，内容不清晰，结论不明确。

（2）复核制度不健全或流于形式。不少会计师事务所尚未建立审计工作底稿复核制度，缺乏风险控制的有效机制，使编制人的某些专业判断一错到底；或者无明确的岗位责任制和错误追究制度，使复核制度流于形式，未起到应有的作用。

（3）审计工作底稿分类混乱。审计档案保管不严，分类缺乏统一标准，或者仅将所有收集到的资料简单堆砌、归档。

（4）无审计工作底稿。个别注册会计师将"资格寻租"，只管盖章收费；个别会计师事务所出售审计报告，违法设立分所（执业处），寻找执业黑洞；个别会计师事务所还伪造底稿以假充真。

注册会计师在主观上对审计工作底稿重视不够，在客观上不知道如何（更好）编制、复核审计工作底稿，加之准则缺乏可供操作的、科学的专业标准体系，是造成以上问题的主要原因。

三、审计工作底稿的要素和构成

审计工作底稿是注册会计师在审计过程中形成的审计工作记录和获取的资料。其形成方式有编制和取得两种。

对于自行编制的审计工作底稿，注册会计师应当全面记录审计计划的执行轨迹，审计证据的收集过程，职业判断的依据、过程，审计意见的形成过程等。大部分审计工作底稿应当由注册会计师自行编制。

委托单位或第三方提供的资料严格来讲并不是审计工作底稿，只有在注册会计师实施必要的审计程序并形成相应的审计记录后，才能作为审计工作底稿的重要组成部分。

审计工作底稿的基本内容包括被审计单位名称、审计项目名称、审计项目时点或期间、审计过程记录、审计标识及其说明、审计结论、索引号及页次、编制者姓名及编制日期、复核者姓名及复核日期、其他应说明的事项。

六、参考文献

［1］刘明辉，史德刚. 审计［M］. 大连：东北财经大学出版社，2017.

［2］傅胜，曲明. 审计习题与案例［M］. 大连：东北财经大学出版社，2017.

［3］中国注册会计师协会. 中国注册会计师执业准则应用指南2010［M］. 北京：中国财政经济出版社，2010.

［4］中国注册会计师协会. 审计［M］. 北京：中国财政经济出版社，2018.

［5］徐瑾. 基于信息化环境下数据式审计的特征与实施路径［J］. 审计与经济研究，2009（1）：80-83.

［6］农行审计局武汉分局课题组，万水庭，曾信平. 提升审计工作底稿质量的方法和路径［J］. 中国内部审计，2015（7）：73-75.

第六章
审计风险与审计重要性

一、学习目标及要求

通过对本章的学习，学生应主要理解和掌握审计风险、重大错报风险和检查风险的概念以及如何控制这些风险；理解审计风险模型公式，审计风险和重大错报风险、检查风险之间的逻辑关系，重要性的概念、重要性水平的确定和错报的概念、错报的分类等知识点。

二、重要名词

1. 重要性
2. 计划的重要性
3. 实际执行的重要性
4. 明显微小错报
5. 审计风险
6. 重大错报风险
7. 检查风险
8. 固有风险和控制风险

三、重难点问题

1. 重要性的概念及如何确定重要性水平。计划的重要性和实际执行的重要性之间的关系。
2. 错报的概念和分类。理解"明显微小错报不等同于不重大"。
3. 审计风险模型公式、重大错报风险和检查风险之间的关系。
4. 审计风险、重大错报风险、检查风险的含义。

四、练习题

（一）单选题

1. 重要性取决于在具体环境下对错报金额和性质的判断。以下关于重要性的理解不正确的是（　　　）。

    A. 重要性的确定离不开具体环境

    B. 重要性包括对数量和性质两个方面的考虑

    C. 重要性概念是针对管理层决策的信息需求而言的

    D. 对重要性的评估需要运用职业判断

2. 下列关于重要性的说法中不正确的是（　　　）。

    A. 如果合理预期错报单独或汇总起来可能影响财务报表使用者依据财务报表做出的经济决策，则通常认为错报是重大的

B. 错报的金额和性质不会影响重要性的判断

C. 判断某事项对财务报表使用者是否重大，是在考虑财务报表使用者整体共同的财务信息需求的基础上做出的

D. 由于不同财务报表使用者对财务信息的需求可能差异很大，因此不考虑错报对个别财务报表使用者可能产生的影响

3. XYZ 会计师事务所承接了乙上市公司 2019 年度的财务报表审计业务，派出了 A 注册会计师进入乙上市公司进行审计，A 注册会计师按资产总额 5 000 万元的 0.2% 计算了资产负债表的重要性水平，按净利润 600 万元的 2% 计算了利润表的重要性水平，则其最终作为财务报表层次的重要性水平是（　　）万元。

A. 11　　　　　　　B. 0　　　　　　　C. 10　　　　　　　D. 12

4. 注册会计师在确定实际执行的重要性水平时，下列说法中正确的是（　　）。

A. 审计风险越高，需要确定的实际执行的重要性水平越高

B. 实际执行的重要性水平应低于财务报表整体的重要性水平

C. 实际执行的重要性应按照中国注册会计师审计准则的规定根据财务报表整体重要性的一定比例确定

D. 对于连续审计项目，注册会计师可能考虑选择较高的百分比确定实际执行的重要性

5. 下列情况中注册会计师可能考虑选择较低的百分比来确定实际执行的重要性的是（　　）。

A. 连续审计项目，以前年度审计调整较少

B. 被审计单位处于高风险行业

C. 以前期间的审计经验表明内部控制运行有效

D. 项目总体风险为低

6. 根据审计风险模型规定，下列表述中不正确的是（　　）。

A. 在审计业务中，注册会计师应将审计风险降至可接受的低水平，以合理保证财务报表不存在由于舞弊或错误导致的重大错报

B. 在既定的审计风险水平下，评估的重大错报风险越高，可接受的检查风险越低，需要的审计证据越多

C. 注册会计师可以通过扩大执行审计程序的性质、时间和范围，消除检查风险

D. 注册会计师应当获得认定层次充分、适当的审计证据，以便在完成审计工作时，能够以可接受的低审计风险对财务报表整体发表意见

7. 下列有关审计风险的相关表述中不正确的是（　　）。

A. 审计风险模型中的审计风险是由检查风险和重大错报风险相乘确定的

B. 审计风险模型中的重大错报风险是注册会计师评估的认定层次的重大错报风险

C. 注册会计师通过实施实质性程序以降低检查风险

D. 可接受的审计风险与审计证据之间存在反向变动关系

8. 下列关于控制风险的说法中错误的是（　　）。

A. 控制风险是财务报表中存在重大错报，但没有被内部控制及时防止或发现并纠正的可能性

B. 控制风险取决于与财务报表编制有关的内部控制的设计和运行的有效性

C. 管理层采取恰当的措施，控制风险可以消除

D. 由于控制的固有局限性，某种程度的控制风险始终存在

9. 在运用重要性概念时，下列各项中不属于注册会计师应考虑的内容是（　　）。

A. 财务报表整体的重要性　　　　　B. 实际执行的重要性

C. 特定类别的交易、账户余额或披露的重要性

D. 被审计单位管理层对审计意见类型的要求

10. 注册会计师通常选定基准乘以某一百分比确定财务报表整体重要性。下列关于选定的基准的相关表述中正确的是（　　）。

A. 盈利水平稳定的企业，选择过去 3~5 年经常性业务平均税前利润为基准

B. 处于开办期的企业，选择费用总支出为基准

C. 在新兴行业中，现阶段以抢占市场、扩大知名度为目标，选择营业收入为基准

D. 公益性基金会，选择总资产为基准

（二）多选题

1. 下列关于审计重要性的说法中正确的有（　　）。

A. 如果注册会计师在审计过程中调低了最初确定的财务报表整体的重要性，注册会计师应当确定是否有必要修改实际执行的重要性

B. 实际执行的重要性是指注册会计师确定的低于财务报表整体重要性的一个或多个金额

C. 注册会计师在制定总体审计策略时，需要确定财务报表整体重要性

D. 注册会计师仅需从定量方面考虑重要性

2. 下列有关重要性的说法中不正确的有（　　）。

A. 注册会计师在对错报重要性考虑时，必须同时考虑数量和性质两个方面。只有数量和性质两方面都重要了，才可以说该错报是重要的

B. 为保证计划审计工作的效果，审计计划应由项目合伙人独立完成

C. 一般而言，财务报表使用者十分关心流动性较强的项目，但是基于成本效益原则，注册会计师应当从宽确定重要性水平

D. 通常而言，实际执行的重要性通常为财务报表整体重要性的 70%~90%

3. 注册会计师在确定实际执行的重要性时，考虑的内容包括（　　）。

A. 对甲公司的了解

B. 前期审计工作中识别出的错报的性质

C. 根据前期识别出的错报对本期错报做出的预期

D. 前期审计工作中识别出的错报的范围

4. 下列各项因素中，在选择财务报表整体重要性的基准时需要考虑的是（　　）。

A. 财务报表使用者特别关注的项目

B. 前期审计工作中识别出的错报的性质

C. 基准的相对波动性

D. 财务报表要素

5. 下列关于审计风险模型的说法中正确的有（　　　）。

A. 控制风险是某类交易、账户余额或披露的某一认定发生错报，该错报单独或连同其他错报可能是重大的，但没有被内部控制及时防止或发现并纠正的可能性

B. 审计风险是指当财务报表存在重大错报时注册会计师发表不恰当审计意见的可能性

C. 固有风险是在考虑相关的内部控制之前，某类交易、账户余额或披露的某一认定易于发生错报的可能性

D. 检查风险是指如果存在某一错报，该错报单独或连同其他错报可能是重大的，注册会计师为将审计风险降至可接受的低水平而实施审计程序后没有发现这种错报的风险

6. 在审计风险模型中，以下有关检查风险的说法中正确的有（　　　）。

A. 注册会计师通过控制重大错报风险来降低检查风险

B. 评估的重大错报风险的水平决定了可接受的检查风险水平

C. 可接受的检查风险水平影响了实质性程序的性质、时间安排和范围

D. 如果不能将重要账户的检查风险降低至可接受水平则应当发表否定意见

7. 下列关于审计风险模型的说法中正确的是（　　　）。

A. 审计风险模型中的重大错报风险指的是认定层次的

B. 审计风险模型中的重大错报风险是财务报表层次的

C. 在既定的审计风险下，重大错报风险和检查风险呈反向变化

D. 在既定的审计风险下，重大错报风险和检查风险呈正向变化

8. 在确定实际执行的重要性时，下列各项因素中注册会计师认为应当考虑的有（　　　）。

A. 财务报表整体的重要性

B. 前期审计工作中识别出的错报的性质和范围

C. 实施风险评估程序的结果

D. 甲公司管理层和治理层的期望值

9. 下列情形中，注册会计师可能认为需要在审计过程中修改财务报表整体的重要性的有（　　　）。

A. 被审计单位情况发生重大变化　　　B. 注册会计师获取新的信息

C. 通过实施进一步审计程序，注册会计师对被审计单位及其经营情况的了解发生变化

D. 审计过程中累积错报的汇总数接近财务报表整体的重要性

10. 在确定明显微小错报的临界值时，注册会计师需要运用职业判断。注册会计师可能考虑的因素包括（　　　）。

A. 以前年度审计中识别出的错报（包括已更正和未更正错报）的数量和金额

B. 重大错报风险的评估结果

C. 被审计单位治理层和管理层对注册会计师与其沟通错报的期望

D. 被审计单位的财务指标是否勉强达到监管机构的要求或投资者的期望

（三）判断题

1. 审计风险由重大错报风险和检查风险决定。　　　　　　　　　（　　）

2. 注册会计师可以通过实施审计程序控制重大报错风险。　　　　（　　）

3. 重大错报风险独立于财务报表审计而存在。　　　　　　　　　（　　）

4. 重大错报风险分为报表层和认定层次两个层次，在审计风险模型公式中计算的重大错报风险仅指认定层次的重大错报风险。　　　　　　（　　）

5. 重不重要应该从性质和金额两个方面来判断。　　　　　　　　（　　）

6. 某个错报从金额上看比较小，那么它一定不构成重大错报。　　（　　）

7. 重要性的判断可以离开具体的环境。　　　　　　　　　　　　（　　）

8. 同一企业在不同时期的重要性水平绝对是一样的。　　　　　　（　　）

9. 实际执行的重要性水平高于计划的重要性水平。　　　　　　　（　　）

10. 重要性和审计风险之间存在反向变动关系。　　　　　　　　　（　　）

（四）简答题

1. 继 2018 年后，ABC 会计师事务所再次承接了甲公司 2019 年财务报表审计业务，ABC 会计师事务所在确定重要性和实际执行的重要性时，做出下列判断：

（1）判断某事项是否重大，不但需要考虑财务报表使用者整体共同的财务信息需求，而且需要考虑个别财务报表使用者对财务信息的需求。

（2）特定交易类别、账户余额和披露的重要性水平是在决定对特定交易类别、账户余额和披露实施审计程序时确定的。

（3）财务报表整体的重要性将决定风险评估程序的性质、时间安排和范围，因此一经确定不可调整。

（4）经初步了解，甲公司目前处于微利的状态，因此注册会计师决定采用业务的税前利润为基准确定重要性。

（5）经初步了解，甲公司的经营规模较上年度没有发生重大变化，注册会计师使用了替代基准确定了 2019 年的重要性水平为 350 万元，2018 年确定的重要性水平为 300 万元。

（6）经过在 2018 年财务报表审计过程中对甲公司的了解，其内部控制运行有效，因此在确定 2019 年财务报表审计的实际执行的重要性时，注册会计师可以考虑选择较高的百分比。

要求：分别单独考虑上述各项，并逐项指出上述判断是否存在不恰当之处，简要说明理由。

2. 请简述检查风险的概念，并简要说明检查风险不能降至为零的原因以及可能的解决措施。

五、案　例

案例一：中注协约谈会计师事务所提示频繁变更会计师事务所的上市公司年报审计风险①。

中注协书面约谈中审众环会计师事务所，提示临近会计期末更换会计师事务所的上市公司年报审计风险。

中注协相关负责人指出，近年来，部分上市公司频繁变更年报审计机构，个别上市公司甚至在临近会计期末或年报审计期间更换会计师事务所，审计风险较高，注册会计师应重点关注以下事项：

一是严格执行承接客户的审批程序。注册会计师要谨慎评估相关上市公司基本情况，综合考虑项目团队的专业胜任能力、时间安排、独立性、收费情况等，尤其应关注年报审计期间更换会计师事务所的上市公司审计风险，杜绝未履行审批程序，擅自承接高风险业务；同时，做好与前任注册会计师的沟通。

二是重视对期初余额的审计。对于首次接受委托的业务，注册会计师应对期初余额实施有针对性的审计程序，获取充分适当的审计证据，恰当评估期初余额是否存在可能对本期财务报表产生重大影响的错报，同时还应关注被审计单位会计政策的恰当性与一贯性。

三是重视对内部控制的审计。注册会计师应关注被审计单位内部控制缺陷整改情况，如果被审计单位在基准日前对内部控制存在的重大缺陷进行了整改，但新的内部控制未运行足够长的时间，应慎重考虑其对内部控制有效性评价的影响。

四是关注以前年度审计意见。注册会计师应关注以前年度审计意见类型及主要关键事项，尤其是对非无保留意见的审计报告，应重点关注导致非无保留意见的具体事项，评估这些事项对本期财务报表重大错报风险可能产生的影响。

五是强化项目质量控制复核。会计师事务所应委派具有足够、适当经验和审批权限，且独立于审计项目组的合伙人或符合条件的其他人员实施质量控制复核，在

① 中国注册会计师协会. 中注协约谈会计师事务所提示频繁变更会计师事务所的上市公司年报审计风险[EB/OL]. (2018-02-20) [2020-05-30]. sohu.com/a/296034025_784300.

复核期间不以其他方式参与相关项目，以保证对项目组做出的重大判断和编制审计报告时得出的结论进行客观评价。

思考：（1）为什么被审计单位频繁变更会计师事务所会增加企业年报审计风险？

（2）如果你作为注册会计师或会计师事务所负责人该如何应对这样的审计风险？

案例二：L科技股份有限公司（以下简称"L科技"）因其2017—2019年进行财务舞弊被中国证监会于2021年11月予以行政处罚。与此同时，为L科技提供审计服务长达7年的Z会计师事务所也因其在此前从未发现L科技的造假行为，且均出具无意见的审计报告被中国证监会以未勤勉尽责为由对会计师事务所及相关执业者予以行政处罚。

一、L科技概况

L科技是集通信设备的研发、生产、销售等一系列服务于一体的光传输接入设备及其解决方案提供商。L科技成立于2005年9月，于2014年6月在"新三板"挂牌。"新三板"分为基础层、创新层与精选层。L科技在挂牌三年后就连续四年处于创新层，发展势头被市场一度看好。2019年4月，L科技对外公布其准备冲击精选层，接着向全国股转系统（"新三板"市场）提交了申请材料，而后在被股转公司审查部门及中国证监会进行资料抽查时发现其信息披露存疑。2019年年底，中国证监会宣布对L科技立案调查。

二、L科技财务造假事实

（一）虚构业务

2017—2019年。L科技通过"全链条造假"虚构业务，即找9家与L科技实际控制人为同一人的关联公司与其发生业务往来，而这9家公司经查也均为"空壳公司"。这部分业务的上游供应商和下游购货方全部为虚构。L科技通过该造假手段于2017—2019年共计虚增收入8.11亿元。L科技在虚构业务的同时对相应业务的成本及费用进行造假，虚增存货共计1.06亿元以及虚列运费支出共计4 146.75万元，因此虚假的循环业务使L科技实现销售利润2.46亿元，各自占当年总收入的43.2%、29.18%、49.17%。除此之外，2017年、2018年，L科技在银行实际存款分别是630.05万元、333.87万元，分别虚增8 234.94万元、4 409.2万元。

（二）虚构研发项目

L科技作为一家创新型制造企业，实际并无自己的研发中心，而是和其另外两家关联方公司合作研发，并无真实的研发业务。L科技于2017—2019年虚构与这两家公司的研发支出共计2.49亿元；虚构研发项目的同时，虚增管理费用共计1.12亿元、虚增相关资产共计2.47亿元。

（三）虚构资产处置业务

L 科技及其子公司在 2019 年 10 月将同为 L 科技子公司的 H 公司的全部生产设备出售给 Y 公司，处置设备总额共 7 116.64 万元，含税售价为 4 383.18 万元。但经中国证监会审查发现，该项业务的购货方 Y 公司的成立时间为 2019 年 11 月，要迟于其业务的形成时间，并且该公司实际缴纳给工商部门的资本为 0，于 2020 年 11 月注销，仅存续一年。这项资产处置业务发生后，L 科技也并未实际收回这笔款项。

三、Z 会计师事务所审计过程中存在的问题

Z 会计师事务所向 L 科技派遣的审计项目组应当对其在审计过程中出具的各项信息的真实性、准确性和完整性负责，同时也应承担相应的法律责任。但 Z 会计师事务所在对 L 科技的财务信息进行审查的过程中却存在较大的漏洞。经查阅中国证监会发布的相关处罚公告及有关新闻，其漏洞主要表现在以下两个方面：

（一）函证程序存在重大缺陷

函证是审计过程中必不可少的程序，通过函证获取的信息的可靠性极高。Z 会计师事务所对 L 科技 2017—2019 年年报进行审计时，对银行实施函证时未对所收到的银行回函审查其真实性，违反了中国注册会计师审计准则中对实施函证程序的规定。除此以外，Z 会计师事务所在 2017 年、2018 年实施 L 科技的客户与供应商的函证程序上，仅流于表面形式而未实际深入审查。一是虽按规定编写了函证程序控制措施表，但并未对其中所列询证公司的相关信息进行有效核验；二是并未独立将询证函通过邮局寄递，而是经由 L 科技发出，收到回函也并未审查出被询证单位发件地址与公司实际所在地不符的问题。这些都直接造成函证程序的失效。

（二）未对审计资料进行分析复核

注册会计师在审计过程中，在获取充分适当的审计证据资料后，还应对其进行分析验证，而 Z 会计师事务所负责审计 L 科技的项目组成员并未严格遵循审计准则规定的应对审计证据加以分析复核。一是 Z 会计师事务所在审计时对 L 科技在 2017—2019 年发生的销售业务、物流环节和研发支出未获取充分适当的审计证据，致使其未能识别出 L 科技相关信息造假的事实；二是未严格实施审计程序，对 L 科技与其客户及合作研发机构存在的关联关系未能及时识别；三是在执行风险评估程序时，未对 L 科技时任财务总监常年不履职是否存在舞弊行为进行评估，有可能发生重大风险。

六、参考文献

[1] 赵保卿. 审计学案例分析 [M]. 北京：经济科学出版社，2013.

[2] 刘明辉，史德刚. 审计 [M]. 大连：东北财经大学出版社，2017.

［3］傅胜，曲明. 审计习题与案例［M］. 大连：东北财经大学出版社，2017.

［4］中国注册会计师协会. 中国注册会计师执业准则应用指南 2010［M］. 北京：中国财政经济出版社，2010.

［5］中国注册会计师协会. 审计［M］. 北京：中国财政经济出版社，2018.

第七章
审计抽样

一、学习目标及要求

通过对本章的学习，学生应了解审计抽样的概念和特征，了解审计抽样的种类及各种审计抽样的特征及应用；掌握选择测试项目的方法，了解对其他选取测试项目方法的考虑；了解抽样风险和非抽样风险的概念及种类，了解注册会计师在设计样本时应考虑的因素，了解变量抽样的基本概念；掌握实施风险评估程序、控制测试和实质性程序时对审计抽样的考虑，掌握选取样本的方法，掌握样本结果评价的程序及内容，掌握属性抽样中使用的基本概念，掌握固定样本规模抽样、停—走抽样和发现抽样方法，掌握变量抽样的方法。

二、重要名词

1. 审计抽样
2. 抽样风险
3. 非抽样风险
4. 统计抽样
5. 非统计抽样
6. 可信赖程度
7. 可容忍误差
8. 样本误差
9. 总体误差
10. 变量抽样

三、重难点问题

1. 审计抽样和其他选取测试项目方法的含义。
2. 获取审计证据时对审计抽样和其他选取测试项目方法的考虑因素。
3. 抽样风险和非抽样风险对审计的影响。
4. 设计审计样本。
5. 随机选样、系统选样和随意选样的优缺点及各自的适用范围。
6. 评价样本结果。
7. 属性抽样审计的程序。
8. 变量抽样审计的程序。

四、练习题

（一）单选题

1. 注册会计师通常在期中实施控制测试，下列关于获取剩余期间的证据的说法中不正确的是（   ）。

  A. 注册会计师既可以将总体定义为整个被审计期间的交易，也可以定义为从年初到期中测试日为止的交易

  B. 注册会计师可能高估剩余项目的数量，导致部分被选取的编号对应的交易没有发生，可以用其他交易代替

  C. 注册会计师可能低估剩余项目的数量，对未包含在重新定义总体中的项目可以实施替代程序

  D. 注册会计师必须将测试扩展至在剩余期间发生的交易，以获取控制运行的有效性是否支持其计划评估的重大错报风险水平的结论

2. 下列关于抽样风险和非抽样风险的说法中正确的是（ ）。

  A. 注册会计师可以通过扩大样本规模降低非抽样风险

  B. 抽样风险和非抽样风险均不能被量化

  C. 非抽样风险是人为因素造成的，可以降低或防范

  D. 抽样风险与样本规模同向变动

3. 下列各项中不会导致非抽样风险的是（ ）。

  A. 注册会计师在测试销售收入的完整性认定时将主营业务收入日记账界定为总体

  B. 注册会计师未对总体中的所有项目进行测试

  C. 注册会计师在测试现金支付授权控制的有效性时，未将签字人未得到适当授权的情况界定为控制偏差

  D. 注册会计师依赖应收账款函证来揭露未入账的应收账款

4. 审计抽样在控制测试的应用中，注册会计师主要关注的测试目标是（ ）。

  A. 提供关于控制运行有效性的审计证据，以支持计划的重大错报风险评估水平

  B. 提供关于是否存在相关内部控制的审计证据

  C. 识别财务报表中各类交易中存在的重大错报

  D. 识别财务报表中各类账户余额和披露中存在的重大错报

5. 下列关于抽样总体的适当性的表述中错误的是（ ）。

  A. 如果要测试所有发运商品都已开具账单，注册会计师应将已发运的项目作为总体

  B. 如果要测试应付账款的低估时，注册会计师应将被审计单位的供应商对账单作为总体

  C. 如果要测试现金支付授权控制是否有效运行，注册会计师应将已授权的项目作为抽样总体

  D. 如果要测试应付账款的高估时，注册会计师应将应付账款明细表作为总体

  6. 注册会计师要测试被审计单位 2019 年现金支付授权控制是否有效运行，在进行审计抽样时，应当定义的总体是（ ）。

  A. 该企业 2019 年 12 月所有现金支付单据

  B. 该企业 2019 年 12 月所有应支付未支付的票据

C. 该企业 2019 年 1~12 月所有现金支付单据

D. 该企业 2019 年 1~12 月所有已支付但未经授权的现金支付单据

7. 在实施属性抽样时，注册会计师将总体定义为包括整个被审计期间的交易，但在期中实施初始测试。如果低估了剩余期间将要发生的项目的数量，下列说法中不正确的是（　　）。

  A. 直接根据已测试样本对整个期间内部控制形成结论

  B. 直接导致被测试的内部控制总体不满足完整性

  C. 可以对未包含在总体中的那部分交易实施替代程序

  D. 将未包含的项目作为一个独立的样本进行测试

8. 下列抽样方法中适用于在控制测试中使用统计抽样的是（　　）。

  A. 系统选样　　　　　　　　　　B. 整群选样

  C. 随意选样　　　　　　　　　　D. 货币单元抽样

9. 注册会计师采用系统选样法选取销售发票的样本，销售发票的总体范围是 1~2 000，设定的样本量是 100。如果选样的起点是 19，则选取的第 5 个样本是（　　）。

  A. 59　　　　　　B. 119　　　　　　C. 99　　　　　　D. 79

10. 在实务中，当可容忍偏差率为（　　）时，注册会计师不需要进行控制测试。

  A. 3%~7%　　　　B. 6%~12%　　　　C. 11%~20%　　　　D. 20%以上

（二）多选题

1. 注册会计师在获取充分、适当的证据时，选取测试项目的方法包括（　　）。

  A. 对总体包含的全部项目进行测试

  B. 对选出的特定项目进行测试，并推断总体

  C. 对选出的特定项目进行测试，但不推断总体

  D. 审计抽样

2. 注册会计师实施的下列审计程序中通常不会涉及审计抽样的是（　　）。

  A. 风险评估程序

  B. 未留下运行轨迹的控制进行的控制测试

  C. 细节测试　　　　　　　　　　D. 实质性分析程序

3. 下列各项抽样风险中影响审计效率的有（　　）。

  A. 信赖过度风险　　　　　　　　B. 信赖不足风险

  C. 误受风险　　　　　　　　　　D. 误拒风险

4. 下列有关统计抽样和非统计抽样的说法中不正确的有（　　）。

  A. 注册会计师在使用非统计抽样时，无须考虑抽样风险

  B. 注册会计师在统计抽样和非统计抽样方法之间进行选择时主要考虑成本效益

  C. 统计抽样方法比非统计抽样方法更有效

  D. 统计抽样和非统计抽样均需要运用职业判断

5. 注册会计师在控制测试中使用审计抽样界定总体时，应当确保总体的（　　）。

  A. 中立性   B. 适当性   C. 完整性   D. 同质性

6. 被审计单位针对支付应付账款的控制，要求每笔应付账款凭单都应附有订购单、验收单、卖方发票，并且相关负责人在应付凭单上签字，出纳才可以支付款项。注册会计师针对该项内部控制实施抽样检查，以下应定义为控制偏差的情况有（   ）。

  A. 某张应付凭单后只有验收单、卖方发票

  B. 某张应付凭单后有订购单、验收单和销售部门尚未收到卖方发票的说明

  C. 某张应付凭单有负责人签字和原始数据留存部门的说明

  D. 某张应付凭单后附有订购单、验收单、卖方发票，且相关负责人在应付凭单上已签字

7. 在下列控制测试中使用统计抽样的情况中，注册会计师不能直接做出接受总体的结论的是（   ）。

  A. 总体偏差率上限大于可容忍偏差率

  B. 总体偏差率上限等于可容忍偏差率

  C. 总体偏差率上限低于可容忍偏差率

  D. 总体偏差率上限低于但接近可容忍偏差率

8. 在控制测试中，注册会计师将总体定义为从年初开始到期中测试日为止的交易，在确定是否需要针对剩余期间获取额外证据以及获取哪些证据时考虑的因素有（   ）。

  A. 评估的认定层次重大错报风险的重要程度

  B. 在期中对有关控制运行有效性获取的审计证据的程度

  C. 在信赖控制的基础上拟缩小实质性程序的范围

  D. 控制环境

9. 在控制测试中，影响注册会计师可以接受的信赖过度风险的因素包括（   ）。

  A. 控制所针对的风险的重要性   B. 控制环境的评估结果

  C. 控制的叠加程度   D. 针对风险的控制程序的重要性

10. 下列各项中与控制测试样本规模呈反向变动关系的有（   ）。

  A. 可接受的信赖过度风险   B. 可容忍偏差率

  C. 预计总体偏差率   D. 总体规模

（三）判断题

1. 审计抽样是根据被选取项目获取的审计证据，形成或帮助形成关于总体的结论。（ ）

2. 审计抽样的基本目标是在有限的审计资源条件限制下，收集充分、适当的审计证据，以形成和支持审计结论。（ ）

3. 统计抽样不存在非抽样风险。（ ）

4. 根据样本的差错率或偏差率推断总体的差错率是变量抽样。（ ）

5. 统计抽样的成本一般比非统计抽样的成本高。（ ）

6. 非统计抽样需要职业判断；而统计抽样不需要职业判断。（ ）

7. 无论是使用统计抽样还是使用非统计抽样，都存在一定程度的抽样风险和非抽样风险。（　　）

8. 注册会计师在进行细节测试时通常使用变量抽样。（　　）

9. 属性抽样是用来测定总体特征的发生频率的，而变量抽样是用来估计总体差错金额的。（　　）

10. 注册会计师实施风险评估程序时一般不使用审计抽样。（　　）

11. 如果被审计单位内部控制运行有效性留下了书面证据，注册会计师可以考虑使用审计抽样进行控制测试。（　　）

12. 选取特定项目进行测试是审计抽样的一种。（　　）

（四）简答题

A 注册会计师负责审计甲公司 2019 年财务报表。在针对存货实施细节测试时，A 注册会计师决定采用传统变量抽样方法实施统计抽样。甲公司 2019 年 12 月 31 日存货账面余额合计为 150 000 000 元。A 注册会计师确定的总体规模为 3 000，样本规模为 200，样本账面余额合计为 12 000 000 元，样本审定金额合计为8 000 000元。

要求：A 注册会计师分别采用均值法、差额法和比率法计算推断的总体错报金额是多少？

五、案　例

1. 审计人员在对某公司 2019 年 3 月的工资单进行审查时，决定从 900 名职工中抽取 30 名职工的工资单进行审查，并使用系统抽样方法选样。抽样间距应为多少？

2. 某委托人应收账款的编号为 0 001～5 000，审计人员拟利用随机数表选择其中的 175 份进行函证。

要求：（1）以第 2 行、第 1 列数字为起始点，自左向右，以各数的后四位数为准，审计人员选择的最初 5 个样本的号码分别是多少？

（2）以第 4 行、第 2 列数字为起始点，自上而下，以各数的后四位数为准，审计人员选择的最初 5 个样本的号码分别是多少？

3. 假设被审计单位的应付账款账面总值为 5 000 000 元，共计 4 000 个账户，注册会计师为对应付账款总额进行估计，选出 200 个账户，账面价值为 240 000 元。审计后认定的价值为 245 600 元。

要求：请分别使用比率估计抽样和差额估计抽样估计应付账款总体金额。

六、参考文献

［1］阿尔文·A. 阿伦斯，詹姆斯·K. 洛布贝克. 审计学——整合方法研究［M］. 石爱中，等，译. 北京：中国审计出版社，2001.

［2］朱荣恩. 审计学［M］. 2 版. 北京：高等教育出版社，2005.

［3］余玉苗. 审计学［M］. 2 版. 北京：清华大学出版社，2008.

［4］中国注册会计师协会. 中国注册会计师执业准则应用指南［M］. 北京：中国财政经济出版社，2010.

［5］中国注册会计师协会. 审计［M］. 北京：经济科学出版社，2018.

第八章
审计计划

一、学习目标及要求

通过对本章的学习，学生应理解和掌握审计计划的概念、审计计划的层次，在了解初步业务活动含义的同时了解什么是总体审计策略和具体审计计划，了解注册会计师如何编制总体审计策略以及总体审计策略和具体审计计划之间的关系。

二、重要名词

1. 初步业务活动
2. 审计业务约定书
3. 总体的审计策略
4. 具体的审计计划

三、重难点问题

1. 初步业务活动的目的。
2. 审计的前提条件。
3. 审计计划包含的层次。总体审计策略和具体审计计划之间的关系。
4. 审计过程中是否能够对审计计划做修改。
5. 总体审计策略和具体审计计划的内容。

四、练习题

（一）单选题

1. 下列不属于具体审计计划的内容的是（　　）。
   A. 注册会计师应当在具体审计计划中清楚地说明审计资源的规划和调配，包括确定执行审计业务所必需的审计资源的性质、时间安排和范围
   B. 注册会计师计划实施的风险评估程序的性质、时间安排和范围
   C. 注册会计师计划实施的进一步审计程序的性质、时间安排和范围
   D. 对持续经营、关联方审计的安排考虑

2. 下列关于审计业务约定书的说法中不正确的是（　　）。
   A. 审计业务约定书的签署双方分别是会计师事务所和被审计单位
   B. 审计业务约定书中既包括被审计单位管理层应当承担的责任，又包括会计师事务所应履行的义务
   C. 会计师事务所在与被审计单位签订审计业务约定书之前，应委派注册会计师了解被审计单位的基本情况，并对与财务报表编制直接相关的内部控制进行测试

D. 会计师事务所的专业胜任能力和独立性是承接审计业务的先决条件

3. 下列关于总体审计策略和具体审计计划的说法中不正确的是（　　）。

　　A. 注册会计师应当在总体审计策略中清楚地说明审计资源的规划和调配，包括确定执行审计业务所必需的审计资源的性质、时间安排和范围

　　B. 总体审计策略用以确定审计范围、时间安排和方向，并指导具体审计计划的制订

　　C. 具体审计计划应当包括风险评估程序、计划实施的进一步审计程序和计划的其他审计程序

　　D. 计划审计工作是审计业务的一个孤立阶段，一经确定不能更改

4. 下列各项中通常属于总体审计策略内容的是（　　）。

　　A. 对应收账款余额存在目标拟实施函证程序

　　B. 对存货余额存在目标拟实施监盘程序

　　C. 对审计资源的规划和安排

　　D. 对于被审计单位由专人核对发票上单价与商品价目表上单价的控制拟选取部分发票与商品价目表进行核对

5.《中国注册会计师审计准则第 1201 号——计划审计工作》第四条规定："计划审计工作包括针对审计业务制定总体审计策略和具体审计计划"。下列相关说法中错误的是（　　）。

　　A. 确定审计业务的特征，以界定审计范围属于制定总体审计策略的内容

　　B. 确定实施的风险评估程序的性质、时间安排和范围属于制定总体审计策略的内容

　　C. 制定总体审计策略时，需要确定财务报表层次的重要性

　　D. 确定在认定层次实施的进一步审计程序的性质、时间安排和范围属于制订具体审计计划的内容

6. 下列关于具体审计计划的表述中错误的是（　　）。

　　A. 具体审计计划一经制订，无须更改

　　B. 计划进一步审计程序包括控制测试和实质性程序

　　C. 注册会计师执行风险评估程序以识别和评估被审计单位的重大错报风险

　　D. 计划审计工作并非审计业务的孤立阶段，而是一个持续的、不断修正的过程

7. 注册会计师在计划审计工作前需要开展初步业务活动，下列活动中不属于初步业务活动的是（　　）。

　　A. 针对保持客户关系和具体审计业务实施相应的质量控制程序

　　B. 评价遵守相关职业道德规范要求的情况

　　C. 深入了解被审计单位及其环境

　　D. 就审计业务约定条款达成一致意见

8. 下列关于实际执行的重要性的说法中，错误的是（　　）。

　　A. 实际执行的重要性是注册会计师确定低于财务报表整体重要性的一个或多个金额

B. 对于审计风险较高的审计项目，注册会计师需要确定较低的实际执行的重要性

C. 注册会计师可以将低于实际执行的重要性的账户排除在审计范围外

D. 确定实际执行的重要性需要注册会计师运用职业判断

9. 下列关于项目组成员的监督、指导与复核的说法中错误的是（   ）。

A. 在计划复核的性质、时间安排和范围时，注册会计师不应当考虑单个项目组成员的胜任能力

B. 计划对项目组成员工作的指导、监督与复核的性质、时间安排和范围应当建立在评估的重大错报风险的基础上

C. 评估的重大错报风险越大，注册会计师指导与监督的范围越大

D. 当评估的重大错报风险增加时，注册会计师应当执行更详细的复核工作

（二）多选题

1. 下列有关计划审计工作的说法中正确的有（   ）。

A. 计划审计工作贯穿整个审计业务的始终，并不是审计业务的一个孤立阶段，而是一个持续的、不断修正的过程

B. 注册会计师计划的进一步审计程序可以分为进一步审计程序的总体方案和拟实施的具体审计程序（包括进一步审计程序的具体性质、时间和范围）两个层次

C. 在初步计划审计工作时，注册会计师就应当确定在被审计单位财务报表中可能存在重大错报风险的重大账户及其相关认定

D. 审计业务约定书具有经济合同的性质，一旦约定双方签字认可，即成为签字注册会计师与被审计单位之间在法律上生效的契约

2. 下列关于审计的前提条件的说法中正确的有（   ）。

A. 如果不存在可接受的财务报告编制基础，管理层就不具有编制财务报表的恰当基础，注册会计师也不具有对财务报表进行审计的适当标准

B. 按照审计准则的规定执行审计的前提是管理层已认可并理解其承担的责任

C. 如果管理层不认可其责任，或者不同意提供书面声明，通常情况下，注册会计师也是能够承接此类审计业务的

D. 注册会计师需要就管理层认可并理解其与内部控制有关的责任与管理层达成共识

3. 下列选项中属于审计业务约定书中的内容的有（   ）。

A. 指出用于编制财务报表所适用的财务报告编制基础

B. 在首次审计的情况下，与前任注册会计师沟通的安排

C. 拟进行的具体审计程序的计划

D. 审计的总体策略

4. 下列关于审计计划的说法中正确的有（   ）。

A. 总体审计策略用以确定审计范围、时间安排和方向，并指导具体审计计划的制订

B. 确定审计程序的性质、时间安排和范围是具体审计计划的核心

C. 计划审计工作是一个持续的、不断修正的过程

D. 总体审计策略一经制定，不得修改，但具体审计计划可以根据情况的变化进行适当修改

5. 审计计划一般包括（　　）。

A. 总体审计策略　　　　　　　　　B. 具体审计计划

C. 一般审计计划　　　　　　　　　D. 详细审计计划

6. 审计人员在制定总体审计策略时，应当考虑下列影响审计范围的事项是（　　）。

A. 编制财务报表适用的会计准则和相关会计制度

B. 其他审计人员参与审计集团内组成部分的范围

C. 需审计的业务部分性质，包括是否需要具备专门知识

D. 评估的财务报表层次的重大错报风险对指导、监督以及复核的影响

（三）判断题

1. 初步业务活动在具体审计计划工作之后。　　　　　　　　　　　　（　　）

2. 注册会计师可以以个人名义签订审计业务约定书。　　　　　　　　（　　）

3. 如果有迹象表明被审计单位误解审计目标和范围，注册会计师可以修改审计业务约定书的条款。　　　　　　　　　　　　　　　　　　　　　　（　　）

4. 计划审计工作并非审计业务的一个孤立阶段，而是一个持续的、不断修正的过程，贯穿整个审计业务的始终。　　　　　　　　　　　　　　　　　（　　）

5. 审计计划包括总体审计策略和具体审计计划两个层次。　　　　　　（　　）

6. 总体审计策略包括风险评估程序。　　　　　　　　　　　　　　　（　　）

7. 总体审计策略会涉及具体某个审计程序的确定。　　　　　　　　　（　　）

8. 进一步的审计程序可以分为进一步审计程序的总体方案和拟实施的具体审计程序。　　　　　　　　　　　　　　　　　　　　　　　　　　　　（　　）

9. 总体审计策略需要确定审计资源的性质、时间安排和范围。　　　　（　　）

10. 总体审计策略的核心在于确定审计程序的性质、时间安排和范围以获取充分、适当的审计证据。　　　　　　　　　　　　　　　　　　　　　　（　　）

（四）简答题

1. 甲公司为 ABC 会计师事务所的常年审计客户。2019 年 1 月，甲公司继续聘请 ABC 会计师事务所审计其 2018 年财务报表。ABC 会计师事务所委派 A 注册会计师担任审计项目合伙人。A 注册会计师在审计计划环节撰写了总体审计策略和具体审计计划，部分内容摘录如下：

（1）经初步了解，2018 年度甲公司及其环境发生重大变化，重大错报风险较高，注册会计师拟确定较低的重要性水平，并通过修改计划实施的实质性程序的性质、时间安排和范围降低重大错报风险。

（2）甲公司因关闭了某地一办事处，于 2018 年 10 月注销了该地的银行存款账户，A 注册会计师拟不再函证该银行账户。

（3）甲公司地处东北地区，经了解，由于下雪严重，部分露天存放的存货被积

雪覆盖,考虑到天寒地冻而监盘不便,因此 A 注册会计师拟不对这部分存货实施监盘,转而执行其他审计程序。

(4) 2017 年度 ABC 会计师事务所审计甲公司针对特别风险的控制时,信赖了甲公司内部控制,并进行了控制测试,经了解该控制本期未发生变化,本年度不打算再进行测试,依赖上一年审计获取的审计证据。

(5) A 注册会计师预期甲公司其他内部控制运行有效,因此决定主要利用询问、观察、检查、穿行测试、重新执行等程序,测试控制运行的有效性。

要求:针对上述事项(1)至事项(5),逐项指出 A 注册会计师拟定的计划是否存在不当之处。如有不当之处,简要说明理由。

2. D 公司系 ABC 会计师事务所的常年审计客户,由于其业务的性质和经营规模发生重大变化,ABC 会计师事务所正在考虑是否继续接受委托审计其 2019 年财务报表。

要求:在连续审计中,在哪些情况下注册会计师应当考虑重新签订审计业务约定书?

五、案 例

案例一:美联股份有限公司(以下简称“美联公司”)是纺织行业的上市公司,2015 年发行社会公众股并上市交易,受政府的优惠政策的支持,业绩相当不错,上市当年的每股收益为 0.433 元。2016 年,美联公司业绩开始出现下滑的趋势,每股收益为 0.200 元。美联公司正在准备 2019 年的年度审计,并打算聘请宝信会计师事务所进行年度审计。宝信会计师事务所在接受美联公司委托前通过公开渠道了解到如下信息:

(1) 美联公司 2017 年、2018 年两年的业绩相当不理想,每股收益分别为 0.155 元和 0.100 元。

(2) 2019 年,美联公司未经审计的中期报表的每股收益为 0.090 元。

(3) 2019 年 12 月 5 日,美联公司公告了其进行资产重组的消息。

(4) 2017 年、2018 年从事美联公司年度报表审计的会计师事务所是大胜会计师事务所。

（5）美联公司在 2019 年 2 月 26 日宣布组建电子商务网络公司，并处于控股地位。

思考：（1）你作为该项目的负责人，在接受委托前你会如何处理？

（2）如果接受委托，你在编制审计计划时采用何种手段防范因上述信息可能带来的风险。

案例二：某会计师事务所指派审计一部承担对常年审计客户甲公司 2021 年度财务报表的审计工作。审计一部成立了由注册会计师 B 负责的审计项目小组。注册会计师 B 撰写的总体审计策略和具体审计计划部分内容摘录如下：

（1）初步了解 2021 年度甲公司的经营及其所处环境状况未发生大变化，拟依赖以往审计中对管理层、治理层诚信形成的判断。

（2）因对甲公司内部审计人员的客观性和专业胜任能力存有疑虑拟不利用内部审计的工作。

（3）确定财务报表整体的重要性水平时，注册会计师特别考虑了作为甲公司最大股东的 Y 公司的决策需要，以确保金额在重要性水平以下的错报不影响 Y 公司的经济决策。

（4）考虑到与存货跌价准备等具体项目计量相关的固有不确定性，注册会计师据此调低了财务报表整体的重要性。

（5）为便于实施审计程序，注册会计师将财务报表整体的重要性水平的 1% 作为界定明显微小错报的上限。对超过明显微小错报临界值的错报都需要累积，并建议管理层更正。

（6）基于以前年度审计调整较少，注册会计师认为应该把实际执行的重要性水平定为财务报表整体重要性的 50%。

（7）选取金额超过实际执行的重要性的财务报表项目实施进一步审计程序，而对低于实际执行的重要性的财务报表项目不实施进一步审计程序。

（8）对计划的重要性水平做出修正，拟通过修改计划实施的实质性程序的性质、时间和范围降低重大错报风险。

思考：针对注册会计师 B 撰写的甲公司的总体审计策略和具体审计计划中的事项（1）至事项（8），逐项指出注册会计师 B 拟定的计划是否存在不当之处。如有不当之处，简要说明理由。

六、参考文献

[1] 赵保卿. 审计学案例分析 [M]. 北京：经济科学出版社，2013.

[2] 刘明辉，史德刚. 审计 [M]. 大连：东北财经大学出版社，2017.

[3] 傅胜，曲明. 审计习题与案例 [M]. 大连：东北财经大学出版社，2017.

[4] 中国注册会计师协会. 中国注册会计师执业准则应用指南 2010 [M]. 北京：中国财政经济出版社，2010.

[5] 中国注册会计师协会. 审计 [M]. 北京：中国财政经济出版社，2018.

审/计/习/题/与/案/例

第九章
风险评估

一、学习目标及要求

本章属于重点章节。学生在学习时要注意体会风险评估的思路，围绕一个主线学习，即通过各种途径从各个角度了解被审计单位及其环境；基于对被审计单位各方面的了解，以识别和评估重大错报风险；重点掌握企业内部控制、重大错报风险评估等知识点。

风险评估贯穿整个审计过程，如图 9-1 所示。

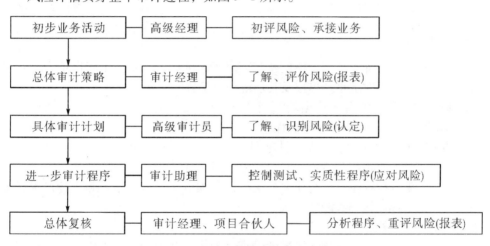

图 9-1　风险评估贯穿整个审计过程

二、重要名词

1. 风险评估　　　　　　　　　2. 风险评估程序

3. 内部控制　　　　　　　　　4. 内部控制的要素

5. 特别风险

三、重难点问题

1. 风险识别和评估的概念与作用。

2. 风险评估程序、信息来源以及项目组内部的讨论。

3. 被审计单位及其环境。

4. 被审计单位的内部控制。

5. 评估重大错报风险。

四、练习题

（一）单选题

1. 以下有关风险评估的说法中不恰当的是（　　）。
   A. 风险的识别和评估是审计风险控制流程的起点
   B. 了解被审计单位及其环境是必要程序
   C. 在风险评估阶段采用审计抽样方法尤为适宜
   D. 注册会计师应当考虑在客户接受与保持过程中获取的信息是否与识别重大错报风险相关

2. 下列有关风险评估的理解中不正确的是（　　）。
   A. 了解被审计单位及其环境能够为注册会计师做出职业判断提供重要基础，但并非必要程序
   B. 风险评估为确定重要性水平提供了重要的基础，并随着审计工作的进程评估对重要性水平的判断是否仍然适当
   C. 评价对被审计单位及其环境了解的程度是否恰当，关键是看注册会计师对被审计单位及其环境的了解是否足以识别和评估财务报表的重大错报风险
   D. 注册会计师对被审计单位及其环境了解的程度，要低于管理层为经营管理企业而对被审计单位及其环境需要了解的程度

3. 以下审计程序中不属于风险评估程序的是（　　）。
   A. 询问　　　　B. 分析程序　　　　C. 监盘　　　　D. 检查

4. 在进行风险评估时，注册会计师通常采用的审计程序是（　　）。
   A. 将财务报表与其所依据的会计记录相核对
   B. 实施分析程序以识别异常的交易或事项以及对财务报表和审计产生影响的金额、比率和趋势
   C. 对应收账款进行函证
   D. 以人工方式或使用计算机辅助审计技术，对记录或文件中的数据计算准确性进行核对

5. 注册会计师可以向相关人员询问获得对被审计单位及其环境的了解。下列与询问相关的说法中错误的是（　　）。
   A. 询问治理层，可能有助于注册会计师理解财务报表的编制环境
   B. 询问内部审计人员，可能有助于注册会计师了解内部控制运行的有效性
   C. 询问普通员工，可能有助于注册会计师评估管理层对内部审计发现的问题是否采取适当的措施
   D. 询问法律顾问，可能有助于注册会计师了解被审计单位对有关法律法规的遵循情况

6. 阅读外部信息可能有助于注册会计师了解被审计单位及其环境，下列各项中不属于外部信息的是（　　）。
   A. 相关报纸杂志　　　　　　　　　B. 证券分析师分析的行业经济情况
   C. 银行对被审计单位出具的信用评价　　D. 被审计单位签订的销售合同

7. 下列各项中不属于项目组内部讨论的内容的是（　　　）。

    A. 项目组成员是否保持了独立性　　　B. 被审计单位面临的经营风险

    C. 财务报表容易发生错报的领域及发生错报的方式

    D. 由于舞弊导致重大错报的可能性

8. 注册会计师了解的被审计单位及其环境的各项因素中，既涉及内部因素也涉及外部因素的是（　　　）。

    A. 对被审计单位财务业绩的衡量和评价

    B. 被审计单位的内部控制　　　C. 被审计单位的性质

    D. 相关行业状况、法律环境和监管环境及其他外部因素

9. 以下有关了解被审计单位的性质的说法中不恰当的是（　　　）。

    A. 对被审计单位所有权结构的了解有助于注册会计师识别关联方关系并了解被审计单位的决策过程

    B. 注册会计师应当了解被审计单位识别关联方的程序，获取被审计单位提供的所有关联方信息，并考虑关联方关系是否已经得到识别，关联方交易是否得到恰当的记录和充分披露

    C. 了解被审计单位经营活动有助于注册会计师识别预期在财务报表中反映的主要交易类别、重要账户余额和列报

    D. 了解被审计单位筹资活动有助于注册会计师关注被审计单位在经营策略和方向上的重大变化

10. 在了解被审计单位财务业绩衡量和评价情况时，注册会计师应当关注的信息不包括（　　　）。

    A. 关键财务业绩指标　　　　　B. 同期财务业绩比较分析

    C. 员工业绩考核与激励性报酬政策　　D. 主要子公司的重要融资安排

（二）多选题

1. 下列各项中属于风险识别和评估的作用的有（　　　）。

    A. 考虑会计政策的选择和运用是否恰当

    B. 确定在实施分析程序时使用的预期值

    C. 设计和实施进一步审计程序，以将审计风险降至可接受的低水平

    D. 评价获取审计证据的充分性和适当性

2. 注册会计师应当实施下列风险评估程序，以了解被审计单位及其环境（　　　）。

    A. 函证　　　　　B. 分析程序　　　　　C. 观察　　　　　D. 重新计算

3. 下列各项中属于注册会计师实施风险评估时可以向管理层和财务负责人询问的事项有（　　　）。

    A. 新的竞争对手、主要客户和供应商的流失、新的税收法规的实施以及经营目标或战略变化等

    B. 被审计单位最近的财务状况、经营成果和现金流量

    C. 所有权结构、组织结构的变化以及内部控制的变化等

    D. 可能影响财务报告的交易和事项，或者目前发生的重大会计处理问题

4. 注册会计师应当要求参与项目组讨论的人员有（ ）。

    A. 项目合伙人   B. 关键审计人员

    C. 聘请的特定领域专家   D. 项目质量控制复核人员

5. 以下各项中属于内部控制要素的有（ ）。

    A. 控制活动   B. 对控制的监督

    C. 控制环境

    D. 与财务报告相关的信息系统与沟通

6. 下列选项中通常属于整体层面控制的有（ ）。

    A. 应对管理层凌驾于控制之上的控制   B. 信息技术一般控制

    C. 信息技术应用控制   D. 对销售和采购交易的控制

7. 执行穿行测试可获得下列方面的证据（ ）。

    A. 确认控制是否得到执行   B. 评估控制设计的有效性

    C. 确认对业务流程的了解

    D. 确认之前所做的书面记录的准确性

8. 下列选项中通常导致财务报表层次重大错报风险的有（ ）。

    A. 管理层舞弊   B. 出纳舞弊

    C. 赊销金额超过授权   D. 未实施恰当的职责分离

9. 在应对仅通过实质性程序无法应对的重大错报风险时，注册会计师应当考虑的主要因素有（ ）。

    A. 被审计单位是否针对这些风险设计了控制

    B. 相关控制是否可以信赖

    C. 相关交易是否采用高度自动化的处理

    D. 会计政策是否发生变更

10. A 注册会计师在审计甲公司 2019 年财务报表。在识别和评估重大错报风险时，A 注册会计师可能实施的审计程序有（ ）。

    A. 评估识别出的风险，并评价其是否更广泛地与财务报表整体相关

    B. 考虑识别的错报风险导致财务报表发生重大错报的可能性

    C. 考虑识别的错报风险是否重大

    D. 将识别的错报风险与认定层次可能发生错报的领域相联系

11. A 注册会计师在审计甲公司 2019 年财务报表过程中了解和识别的下列事项中很可能导致特别风险的有（ ）。

    A. 甲公司并购了乙公司

    B. 甲公司依赖高度的主观判断确定了资产减值损失

    C. 甲公司本年频繁发生常规交易

    D. 甲公司与丙公司发生了重大的债务重组

12. 关于特别风险，注册会计师的下列做法恰当的有（ ）。

    A. 如果管理层未能实施控制以恰当应对特别风险，注册会计师应当就此类事项与治理层沟通

B. 注册会计师应当了解被审计单位是否针对该特别风险设计和实施了控制

C. 注册会计师应当专门针对识别的特别风险实施实质性程序

D. 注册会计师对管理层应对特别风险的控制，无论是否信赖，都需要进行测试

（三）判断题

1. 注册会计师应当计划和实施审计工作以对财务报表是否不存在重大错报获取合理保证。　　　　　　　　　　　　　　　　　　　　　　　　（　　）

2. 注册会计师应当对财务报表是否不存在重大错报获取合理保证。其中，不存在重大错报是指注册会计师认为已审计的财务报表不存在影响财务报表使用者决策的错报。　　　　　　　　　　　　　　　　　　　　　　　　（　　）

3. 合理保证是指注册会计师通过不断修正的、系统的执业过程，获取充分、适当的审计证据，对财务报表整体发表审计意见，提供的是一种高水平但非 100% 的保证。　　　　　　　　　　　　　　　　　　　　　　　　　　（　　）

4. 注册会计师应当专门针对识别的特别风险实施实质性程序。　（　　）

5. 注册会计师对管理层应对特别风险的控制，无论是否信赖，都需要进行测试。　　　　　　　　　　　　　　　　　　　　　　　　　　　　（　　）

6. 控制环境本身能防止或发现并纠正认定层次的重大错报。　（　　）

7. 控制环境的好坏影响注册会计师对财务报表层次重大错报风险的评估。（　　）

8. 在审计业务承接阶段，注册会计师无须了解和评价控制环境。（　　）

9. 在实施风险评估程序时，注册会计师需要对控制环境的构成要素获取足够了解，并考虑内部控制的实质及其综合效果。　　　　　　　　　　　（　　）

10. 注册会计师有责任识别或评估对财务报表产生影响的所有经营风险。（　　）

（四）简答题

A 注册会计师是甲公司 2019 年财务报表审计业务的项目合伙人。在了解甲公司及其环境以及评估重大错报风险时，A 注册会计师的观点如下：

（1）针对甲公司多项控制活动能够实现营业收入发生的目标，A 注册会计师认为应该了解与该目标相关的每项控制活动。

（2）在了解甲公司的内部控制时，A 注册会计师认为应该了解的是与财务报告相关的内部控制，而非甲公司所有的内部控制。

（3）甲公司与固定资产相关的会计估计在本年发生变化，A 注册会计师认为这可能会导致固定资产的金额计量不准确，但不会导致特别风险。

（4）针对特别风险的项目，A 注册会计师认为不需要了解内部控制，只需直接实施实质性程序。

（5）在识别和评估特别风险时，A 注册会计师认为必须要亲自实施各项审计程序，不能利用专家的工作。

要求：假定上述第（1）至（6）项都独立，逐项指出 A 注册会计师的观点是否恰当，如不恰当，简要说明理由。

五、案　例

洪良国际控股有限公司（Hontex International Holdings Co.，以下简称"洪良国际"）由台商萧登波在 1993 年创立于福建福清，生产基地在大陆，董事会设在台湾，而注册地在离岸金融中心开曼群岛。2009 年 12 月 24 日，洪良国际以每股 2.15 港元（1 港元约等于 0.903 元人民币，下同）的价格在香港证券交易所挂牌上市，股票代码为 HK0946，募集 10.75 亿港元，获得超过 38 倍的超额认购。

2010 年 2 月 20 日，洪良国际曾试图向毕马威的审计师刘某某支付 10 万港元，以作为审计服务的额外报酬，遭到刘某某拒绝。随后，毕马威高级经理梁某某同时也是刘某某在洪良国际项目的上司，收受了洪良国际 30 万港元，将其中的 10 万港元交给刘某某。2010 年 3 月 1 日，刘某某将此事报告给毕马威负责内部调查的合伙人。该合伙人约谈梁某某。毕马威紧急启动了对洪良国际首次公开募股（IPO）审计项目的内部核查，并且发现了一些数据上的差异和问题，决定将此事报告给相关的监管机构。随后，香港证监会及廉政公署介入调查。2010 年 3 月 29 日，香港证监会展开法律程序，洪浪国际股票停牌。2010 年 3 月 30 日，香港证监会执行搜查令，并取得香港高等法院的临时禁制令，冻结洪良国际及其四家子公司的资产，金额 9.97 亿港元，暂停兆丰资本保荐资格。2010 年 5 月 10 日，毕马威请辞核数师职务。

2012 年 4 月 22 日，香港证监会撤销兆丰资本保荐人牌照，罚款 4 200 万港元。2013 年 9 月，洪良国际被撤销了上市地位，彻底退出了香港证券交易所。

虽然毕马威的职员卷入了受贿、行贿案件，但由于会计师事务所及其人员的自律和内部风险管理得当，因而使得毕马威在该案件中免于处罚。

思考：该会计师事务所为何没有受到处罚？请从会计师事务所风险评估角度分析应如何应对此类风险？

六、参考文献

中国注册会计师协会. 审计 [M]. 北京：中国财政经济出版社，2019.

第十章
风险应对

- -

一、学习目标及要求

通过对本章的学习，学生应掌握风险应对程序的总体思路。本章介绍了报表层风险的总体应对措施；针对认定层风险的进一步审计程序；控制测试；实质性程序的理论。针对认定层风险的进一步审计程序（包括控制测试和实质性程序）应结合循环审计的内容来学习。

二、重要名词

1. 风险应对
2. 控制测试
3. 实质性程序
4. 进一步审计程序

三、重难点问题

1. 总体应对措施。
2. 进一步审计程序的总体方案。
3. 控制测试的含义、内容、测试情形、测试时间、测试范围。
4. 自动化控制测试的特别考虑。
5. 控制环境薄弱对进一步程序的影响。
6. 实质性程序的必要性、时间、范围。

四、练习题

（一）单选题

1. 针对财务报表层次的重大错报风险，注册会计师采取的下列措施中不恰当的是（   ）。

    A. 利用专家的工作   B. 项目合伙人提供更多的督导

    C. 向项目组强调保持职业怀疑的必要性

    D. 实施控制测试和细节测试

2. 如果控制环境存在缺陷，注册会计师在对拟实施审计程序的性质、时间安排和范围做出总体修改时不应当考虑的是（   ）。

    A. 增加拟纳入审计范围的经营地点的数量

    B. 通过实施实质性程序获取更广泛的审计证据

    C. 通过实施控制测试获取更广泛的审计证据

    D. 在期末而非期中实施更多的审计程序

3. 注册会计师为提高函证程序的不可预见性而采取的措施中正确的是（　　）。

A. 向重要的客户寄发消极式询证函

B. 以积极的方式向小余额客户证函

C. 将函证截止日定为当年 12 月 31 日

D. 要求客户直接向被审计单位回函

4. 下列有关注册会计师增加审计程序不可预见性的说法中不恰当的是（　　）。

A. 需要与被审计单位的高层管理人员事先沟通，要求实施具有不可预见性的审计程序

B. 需要告知被审计单位高层管理人员实施不可预见性程序的具体内容

C. 审计项目组可以汇总那些具有不可预见性的审计程序，并记录在审计工作底稿中

D. 项目合伙人需要安排项目组成员有效地实施具有不可预见性的审计程序，但同时要避免使项目组成员处于困难境地

5. 下列有关进一步审计程序的总体审计方案的说法中不恰当的是（　　）。

A. 注册会计师评估的财务报表层次重大错报风险，对拟实施进一步审计程序的总体审计方案具有重大影响

B. 实质性方案是指注册会计师实施的进一步审计程序以实质性程序为主

C. 综合性方案是指注册会计师实施的进一步审计程序时以控制测试为主

D. 当评估的财务报表层次重大错报风险属于高风险水平时，注册会计师拟实施进一步审计程序的总体方案往往更倾向于实质性方案

6. 下列有关进一步审计程序的说法中正确的是（　　）。

A. 进一步审计程序的总体审计方案包括实质性方案和综合性方案

B. 注册会计师设计和实施的进一步审计程序的性质、时间安排和范围，应当与评估的财务报表层次重大错报风险建立明确的对应关系

C. 注册会计师评估的重大错报风险越高，实施进一步审计程序的范围通常越小

D. 进一步审计程序的范围是最重要的

7. 在确定进一步审计程序的时间时，注册会计师应当考虑的主要因素不包括（　　）。

A. 控制环境　　　　　　　　　　B. 审计意见的类型

C. 错报风险的性质　　　　　　　D. 审计证据适用的期间或时点

8. 下列有关控制测试目的的说法中正确的是（　　）。

A. 控制测试旨在评价内部控制在防止或发现并纠正认定层次重大错报方面的运行有效性

B. 控制测试旨在发现认定层次发生错报的金额

C. 控制测试旨在验证实质性程序结果的可靠性

D. 控制测试旨在确定控制是否得到执行

9. 下列关于了解内部控制与控制测试的说法中错误的是（　　）。

    A. 注册会计师可以考虑在评价控制设计和获取其得到执行的审计证据的同时测试控制运行有效性

    B. 了解内部控制包括评价控制的设计和确定控制是否有效运行

    C. 在了解内部控制是否得到执行时，注册会计师只需抽取少量的交易进行检查或观察某几个时点

    D. 如果被审计单位在所审计期间内的不同时期使用了不同的控制，注册会计师应当考虑不同时期控制运行的有效性

10. 如果注册会计师拟信赖旨在应对超出正常经营过程的重大关联方交易的人工控制，假设该控制没有发生变化，下列有关测试该控制运行有效性的时间间隔的说法中正确的是（　　）。

    A. 每年测试一次   B. 每二年至少测试一次

    C. 每三年至少测试一次   D. 每四年至少测试一次

11. 在确定控制测试的范围时，下列说法中不正确的是（　　）。

    A. 如果风险评估时对控制运行有效性的拟信赖程度较高，注册会计师通常应当考虑扩大实施控制测试的范围

    B. 控制执行的频率越高，控制测试的范围越大

    C. 对于一项持续有效运行的自动化控制，注册会计师通常应当考虑扩大实施控制测试的范围

    D. 当针对其他控制获取审计证据的充分性和适当性较高时，测试该控制的范围可适当缩小

12. 下列实质性程序的相关说法中错误的是（　　）。

    A. 细节测试的目的是发现认定层次的重大错报

    B. 实质性程序通常更适用于在一段时间内存在预期关系的大量交易

    C. 实质性程序包括细节测试与实质性分析程序

    D. 如果针对特别风险实施的程序仅为实质性程序，这些程序应当包括细节测试

13. 以下各项具体程序中不属于细节测试程序的是（　　）。

    A. 重新计算   B. 函证

    C. 监盘   D. 实质性分析程序

14. 下列有关实质性程序的说法中正确的是（　　）。

    A. 实质性程序包括将财务报告与其所依据的会计记录进行核对或调节

    B. 由于注册会计师对重大错报风险的评估是一种判断，注册会计师需要针对每一项交易实施控制测试

    C. 由于内部控制存在固有局限性，注册会计师需要针对每一项交易实施细节程序

    D. 如果认为评估的重大错报风险是特别风险，注册会计师应当专门针对该风险实施实质性分析程序

15. 如果 A 注册会计师在审计甲公司 2019 年财务报表时，发现甲公司财务报表存在因舞弊导致的重大错报风险，则以下结论中最合理的是（   ）。

A. 如果已在期中实施了实质性程序，且该重大错报风险性质严重，A 注册会计师应当针对剩余期间实施进一步的审计程序

B. 如果已在期中实施了实质性程序，且该重大错报风险性质不严重，A 注册会计师不需要针对剩余期间实施任何审计程序

C. 如果已在期中实施了实质性程序，无论重大错报风险的性质严重与否，A 注册会计师都应实施审计程序以将期中得出的结论合理延伸至期末

D. 针对由于甲公司舞弊导致的财务报表的重大错报风险，A 注册会计师应当考虑在期末或接近期末实施实质性程序

（二）多选题

1. 如果被审计单位的控制环境存在缺陷，注册会计师在对拟实施的审计程序的性质、时间安排和范围做出总体修改时应当考虑的因素包括（   ）。

A. 在期末而非期中实施更多的审计程序

B. 多选几个月的银行存款余额调节表进行测试

C. 通过实施实质性程序获取更广泛的审计证据

D. 增加拟纳入审计范围的经营地点的数量

2. 针对增加审计程序的不可预见性，注册会计师的以下做法中恰当的有（   ）。

A. 对某些以前未测试的低于设定的重要性水平或风险较小的账户余额和认定实施实质性程序

B. 调整实施审计程序的时间，使其超出被审计单位的预期

C. 采取不同的审计抽样方法，使当年抽取的测试样本与以前有所不同

D. 选取不同的地点实施审计程序，或者预先不告知被审计单位选定的测试地点

3. 下列做法中可以提高审计程序的不可预见性的有（   ）。

A. 针对销售收入和销售退回延长截止测试期间

B. 向以前没有询问过的被审计单位员工询问

C. 对以前通常不测试的金额较小的项目实施实质性程序

D. 对被审计单位银行存款年末余额实施函证

4. 在应对评估的重大错报风险时，注册会计师应选择实质性方案的有（   ）。

A. 被审计单位高级管理人员存在舞弊

B. 实施控制测试不符合成本效益原则

C. 被审计单位不存在与特定认定相关的内部控制

D. 被审计单位的控制环境存在严重缺陷

5. 注册会计师设计进一步审计程序应当考虑的因素包括（   ）。

A. 收费的高低   B. 重大错报发生的可能性

C. 被审计单位采用的特定控制的性质   D. 被审计单位管理层的预期

6. 下列有关进一步审计程序的说法中恰当的有（　　）。

A. 进一步审计程序包括控制测试和实质性程序

B. 注册会计师设计和实施的进一步审计程序的性质、时间安排和范围，应当与评估的认定层次重大错报风险具备明确的对应关系

C. 只有首先确保进一步审计程序的性质与特定风险相关时，扩大审计程序的范围才是有效的

D. 无论选择何种方案，注册会计师都应当对所有重大类别的交易、账户余额和披露设计与实施实质性程序

7. 下列关于进一步审计程序的时间的说法中恰当的有（　　）。

A. 重大错报风险较高时，注册会计师应当在期末或接近期末实施实质性程序

B. 注册会计师在期中实施控制测试具有更积极的作用

C. 控制环境对进一步审计程序的时间安排没任何影响

D. 错报风险的性质会影响注册会计师何时实施进一步审计程序

8. 在确定进一步审计程序的范围时，注册会计师应当考虑的主要因素有（　　）。

A. 审计程序与特定风险的相关性　　　B. 评估的认定层次重大错报风险

C. 计划获取的保证程度　　　　　　　D. 可容忍的错报或偏差率

9. 在测试内部控制的运行有效性时，注册会计师应当获取的审计证据有（　　）。

A. 控制是否存在

B. 控制在审计期间相关时点是如何运行的

C. 控制是否得到一贯执行　　　　　　D. 控制由谁执行

10. 下列情形中注册会计师应当实施控制测试的有（　　）。

A. 控制设计合理但是没有得到执行

B. 控制设计不合理但是得到执行

C. 在评估认定层次重大错报风险时，预期控制的运行有效

D. 仅实施实质性程序并不能够提供认定层次充分、适当的审计证据

11. 在执行财务报表审计业务时，如果被审计单位存在（　　）情形之一时，注册会计师一般应当实施控制测试。

A. 上年度内部控制存在重大缺陷，没有迹象表明本期有所改进

B. 内部控制已连续三年有效实施，没有迹象表明本期发生变化

C. 在与所考虑的内部控制相关的业务领域，全年总计发生三笔大额交易

D. 采用电子方式交易两万次，但不存在可以利用的计算机辅助审计技术

12. 注册会计师在实施控制测试时通常使用的审计程序包括（　　）。

A. 询问　　　　　　　　　　　　　　B. 检查

C. 重新执行　　　　　　　　　　　　D. 分析程序

13. 在确定控制测试的性质时，注册会计师正确的做法有（　　）。

    A. 当拟实施的进一步审计程序以控制测试为主时，应当获取有关控制运行有效性的更高的保证水平

    B. 根据特定控制的性质选择所需实施审计程序的类型

    C. 询问本身不足以测试控制运行的有效性，应当与其他审计程序结合使用

    D. 考虑测试与认定直接相关和间接相关的控制

14. 在根据特定控制的性质选择所需实施的审计程序时，注册会计师应当考虑的主要因素有（　　）。

    A. 控制是否存在反映运行有效性的文件记录

    B. 控制是否与认定直接相关

    C. 控制是否属于自动化应用控制

    D. 控制是否与认定间接相关

15. 如果注册会计师通过实施实质性程序发现某项认定存在错报，注册会计师应当考虑实质性程序发现的错报对评价相关控制运行有效性的影响，可能考虑的措施有（　　）。

    A. 降低对相关控制的信赖程度　　　　B. 出具非无保留审计意见报告

    C. 扩大实质性程序的范围　　　　　　D. 得出内部控制运行无效的结论

（三）判断题

1. 进一步审计程序包括控制测试和实质性程序。（　　）

2. 注册会计师设计和实施的进一步审计程序的性质、时间安排和范围，应当与评估的认定层次重大错报风险具备明确的对应关系。（　　）

3. 只有首先确保进一步审计程序的性质与特定风险相关时，扩大审计程序的范围才是有效的。（　　）

4. 无论选择何种方案，注册会计师都应当对所有重大类别的交易、账户余额和披露设计与实施实质性程序。（　　）

5. 重大错报风险较高时，注册会计师应当考虑在期末或接近期末实施实质性程序。（　　）

6. 注册会计师在期中实施控制测试可能发挥积极的作用。（　　）

7. 控制环境对进一步审计程序的时间安排没任何影响。（　　）

8. 错报风险的性质会影响注册会计师何时实施进一步审计程序。（　　）

9. 当拟实施的进一步审计程序以控制测试为主时，注册会计师应当获取有关控制运行有效性的更高的保证水平。（　　）

10. 通过实施实质性程序未发现某项认定存在错报，这本身并不能说明与该认定有关的控制是有效运行的。（　　）

（四）简答题

A 注册会计师是甲公司 2019 年财务报表审计业务的项目合伙人，正在针对财务报表的重大错报风险设计和实施审计程序。相关情况摘录如下：

（1）针对识别出的与财务报表整体广泛相关的特别风险，A 注册会计师拟通过扩大控制测试和实质性程序的范围予以应对。

（2）实施应收账款函证程序时，A 注册会计师为提高函证程序的不可预见性，拟以资产负债表日为函证截止日实施函证。

（3）在评估销售业务重大错报风险时，通过了解甲公司内部控制，预期其相关控制的运行是有效性的，A 注册会计师拟实施控制测试。

（4）A 注册会计师针对截至 7 月 31 日的应付账款相关内部控制实施了控制测试，获取了该控制有效运行的审计证据，拟不再关注。

（5）针对识别出的销售收入的舞弊风险，A 注册会计师拟仅实施实质性分析程序予以恰当应对。

（6）针对识别出的有关应付账款低估的重大错报风险，A 注册会计师拟选择包含在财务报表金额中的项目，以获取充分、适当的审计证据。

要求：针对事项（1）至事项（6），简要说明 A 注册会计师的做法是否恰当，如不恰当，简要说明理由。

五、案　例

2016 年 6 月 17 日，在经历了近一年的立案调查后，中国证监会认定欣泰电气（股票代码 300372）涉嫌欺诈发行及信息披露违法违规，并向欣泰电气及相关责任人下发了行政处罚和市场禁入事先告知书。这意味着，由于欺诈发行，欣泰电气将成为创业板第一家终止上市的公司，更是中国证券市场第一家因欺诈发行被退市的上市公司。

欣泰电气成立于 2007 年，前身是原国有企业丹东整流器有限公司，注册资本 7 000 万元，于 2014 年 1 月在创业板上市，隶属于电器制造行业。欣泰电气于 2008 年 12 月 5 日起被认定为高新技术企业，主攻节能型输变电设备和无功补偿装置等电网性能优化设备的设计、生产和制造。

2009 年 9 月，欣泰电气首次提交 IPO 申报项目。2011 年 3 月，因盈利能力不足，欣泰电气 IPO 被否决。2011 年 6 月，欣泰电气更换保荐机构为兴华证券，二度冲关 IPO。2014 年 1 月 27 日，欣泰电气上市成功。2015 年 7 月，欣泰电气涉嫌违反相关法律法规而被立案调查，欣泰电气财务舞弊事件就此开始发酵。同时，其审计机构兴华会计师事务所因未勤勉尽责，出具的审计报告存在虚假记载，受到中国证监会的行政处罚。

欣泰电气主要会计问题摘录如下：

（1）首次公开发行股票并在创业板上市申请文件中相关财务数据存在虚假记载（见表 10-1）。

表 10-1　欣泰电气相关财务数据　　　　　　　　　单位：万元

虚减项目	2011 年	2012 年	2013 年
应收账款	10 156	12 062	15 840
其他应收账款		3 384	5 324
预付账款			500
虚增项目	2011 年	2012 年	2013 年
经营活动产生的现金流净额	10 156	5 290	8 638
应付账款			2 421
货币资金			21 232

（2）上市后披露的定期报告中存在虚假记载和重大遗漏（见表 10-2）。

表 10-2　欣泰电气定期报告　　　　　　　　　单位：万元

项目	虚减应收账款	虚减其他应收账款	虚减其他应付账款	少计提坏账	虚增应付账款	虚增货币资金	虚增经营活动产生的现金流
2013 年年度报告	19 940	6 224		1 240	1 521	20 632	12 238
2014 年半年度报告	9 974	6 994	770	272	1 521	14 767	9 965
2014 年年度报告	7 262	7 478		363			12 944

2016 年 7 月 27 日，欣泰电气的审计机构北京兴华会计师事务所（特殊普通合伙）（以下简称"兴华所"）收到中国证监会行政处罚决定书（〔2016〕92 号）。经查明，兴华所存在以下违法事实：

（1）兴华所对欣泰电气 IPO 期间财务报表审计时未勤勉尽责，出具的审计报告存在以下虚假记载：

①在将收入识别为重大错报风险的情况下，对与其相关的应收账款明细账中存在的大量大额异常红字冲销情况未予关注。兴华所对欣泰电气 IPO 期间财务报表进行审计时，各会计期间都将收入评估为"可能存在较高重大错报风险的领域"，并在审计工作总结中将"收入及利润上涨风险"认定为"评估的特别风险"；2011 年年报审计时将"应收账款"科目认定为重大账户；2012 年年报和 2013 年半年报审计时将"应收账款存在"识别为"重要的交易、账户余额及披露及相关认定"。

注册会计师在对应收账款进行替代测试时，抽查 2013 年 1 月 433 号、358 号凭证，红字冲销金额分别为 1 452 万元、1 647 万元，均涉及虚构应收账款收回。但审计人员未予以关注。

②未对应付账款、预付账款明细账中存在的大量大额异常红字冲销情况予以关注。

欣泰电气"应付账款"科目借方红字冲销的情况如下：

2011年，"应付账款"科目发生65笔红字冲销，金额共计18 722万元。

2012年，"应付账款"科目发生63笔红字冲销，金额共计21 265万元。

2013年上半年，"应付账款"科目发生177笔红字冲销，金额共计20 800万元，其中包括部分欣泰电气虚构增加的应付账款共计4 310万元。

欣泰电气"预付账款"科目借方红字冲销的情况如下：

2013年上半年，"预付账款"科目发生11笔红字冲销，金额共计3 760万元，其中包括欣泰电气虚构收回的预付账款共3 500万元。

注册会计师在对预付账款进行替代测试时，抽查2013年6月757号、758号凭证，红字冲销金额分别为550万元、450万元，均涉及虚构收回预付账款。对于上述大量大额异常红字冲销情况，兴华所未保持职业怀疑予以关注，继而未设计和实施相应的审计程序以获取充分、适当的审计证据。

③在应收账款、预付账款询证函未回函的情况下，未实施替代程序，未获取充分适当的审计证据。

④未对银行账户的异常情况予以关注。兴华所对欣泰电气货币资金进行审计时，在丹东市商业银行函证未回函的情况下，对该账户2013年1~6月累计借方发生额为-1 444万元的异常情况未予关注，未实施进一步的审计程序，未能发现该账户2013年1月存在大量减少银行存款同时冲回应收账款的记录。

（2）兴华所对欣泰电气2013年财务报表审计时未勤勉尽责，出具的审计报告存在虚假记载（详情略）。

（3）兴华所对欣泰电气2014年财务报表审计时未勤勉尽责，出具的审计报告存在虚假记载（详情略）。

思考：根据上述案情，试分析IPO企业造假屡禁不止，背后的深层次原因是什么？欣泰电气退市对投资者有些什么影响？审计人员在执行风险应对程序时应关注的要点有哪些？

85

六、参考文献

中国注册会计师协会. 审计［M］. 北京：中国财政经济出版社，2019.

第十一章
采购与付款循环审计

一、学习目标及要求

通过对本章的学习，学生应了解采购与付款循环的主要单据和会计记录；掌握采购交易的内部控制；熟悉采购与付款循环的相关交易和金额存在的重大错报风险；掌握根据重大错报风险的评估结果设计进一步审计程序；熟悉测试采购与付款循环的内控控制；掌握采购与付款循环的实质性程序。

二、重要名词

1. 采购与付款循环
2. 采购业务
3. 付款业务
4. 付款凭单

三、重难点问题

1. 采购与付款循环的主要业务活动和相关内部控制。
2. 采购与付款循环的重大错报风险。
3. 应付账款的实质性程序。
4. 查找未入账的应付账款。

四、练习题

（一）单选题

1. 下列有关采购业务涉及的主要单据和会计记录的说法中恰当的是（　　）。
    A. 请购单是由生产等相关部门的有关人员填写，送交财务部门，申请购买商品、劳务或其他资产的书面凭据
    B. 订购单是由采购部门填写，经适当的管理层审核后发送供应商，向供应商购买订购单上指定的商品和劳务的书面凭据
    C. 验收单是收到商品时编制的凭据，只列示采购商品的金额
    D. 采购部门在收到请购单后，请购单无论是否经过批准，都可以发出订购单
2. 以下针对采购与付款主要业务活动的具体控制活动的说法中不恰当的是（　　）。
    A. 基于企业的生产经营计划，生产、仓库等部门定期编制采购计划，经部门负责人等适当的管理人员审批后提交采购部门，具体安排商品及服务采购

  B. 采购部门只能向通过审核的供应商进行采购

  C. 验收后，仓储部门应对已收货的每张订购单编制一式多联、预先按顺序编号的验收单，作为验收和检验商品的依据

  D. 记录采购交易之前，应付凭单部门应核对订购单、验收单和卖方发票的一致性并编制付款凭单

3. 下列有关采购业务相关控制活动的说法中不恰当的是（　　）。

  A. 采购部门只能向通过审核的供应商进行采购

  B. 将已验收商品的保管与采购的其他职责相分离可以减少未经授权的采购和盗用商品的风险

  C. 采购部门在收到请购单后，只能对经过恰当批准的请购单发出订购单

  D. 编制连续编号的请购单，仅与采购交易"完整性"认定相关

4. 从采购明细账追查至验收单能查明存货的（　　）认定。

  A. 存在   B. 计价和分摊

  C. 完整性   D. 权利和义务

5. 下列各项实质性程序中与存货计价和分摊认定最相关的是（　　）。

  A. 参照卖方发票，比较会计科目表上的分类

  B. 复算包括折扣和运费在内的卖方发票填写金额的准确性

  C. 检查卖方发票、验收单、订购单和请购单的合理性和真实性

  D. 从卖方发票追查至采购明细账

6. 下列选项中最能发现未入账的应付账款的是（　　）。

  A. 检查验收单   B. 检查营业成本的计算

  C. 函证应收账款   D. 检查营业收入的确认

7. 以下审计程序中注册会计师最有可能证实已记录应付账款存在的是（　　）。

  A. 从应付账款明细账追查至购货合同、购货发票和入库单等凭证

  B. 检查采购文件以确定是否使用预先编号的采购单

  C. 抽取购货合同、购货发票和入库单等凭证，追查至应付账款明细账

  D. 向供应商函证零余额的应付账款

8. 在验证应付账款余额不存在漏报时，注册会计师获取的以下审计证据中，证明力最强的是（　　）。

  A. 供应商开具的销售发票   B. 供应商提供的月对账单

  C. 被审计单位编制的连续编号的验收报告

  D. 被审计单位编制的连续编号的订货单

9. 注册会计师计算被审计单位 2017 年度的毛利率并与以前期间比较，最难以发现下列（　　）项目中存在的错报。

  A. 营业收入   B. 应收账款

  C. 营业成本   D. 应付账款

10. 函证被审计单位的应付账款时，注册会计师的以下做法中正确的是（　　）。

  A. 某账户在资产负债表日账户余额较小，但为被审计单位重要供应商，注册会计师决定不对其函证

B. 如果存在被询证者最终未做回复的重大项目，注册会计师应采用替代审计程序

C. 注册会计师不需要对函证的过程进行控制

D. 某账户在资产负债表日账户余额为零，但为被审计单位重要供应商，注册会计师决定不对其函证

（二）多选题

1. 采购与付款循环的下列相关凭单中，编制后需要相关人员签字批准的有（　　）。

    A. 请购单　　　　　B. 订购单　　　　　C. 验收单　　　　　D. 付款凭单

2. 以下各项中应当职责分离的有（　　）。

    A. 请购与审批　　　　　　　　　　　B. 询价与确定供应商

    C. 采购合同的订立与审批　　　　　　D. 付款审批与付款执行

3. 记录采购交易之前，应付凭单部门应编制付款凭单。这项功能的控制包括（　　）。

    A. 确定供应商发票的内容与相关的验收单、订购单的一致性

    B. 确定供应商发票计算的正确性

    C. 编制有预先顺序编号的付款凭单，并附上支持性凭证，同时独立检查付款凭单的正确性

    D. 在付款凭单上填入应借记的资产或费用账户名称

4. 下列内部控制中，与存货的"存在"认定相关的有（　　）。

    A. 将已验收商品的保管与采购的其他职责相分离

    B. 应由被授权的财务部门的人员负责签署支票

    C. 存放商品的仓储区应相对独立，限制无关人员接近

    D. 确定供应商发票计算的正确性

5. 被审计单位材料采购业务存在的以下情况中属于内部控制设计缺陷的有（　　）。

    A. 请购单既有仓库人员填制的，也有车间、管理部门人员填制的

    B. 请购单没有连续编号，请购业务的审批人员涉及各个部门

    C. 验收人员出差期间，验收工作由采购部门人员代为执行

    D. 如未收到卖方发票，被验收的原材料不能办理入库手续

6. 下列有关被审计单位影响采购与付款交易和余额的重大错报风险可能包括（　　）。

    A. 低估负债或相关准备

    B. 管理层错报负债费用支出的偏好和动因

    C. 费用支出的复杂性　　　　　　　　D. 舞弊和盗窃的固有风险

7. 下列关于应付账款函证的说法中正确的有（　　）。

    A. 应对询证函保持控制，包括确定需要确认或填列的信息、选择适当的被询证者、设计询证函以及被询证者直接向注册会计师回函的地址等信息，必要时再次向被询证者寄发询证函等

B. 将询证函余额与已记录金额相比较，如存在差异，检查支持性文件

C. 对于未做回复的函证实施替代程序，如检查至付款文件（如现金支出、电汇凭证和支票复印件），相关的采购文件（如采购订单、验收单、发票和合同）或其他适当文件

D. 如果认为回函不可靠，评价对评估的重大错报风险以及其他审计程序的性质、时间安排和范围的影响

8. 以下审计程序有助于发现被审计单位年末未入账应付账款的有（　　）。

A. 检查资产负债表日后应付账款明细账贷方发生额的相应凭证，关注其购货发票的日期，确认其入账时间是否合理

B. 获取并检查被审计单位与其供应商之间的对账单以及被审计单位编制的差异调节表，确定应付账款金额的准确性

C. 针对资产负债表日后付款项目，检查银行对账单及有关付款凭证（如银行汇款通知、供应商收据等），询问被审计单位内部或外部的知情人员，查找有无未及时入账的应付账款

D. 结合存货监盘程序，检查被审计单位在资产负债日前后的存货入库资料（验收报告或入库单），检查相关负债是否计入了正确的会计期间

9. 针对除折旧或摊销、人工费用以外的一般费用，注册会计师拟实施的下列实质性程序中恰当的有（　　）。

A. 实质性分析程序

B. 获取一般费用明细表，复核其加计数是否正确，与总账和明细账合计数核对是否正确

C. 对本期发生的费用选取样本，检查其支持性文件，确定原始凭证是否齐全，记账凭证与原始凭证是否相符以及账务处理是否正确

D. 抽取资产负债表日前后的凭证，实施截止测试，评价费用是否被记录于正确的会计期间

10. 针对被审计单位"临近会计期末的采购未被记录在正确的会计期间"的重大错报风险，下列注册会计师所做的控制测试程序中恰当的有（　　）。

A. 检查系统例外报告的生成逻辑

B. 询问复核人对例外报告的检查过程，确认发现的问题是否及时得到了跟进处理

C. 核对例外报告中的采购是否计提了相应负债，检查复核人的签署确认

D. 检查系统入库单编号的连续性

（三）判断题

1. 采购部门只能向通过审核的供应商进行采购。（　　）

2. 将已验收商品的保管与采购的其他职责相分离，可减少未经授权的采购和盗用商品的风险。（　　）

3. 采购部门收到请购单后只能对经过恰当批准的请购单发出订购单。（　　）

4. 编制连续编号的请购单仅与采购交易"完整性"认定相关。（　　）

5. 被审计单位为了满足环保要求，为某生产设备配套购置环保设备。被审计单

位认为企业的环保设备虽然不能直接为企业带来经济利益，却有助于企业从相关资产获得经济利益，也应当确认为固定资产。该生产设备实际成本为 100 万元，环保设备实际成本为 60 万元，这两类资产可收回金额总额为 150 万元。被审计单位本着实际成本原则，将生产设备按 100 万元入账，环保设备按 60 万元入账。　　（　　）

6. 对大规模企业而言，企业内部各个部分都可以填列请购单。为了加强控制，企业的请购单应当连续编号。　　（　　）

7. 如果注册会计师通过实施审计程序发现被审计单位确实存在未入账的应付账款，除了将有关情况详细记入工作底稿之外，还应根据重要性原则确定是否需要建议被审计单位进行相应的调整。　　（　　）

8. 对于更新改造而增加的固定资产，注册会计师应检查被审计单位是否对折旧进行了重新计算。　　（　　）

9. 因为多数舞弊企业往往存在低估应付账款，所以函证不能保证查出所有未入账的应付账款。　　（　　）

10. 注册会计师计算了 2019 年 XYZ 公司的甲类机器设备固定资产原值与 2019 年该类固定资产生产的产品产量两者的比率，通过与 2018 年的相同比率比较，发现 2019 年每台设备生产 1 280 件甲产品，2018 年每台相同设备生产 1 442 件甲产品，因此注册会计师判断该比率的重大差异很有可能是甲类型机器设备实际上已报废而 2019 年的账面上未注销导致。　　（　　）

（四）简答题

ABC 会计师事务所的 A 注册会计师负责审计甲公司 2019 年财务报表，审计工作底稿中与负债审计相关的部分内容摘录如下：

（1）基于对甲公司及其环境的了解，A 注册会计师发现管理层承受较高的盈利预期，拟重点关注及应对相关负债与资产减值损失等的低估风险。

（2）为查找未入账的负债，A 注册会计师获取了期后收取、记录或支付的发票明细，评价费用是否被记录于正确的会计期间，并相应确定是否存在期末未入账负债，结果满意。

（3）基于甲公司存在应付关联方的款项，A 注册会计师了解了交易的商业理由，检查了发票、合同、协议及入库和运输单据等相关文件以及甲公司和关联的对账记录，结果满意。

（4）甲公司有一笔账龄 3 年以上金额重大的其他应付款，因 2019 年未发生变动，A 注册会计师未实施进一步审计程序。

（5）甲公司将经批准的合格供应商信息录入信息系统形成供应商主文档，生产部员工在信息系统中填制连续编号的请购单时只能选择该主文档中的供应商。供应商的变动需由采购部经理批准，并由其在系统中更新供应商主文档。A 注册会计师认为该内部控制设计合理，拟予以信赖。

要求：针对上述第（1）至（5）项，逐项指出 A 注册会计师的做法是否恰当。如不恰当，简要说明理由。

（五）综合题

甲公司主要从事家电产品的生产、批发和零售。2022 年，甲公司首次委托 ABC 会计师事务所对其 2021 年度的财务报告进行审计（前任审计机构为汇泰会计师事务所）。A 注册会计师作为项目合伙人负责审计甲公司及其下属子公司 2021 年度财务报告，确定财务报表整体的重要性为 800 万元，明显微小错报的临界值为 40 万元。甲公司为增值税一般纳税人，适用的所得税税率为 25%。

资料一：A 注册会计师在审计工作底稿中记录了实施进一步审计程序的情况，部分内容摘录如下：

（1）A 注册会计师在期中审计时针对 2021 年 1 月至 9 月与采购相关的内部控制实施测试，发现存在控制缺陷，因此未测试 2021 年 10 月至 12 月的相关控制，通过细节测试获取了与 2021 年度采购交易相关的审计证据。

（2）A 注册会计师在对甲公司 2021 年度的职工薪酬实施实质性分析程序时，获取了人事部门提供的员工人数和平均薪酬数据，在评价了这些数据的可靠性后作出预期，预期值与已记录金额之间的差异低于可接受差异额，结果满意。

资料二：（1）审计项目组对甲公司某子公司 2021 年度管理费用实施了实质性程序，相关审计工作底稿部分内容摘录（管理费用明细表）如表 11-1 所示。

表 11-1 管理费用明细表 单位：万元

项目	2021 年	2020 年	说明
工资及奖金	2 000	1 500	（1）
差旅费	400	500	（2）
（略）	（略）	（略）	（略）
合计	（略）	（略）	

审计说明如下：

（1）客户财务人员说明，本年度工资及奖金较上年度有较大幅度增加的主要原因如下：

第一，2021 年 1 月，根据董事会于当月通过决议，公司计提并发放了 2020 年度管理人员年终奖 100 万元，并计入当月管理费用。在 2020 年度，公司未计提和发放 2019 年度管理人员年终奖。

第二，2021 年，公司加大市场开拓力度，因此新招聘了若干销售人员。项目组检查了上述董事会决议和年终奖发放记录，并对 2021 年度销售人员工资进行了合理性测试，未发现差异，无需做进一步审计处理。

（2）客户财务人员说明，本年度差旅费较上年度有较大幅度减少的主要原因为：公司 2021 年度提高了差旅费预借额度，由于相关员工已预借了足够现金作为备用金，因此差旅费报销及时性有所下降。项目组注意到"其他应收款——备用金"账户 2021 年 12 月 31 日余额较上年年末有明显增加。经抽查，2021 年 12 月 31 日"其他应收款——备用金"账户余额主要项目相关预借单据和审批记录以及 2021 年度"管理费用——差旅费"账户发生额主要项目相关报销单据和审批记录未发现差异，无需做进一步审计处理。

资料三：注册会计师 A 在复核审计项目组成员编制的审计工作底稿时，注意到以下事项：审计项目组对甲公司 2021 年 12 月 31 日应付账款余额实施了函证程序，相关审计工作底稿部分内容摘录（应付账款函证控制表）如表 11-2 所示。

表 11-2 应付账款函证控制表　　　　　　　　　单位：万元

供应商名称	函证编号	账面余额	回函确认金额	差异	审计说明
U 公司	（略）	300	300	0	2
V 公司	（略）	100	100	0	3
W 公司	（略）	200	250	50	4
（略）					

审计说明如下：

（1）函证实施的范围：所有余额大于 100 万元（含 100 万元）的应付账款，所函证余额占 2021 年 12 月 31 日应付账款账面余额比例为 90%。

（2）U 公司系甲公司本年新发展的国外供应商。考虑到向该国外供应商寄发纸质询证函较为不便，甲公司财务人员向项目组提供了该国外供应商联系人的私人电子邮箱。项目组以电子邮件方式向该联系人发送询证函，并收到对方通过电子邮件发送的回函。回函显示金额相符，无需做进一步审计处理。

（3）甲公司财务人员说明，V 公司系甲公司以前年度供应商，近年来与甲公司已无业务联系，该余额自 2019 年至今未有变化。甲公司财务人员向项目组提供了前任注册会计师（汇泰会计师事务所）在审计甲公司 2020 年度财务报表时就该余额从 V 公司取得的询证函回函复印件。该回函复印件显示金额相符，无需做进一步审计处理。

（4）回函显示，该差异是由于甲公司于 2021 年 12 月 31 日向 W 公司支付了 50 万元，而对方在 2022 年年初才入账所致。项目组检查了甲公司相关开户银行于 2021 年 12 月 31 日的上述付款记录，未发现差异，无需做进一步审计处理。

要求：（1）针对资料一所述事项，假定不考虑其他条件，指出 A 注册会计师的做法是否恰当。如不恰当，简要说明理由。

（2）针对资料二所述事项，假定不考虑其他条件，指出注册会计师 A 在复核项目组成员的工作底稿时，针对项目组成员的审计处理，应当提出哪些质疑和改进建议。

（3）针对资料三所述事项，假定不考虑其他条件，指出注册会计师 A 在复核项目组成员的工作底稿时，针对项目组成员的审计处理，应当提出哪些质疑和改进建议。

五、案 例

湖北三峡新型建材股份有限公司原名湖北三峡玻璃股份有限公司，是由湖北省当阳玻璃厂、湖北应城石膏矿、当阳电力联营公司共同发起，以定向募集方式设立的股份有限公司。该公司设立时股本总额为 1.2 亿元，其中国家股 5 326 万股，占总股本的 44.38%。1997 年 3 月，该公司更名为湖北三峡新型建材股份有限公司（以下简称"三峡新材"）。2000 年 8 月 28 日，三峡新材采用上网定价发行的方式在上海证券交易所（简称"上交所"）主板 A 股上市，成功发行了 5 500 万股人民币普通股，股票代码为 600293，上市时总股本达 2.11 亿股。

2013 年 7 月，中国证监会湖北监管局对三峡新材现场检查中发现该公司在成本核算中存在少计原材料成本的情况。2013 年 10 月 16 日，三峡新材公告称，该公司因涉嫌违反证券法律法规而被证监会立案调查。三峡新材股价在之后的首个交易日以跌停报收。2013 年 10 月 25 日，三峡新材公告了湖北证监局行政监管措施决定书，指出三峡新材 2012 年年度报告中存在五方面问题。受此影响，三峡新材股价于 2013 年 10 月 26 日开盘大幅下挫，跌幅 9.95%。

2014 年 4 月 3 日，三峡新材公告的 2013 年度业绩预告更正公告表明，三峡新材在 2013 年度中少计原材料成本 1 100 万元。

2014 年 4 月 12 日，三峡新材发布了关于前期重大会计差错调整的公告，披露了 2011—2013 年连续 3 年累计 1.02 亿元的原材料没有计入成本。其中，影响到 2012 年度利润近 54%（见表 11-3）。

表 11-3 三峡新材 2011—2012 年财务数据（部分）　　　　单位：元

项目	2011 年	2012 年
少计原材料成本	75 816 787.00	15 677 273.96
少计营业成本	75 816 787.00	15 677 273.96
多计所得税费用、应交税费	11 372 518.05	2 351 591.09
多计留存收益	64 444 268.95	77 769 951.82

2014 年 8 月 8 日，三峡新材收到上交所罚单，上交所对三峡新材予以公开谴责，并对该公司高管根据主要责任和次要责任分别进行处罚。

思考：采购与付款环节常常在哪些项目上可能存在舞弊行为，如何应对？

六、参考文献

中国注册会计师协会. 审计 ［M］. 北京：中国财政经济出版社，2019.

第十二章
生产与存货循环审计

- -

一、学习目标及要求

通过对本章的学习，学生应掌握生产与存货循环审计的总体思路；了解生产与存货循环的主要单据和会计记录；熟悉一般制造业生产与存货循环的相关交易和可能存在的重大错报风险；掌握根据重大错报风险的评估结果设计进一步审计程序；熟悉测试生产与存货循环的内控控制；掌握存货项目的实质性程序。

二、重要名词

1. 生产与存货循环　　　　　　2. 存货监盘
3. 存货计价测试　　　　　　　4. 存货抽盘

三、重难点问题

1. 生产与存货循环的主要业务活动及其相关内部控制。
2. 生产与存货循环的重大错报风险。
3. 生产与存货循环的控制测试。
4. 存货监盘。
5. 存货计价测试。

四、练习题

（一）单选题

1. 用于识别流动较慢或滞销的存货，并根据市场情况和经营预测，确定是否需要计提存货跌价准备的单据是（　　）。

    A. 生产指令　　　　　　　　　B. 材料费用分配表
    C. 存货货龄分析表　　　　　　D. 存货盘点指令

2. 签发预先顺序编号的生产通知单的部门是（　　）。

    A. 人事部门　　　　　　　　　B. 销售部门
    C. 会计部门　　　　　　　　　D. 生产计划部门

3. 针对了解被审计单位生产和存货循环的业务活动与相关内部控制，注册会计师通常实施的审计程序不包括（　　）。

    A. 询问参与生产和存货循环各业务活动的被审计单位人员
    B. 观察生产部门如何将完工产品移送入库并办理手续

C. 检查原材料领料单、成本计算表、产成品出入库单等

D. 重新执行制订生产计划、领料生产、成本核算、完工入库的整个过程

4. 在满足职务分离的基本要求下，仓储部门职员除了履行保管存货的职责外，还可以兼任（   ）职务。

  A. 存货的清查   B. 存货的验收

  C. 存货的采购   D. 存货处置的申请

5. 如果被审计单位在接触存货时没有设置授权审批的内部控制措施，将导致存货（   ）认定出现重大错报风险。

  A. 存在   B. 完整性

  C. 计价和分摊   D. 权利和义务

6. 针对被审计单位盘点存货时，通常可能设计的内部控制要求的说法中不恰当的是（   ）。

  A. 系统根据存货入库日期自动统计货龄，每月末生成存货货龄分析表

  B. 仓库保管员每月末盘点存货，与仓库台账核对并调节一致

  C. 成本会计监督仓库保管员盘点与核对，并抽查部分存货进行复盘

  D. 每年年末盘点所有存货，根据盘点结果分析盘盈或盘亏并进行账面调整

7. 注册会计师在遇到（   ）情况时，可以放弃存货监盘，实施替代审计程序。

  A. 被审计单位存货存放在国外的子公司，导致监盘成本过高

  B. 会计师事务所审计业务增多，每个审计项目的时间被压缩

  C. 因存货性质特殊，审计项目组没有聘请到相关专家

  D. 存货本身对注册会计师的安全存在威胁

8. 实施存货监盘程序，最可以证明的认定是（   ）。

  A. 存在   B. 完整性

  C. 权利和义务   D. 计价和分摊

9. 下面选项中有关存货监盘的说法中不恰当的是（   ）。

  A. 如果只有少数项目构成了存货的主要部分，注册会计师可能选择将存货监盘用作实质性程序

  B. 尽管实施存货监盘，获取有关期末存货数量和状况的充分、适当的审计证据是注册会计师的责任，但这并不能取代被审计单位管理层定期盘点存货、合理确定存货的数量和状况的责任

  C. 存货监盘本身并不足以供注册会计师确定存货的所有权，注册会计师可能需要执行其他实质性审计程序以应对所有权认定的相关风险

  D. 存货监盘针对的主要是存货的存在和完整性认定，对存货的计价和分摊认定，也能提供部分审计证据

10. 下列选项中属于被审计单位盘点存货前注册会计师的工作的是（   ）。

  A. 向持有被审计单位存货的第三方函证存货的数量和状况

  B. 观察盘点现场，确定应纳入盘点范围的存货是否已经适当整理和排列，并附有盘点标识，防止遗漏或重复盘点

C. 检查存货

D. 再次观察盘点现场，以确定所有应纳入盘点范围的存货是否都已纳入

（二）多选题

1. 领料单通常一式三联，分别用于（　　　）。

A. 连同材料交给领料部门　　　　B. 留在仓库登记材料明细账

C. 交会计部门进行材料收发核算和成本核算

D. 交验收部门用于检验材料是否合格

2. 生产计划部门根据（　　）来决定生产授权。

A. 客户订购单　　　　　　　　　B. 管理费用预算

C. 财务费用预算　　　　　　　　D. 销售预测和产品需求的分析

3. 针对一般制造类企业，影响生产与存货循环交易和余额的风险因素可能包括（　　　）。

A. 成本核算的复杂性　　　　　　B. 交易的数量和复杂性

C. 产品的多元化

D. 某些存货项目的可变现净值难以确定

4. 对于成本的完整性认定，注册会计师可以采取的控制测试程序有（　　　）。

A. 检查生产通知单的顺序编号是否完整

B. 对成本实施实质性分析程序

C. 将制造费用分配表与成本明细账相核对

D. 检查领料单的顺序编号是否完整

5. 下列属于存货监盘目标的有（　　　）。

A. 获取被审计单位资产负债表日有关存货数量和状况以及有关管理层存货盘点程序可靠性的审计证据

B. 对存货进行计价测试　　　　C. 检查存货的数量是否真实完整

D. 检查存货有无毁损、陈旧、过时、残次和短缺等状况

6. 注册会计师在确定存货监盘范围时应考虑的因素有（　　　）。

A. 存货的内容及性质　　　　　　B. 存货的重大错报风险

C. 审计项目组的人员数量

D. 被审计单位与存货相关的内部控制

7. 下列关于存货监盘的说法中正确的有（　　　）。

A. 如果只有少数项目构成了存货的主要部分，注册会计师可能选择将存货监盘用做实质性程序

B. 在确定资产数量或资产实物状况，或者在收集特殊类别存货的审计证据时，注册会计师可以考虑利用专家的工作

C. 在特殊情况下，注册会计师可能决定在不预先通知的情况下对特定存放地点的存货实施监盘

D. 存货监盘的时间应当与被审计单位实施存货盘点的时间相协调

8. 针对注册会计师在对期末存货进行截止测试时的说法中恰当的有（　　　）。

A. 注册会计师通常可观察存货的验收入库地点和装运出库地点以执行截止测试

B. 在存货入库和装运过程中采用连续编号的凭证时，注册会计师应当关注截止日期前的最后编号

C. 如果被审计单位没有使用连续编号的凭证，注册会计师应当列出截止日期以前的最后几笔装运和入库记录

D. 在存货入库和装运过程中采用连续编号的凭证时，注册会计师应当关注盘点日前的最后编号

9. 以下有关存货计价的说法中恰当的有（　　　）。

A. 为验证财务报表上存货余额的真实性，注册会计师应当对存货的计价进行审计

B. 在对存货的计价实施细节测试之前，注册会计师通常先要了解被审计单位本年度的存货计价方法与以前年度是否保持一致。如发生变化，变化的理由是否合理、是否经过适当的审批

C. 存货计价测试包括测试被审计单位使用的存货单位成本是否正确、是否恰当计提了存货跌价损失准备

D. 注册会计师可以通过询问管理层和相关部门员工，了解被审计单位如何收集有关滞销、过时、陈旧、毁损、残次存货的信息并为之计提必要的跌价损失准备

10. 针对被审计单位存货存放在多个地点，下列各项中注册会计师可以考虑执行的程序包括（　　　）。

A. 询问被审计单位管理层和财务部门人员，以了解有关存货存放地点的情况

B. 检查被审计单位存货的出库单、入库单，关注是否存在被审计单位尚未告知注册会计师的仓库

C. 检查费用支出明细账和租赁合同，关注被审计单位是否租赁仓库并支付租金

D. 检查被审计单位"固定资产——房屋建筑物"明细清单，了解被审计单位可用于存放存货的房屋建筑物

（三）判断题

1. 为验证财务报表上存货数量的真实性，注册会计师应当对存货的计价进行审计。　　　　　　　　　　　　　　　　　　　　　　　　　　　（　　）

2. 在对存货的计价实施细节测试之前，注册会计师通常先要了解被审计单位本年度的存货计价方法与以前年度是否保持一致。　　　　　　　　　　（　　）

3. 如果被审计单位编制存货货龄分析表，注册会计师可以通过审阅分析表识别滞销或陈旧的存货。　　　　　　　　　　　　　　　　　　　　　（　　）

4. 注册会计师应充分关注其对存货可变现净值的确定及存货跌价准备的计提。　　　　　　　　　　　　　　　　　　　　　　　　　　　　　　（　　）

5. 针对产成品和在产品的单位成本，注册会计师需要对成本核算过程实施测

试,包括直接材料成本测试、生产成本在当期完工产品与在产品之间分配的测试、直接人工成本测试、销售费用测试。 （ ）

6. 审计小组于 2019 年 3 月 15 日对 R 公司的存货进行了监盘,监盘中按存货金额 15% 的比例进行了检查,结果显示检查日账实相符,据以得出 R 公司 2018 年年末存货账实相符的结论。 （ ）

7. 堆积型的散料存货通常既无标签又不做任何标记,监盘时估计此类存货数量相当困难,注册会计师可以考虑运用过程估测、几何测量、高空调研和信赖详细的存货记录等程序估算。 （ ）

8. 在对大型畜牧业企业的牲畜存栏数进行监盘时,牲畜的移动性往往使计点工作相当困难。注册会计师可以利用场地的地理位置、房屋、木架等条件,选择较高的位置进行拍照,然后利用照片进行计点。 （ ）

9. 甲公司在资产负债表日对一批账面价值为 100 万元、可变现净值为 84 万元的存货计提了跌价准备 16 万元。该批存货在资产负债表日至审计报告日期间出售了50%,销售收入为 41 万元。助理人员确认甲公司对该批存货计提的跌价准备是合理的。 （ ）

10. 尽管实施存货监盘,获取有关期末存货数量和状况的充分、适当的审计证据是注册会计师的责任,但这并不能取代被审计单位管理层定期盘点存货、合理确定存货的数量和状况的责任。 （ ）

（四）简答题

S 注册会计师负责对 XYZ 公司 2019 年财务报表进行审计。XYZ 公司为玻璃制造企业,2019 年年末存货余额占资产总额比重重大。存货包括玻璃、煤炭、烧碱、石英砂,其中 60% 的玻璃存放在外地公用仓库。XYZ 公司对存货核算采用永续盘存制,与存货相关的内部控制比较薄弱。XYZ 公司拟于 2019 年 11 月 25 日至 27 日盘点存货,盘点工作和盘点监督工作分别由熟悉相关业务且具有独立性的人员执行。存货盘点计划的部分内容摘录如下:

（1）存货盘点范围、地点和时间安排如表 12-1 所示。

表 12-1 存货盘点范围、地点和时间安排

地点	存货类型	估计占存货总额的比例	盘点时间
A 仓库	烧碱、煤炭	烧碱 10%、煤炭 5%	2019 年 11 月 25 日
B 仓库	烧碱、石英砂	烧碱 10%、石英砂 10%	2019 年 11 月 26 日
C 仓库	玻璃	玻璃 26%	2019 年 11 月 27 日
外地公用仓库	玻璃	玻璃 39%	—

（2）存放在外地公用仓库存货的检查。对存放在外地公用仓库的玻璃,S 注册会计师检查公用仓库签收单,请公用仓库自行盘点,并提供 2019 年 11 月 27 日的盘点清单。

（3）存货数量的确定方法。对烧碱、煤炭和石英砂等堆积型存货,S 注册会计师采用观察及检查相关的收、发、存凭证和记录的方法确定存货数量;对存放在 C

仓库的玻璃，S 注册会计师按照包装箱标明的规格和数量进行盘点，并辅以适当的开箱检查。

（4）盘点标签的设计、使用和控制。对存放在 C 仓库玻璃的盘点，S 注册会计师设计预先编号的一式两联的盘点标签。在使用时，负责盘点存货的人员将一联粘贴在已盘点的存货上，另一联由其留存。盘点结束后，负责盘点存货的人员连同存货盘点表交存财务部门。

（5）盘点结束后，对出现盘盈或盘亏的存货，仓库保管员将存货实物数量和仓库存货记录调节相符。

要求：（1）针对上述存货盘点计划第（1）至（5）项，逐项判断是否存在缺陷。如果存在缺陷，简要提出改进建议。

（2）基于 XYZ 公司存货盘点的日期是 11 月 25 日至 27 日，S 注册会计师还需要采取哪些实质性程序（任意两条即可）。

（五）综合题

甲公司主要从事小型电子消费品的生产和销售，是 ABC 会计师事务所的常年审计客户。A 注册会计师负责审计甲公司 2019 年财务报表。在审计资产负债表的存货项目时，A 注册会计师的相关审计工作底稿记录了如表 12-2 和表 12-3 所示的内容。

（1）资料一（见表 12-2）。

表 12-2　审计工作底稿　　　　　　　　　　单位：万元

被审计单位：甲公司		索引号：Z1		
项目：原材料		财务报表截止日/期间：2019/12/31		
编制：B 注册会计师		复核：A 注册会计师		
日期：2020/01/02		日期：2020/01/02		
项目	2019 年			2018 年
	未审数	审计调整	审定数	已审数
甲原材料	220	0	220	140
乙原材料	200	50	250	450
丙原材料	100	-20	80	240

表12-2（续）

审计说明：

（1）甲原材料主要用于生产甲产品。

甲原材料2019年年末结存数量与2018年年末基本保持一致，但结存金额比2018年年末有所增加。主要原因是盘亏了一批原材料，原因尚未查明，因此管理层还没有批准进行账务处理。注册会计师询问了甲公司管理层，管理层表示知晓这件事情，没有发现异常。

审计处理建议：无须提出审计调整建议。

（2）乙原材料主要用于生产乙产品。

根据原材料盘点结果，2019年年末结存金额没有包括于2019年12月31日已入库但是尚未收到采购发票的一批乙原材料50万元。

审计处理建议：调增乙原材料50万元。

（3）丙原材料主要用于生产丙产品。

根据丙原材料盘点结果，2019年年末结存金额中有20万元的丙原材料在2019年12月31日收到采购发票，但于2020年1月2日才实际收到入库。

审计处理建议：冲回尚未验收入库的丙材料20万元。

（2）资料二（见表12-3）。

表12-3　审计工作底稿

被审计单位：甲公司				索引号：Z2
项目：产成品				财务报表截止日/期间：2019/12/31
编制：C注册会计师				复核：A注册会计师
日期：2020/01/02				日期：2020/01/02

项目	2019年			2018年
	未审数	审计调整	审定数	已审数
甲产品	250		250	150
乙产品	295		295	150
丙产品	180	50	230	310
减：存货跌价准备	0	0	0	0
合计	725	50	775	610

表12-3（续）

审计说明：

（1）根据甲产品盘点结果，2019 年年末结存金额中未包括已于 2019 年 12 月 31 日对外开具销售发票的 500 件甲产品（成本 20 万元）。据甲公司销售经理介绍，甲公司采用托收承付方式向 W 公司销售，已经开具了增值税专用发票，售价为 50 万元，增值税税额为 8.5 万元。甲公司发出商品后已办妥托收手续。W 公司在一项交易中发生巨额损失，资金周转十分困难，已经拖欠其他公司的货款，但是甲公司为了保持和 W 公司的合作关系，还是向其发出了商品，并确认了收入结转了成本。我们检查了甲公司于 2019 年 12 月 31 日开具的销售发票、发货记录和销售合同等，该项销售存在，并且已发货。

审计处理建议：无须提出审计调整建议。

（2）乙产品曾经是甲公司的主要产品之一，但随着国家相关质量环保标准的出台，新的产品纷纷上市，乙产品月销量有所下降。

审计处理建议：已提出审计调整建议，检查乙产品是否存在减值迹象，是否需要计提存货跌价准备。

（3）甲公司采用支付手续费的委托代销方式委托 M 公司销售丙产品，2019 年 12 月 1 日向 M 公司发出一批价值 100 万元、成本 50 万元的产品，已经向 M 公司开具了销售发票，并确认收入 100 万元，结转成本 50 万元。

审计处理建议：已提出审计调整建议，冲回丙产品于 2019 年多结转的主营业务收入 100 万元和主营业务成本 50 万元，并相应调整增加 2019 年年末丙产品余额 50 万元。

要求：（1）针对资料一的审计说明（1）至说明（3），假定不考虑其他条件，逐项指出相关审计处理建议是否存在不当之处，并简要说明理由。如果存在不当之处，简要提出改进建议。

（2）针对资料二的审计说明（1）至说明（3），假定不考虑其他条件，逐项指出相关审计处理建议是否存在不当之处，并简要说明理由。如果存在不当之处，简要提出改进建议。

（3）假定甲公司存在财务报表层次重大错报风险，作为审计项目组负责人，A 注册会计师应当考虑采取哪些总体应对措施？

（4）假定评估的甲公司财务报表层次重大错报风险属于高风险水平，指出 A 注册会计师拟实施进一步审计程序的总体方案通常更倾向于何种方案？

（5）针对评估的财务报表层次重大错报风险，在选择进一步审计程序时，A 注册会计师可以通过哪些方式提高审计程序的不可预见性？

（6）假定甲公司 2019 年财务报表存在舞弊导致的认定层次重大错报风险，A 注册会计师应当考虑采用哪些方式予以应对？

五、案　例

云南省绿大地生物科技股份有限公司（002200.SZ）成立于 1996 年 6 月，主营业务为绿化工程设计及施工、绿化苗木种植及销售，注册资金为 15 108.71 万元，2001 年完成股份制改造。2007 年 12 月 21 日，云南省绿大地生物科技股份有限公司（以下简称"绿大地公司"）在深圳证券交易所上市。绿大地公司上市前每股净资产为 4.43 元，上市的股票发行价为 16.49 元，一举成为中国绿化行业第一家上市公司、云南省第一家民营上市企业，号称"园林行业上市第一股"，其复权后股价曾一路飙升到 81.05 元/股。

2011 年 3 月 17 日，绿大地公司创始人兼董事长何学葵因涉嫌欺诈发行股票罪被捕，自此股价一路下跌，半年多跌幅超过 75%，由此逐步揭开了绿大地公司的财务"造假术"。

部分资料显示，截至 2007 年 6 月 30 日，绿大地公司资产总额为 4.5 亿元，存货为 1.8 亿元，存货占比为 40%。据调查，绿大地公司苗木的市场报价为 60 元/株，而绿大地公司账面苗木价格为 300 元/株，存货单价高估了 5 倍。其审计机构深圳鹏城会计师事务所的审计工作底稿中没有记录对绿大地公司前五大销售客户的审计程序；仓储环节审计程序不正确，对苗木的实地监盘不准确；未能发现虚增存货、虚增收入的舞弊。

根据绿大地公司违法行为的事实、性质、情节与社会危害程度，依据《证券法》的相关规定，中国证监会决定：

（1）没收深圳鹏城会计师事务所业务收入 60 万元，并处以 60 万元的罚款。

（2）对发行上市财务报表审计报告签字的注册会计师姚国勇、廖福澍给予警告并分别处以 10 万元罚款。

（3）撤销深圳鹏城会计师事务所的证券服务业许可。

根据《证券法》以及《证券市场禁入规定》的规定，中国证监会决定认定姚国勇、廖福澍为市场禁入者，自宣布决定之日起，终身不得从事证券业务或担任上市公司董事、监事、高级管理人员职务。这也是中国证监会对中介机构最严厉的处罚。

思考：生产与存货环节的审计要点有哪些？（提示：可从存货监盘、计价测试、存货仓储审查三方面来分析）

六、参考文献

中国注册会计师协会. 审计 [M]. 北京：中国财政经济出版社，2019.

第十三章
销售与收款循环审计

一、学习目标及要求

通过本章的学习，学生应熟悉销售与收款循环的业务流程，掌握销售与收款循环存在的重大错报风险，掌握销售与收款循环的审计目标，熟悉销售与收款循环的审计测试逻辑，掌握销售与收款循环相关的控制测试和实质性程序。

二、重要名词

1. 销售与收款循环
2. 关键控制
3. 控制测试
4. 实质性程序
5. 应收账款函证程序
6. 营业收入实质性分析程序
7. 检查测试（顺查、逆查）
8. 截止测试

三、重难点问题

1. 销售与收款业务循环的关键控制。
2. 销售与收款业务循环的审计测试目标（财务报表认定）。
3. 销售与收款业务循环主要存在的重大错报风险。
4. 常用的控制测试。
5. 常用的实质性程序。

四、练习题

（一）单选题

1. 销售收款循环业务流程中，被审计单位对赊销业务设计与执行信用审批制度，这项控制主要与应收账款的（　　　）认定有关。

    A. 存在   B. 完整性

    C. 权利和义务   D. 计价和分摊

2. 下列原始凭证中对证实销售交易的发生认定最有效的是（　　　）。

    A. 客户订购单   B. 商品价目表

    C. 经批准的信用审批单   D. 应收账款账龄分析表

3. 适当的职责分离有助于防止有意的或无意的错误，以下有关销售与收款业务循环中进行了适当的职责分离的是（　　　）。

    A. 应收账款记账员定期向客户寄送对账单

B. 编制销售发票通知单的人员同时开具销售发票

C. 在销售合同订立前，由专人就销售价格、信用政策、发货及收款方式等具体事项与客户进行谈判

D. 负责应收账款记账的员工负责编制银行存款余额调节表

4. 下列各项中不属于应收账款实质性测试的审计目标的是（　　）。

A. 确定应收账款的内部控制是否存在、有效且得到一贯遵循

B. 确定应收账款是否存在、完整以及归被审计单位所有

C. 确定应收账款年末余额是否正确

D. 确定应收账款在会计报表上的披露是否恰当

5. 下列各项中预防员工贪污、挪用销货款的最有效的方法是（　　）。

A. 记录应收账款明细账的人员不得兼任出纳

B. 收取顾客支票与收取顾客现金由不同人员担任

C. 公司收到顾客支票后立即寄送收据给顾客

D. 请顾客将货款直接汇入公司指定的银行账户

6. 注册会计师核对资产负债表日前后的销货发票的日期与登记入账的日期是否一致，其主要目的是进行（　　）测试。

A. 发生　　　　　　　　　　　　B. 完整性

C. 分类和可理解性　　　　　　　D. 截止

7. 检查销售发票副联是否附有发运凭证及销售单，该程序针对的认定是（　　）。

A. 销售交易的"发生"认定　　　　B. 销售交易的"完整性"认定

C. 销售交易的"截止"认定　　　　D. 销售交易的"准确性"认定

8. 注册会计师通过了解销售与收款业务流程识别控制风险，评估涉及营业收入、应收账款财务报表项目相关认定是否存在重大错报。以下对销售与收款业务流程相关控制活动与相关认定的对应关系的陈述中，不恰当的是（　　）。

A. 确保每张入账的销售发票都有与之对应的发运凭证和销售单，能够有效控制营业收入"发生"认定的错报风险

B. 将发运凭证的商品总数与销售发票上的商品总数核对，能够完全控制营业收入"准确性"错报风险

C. 销售发票连续编号的控制能够有效降低营业收入"完整性"认定错报风险

D. 注销坏账授权控制与应收账款"计价和分摊"认定相关

9. 注册会计师在运用销售与收款循环中的各种凭证时应注意商品价目表对于主营业务收入来说一般只能证明（　　）认定，而不能证明其他认定。

A. 发生　　　　　　　　　　　　B. 准确性

C. 完整性　　　　　　　　　　　D. 权利和义务

10. 被审计单位管理人员、附属公司所欠款项应与客户的欠款分开记录，可以确保被审计单位关于应收账款的认定是（　　）。

A. 存在　　　　　　　　　　　　B. 完整性

C. 权利与义务　　　　　　　　　D. 分类和可理解性

（二）多选题

1. 在主营业务收入进行实质性测试时，运用分析性复核程序进行比较的主要内容包括（　　）。

    A. 将本期的主营业务收入与上期的主营业务收入比较

    B. 计算本期重要产品的毛利率，与上期或预算或预测数据比较

    C. 比较本期各月各类主营业务收入的波动情况

    D. 将本期重要产品的毛利率与同行业企业进行对比

2. 下列（　　）情况下，注册会计师应采用积极式的询证函。

    A. 上年度的积极式函证回复率特别低

    B. 少数几个大额账户占了应收账款总额的较大比重

    C. 欠款余额较大的债务人　　　　　D. 被审计单位的内部控制有效

3. 注册会计师在确定应收账款函证数量的大小、范围时，应考虑的主要因素有（　　）

    A. 应收账款在全部资产中的重要性　　B. 被审计单位内部控制的强弱

    C. 以前年度的函证结果　　　　　　　D. 审计收费

4. 下列注册会计师收到的应收账款询证函回函中，可能影响回函可靠性的有（　　）。

    A. 回函为传真件　　　　　　　　　B. 口头回函

    C. 回函信封上寄出方邮戳显示发出城市与被询证者地址不一致

    D. 以邮寄形式发出并收到寄回的回函原件

5. 下列各项审计程序中可以为营业收入发生认定提供审计证据的有（　　）。

    A. 从发运凭证中选取若干核对至营业收入明细账

    B. 对应收账款余额实施函证

    C. 检查应收账款明细账的贷方发生额

    D. 调查本年新增客户的工商资料、业务活动及财务状况

6. 针对下列被审计单位制定的内部控制中注册会计师认可的有（　　）。

    A. 只有附有装运凭证、销售发票才能够登记主营业务收入明细账

    B. 销售发票应事先连续编号　　　　　C. 偶尔向客户寄送对账单

    D. 记录销售的职责与处理销售交易的其他功能相分离

7. 下列审计程序中可以证明销售交易的准确性认定的有（　　）。

    A. 复算销售发票上的数据

    B. 核对销售交易登记入账的日期与发运凭证的日期

    C. 追查主营业务收入明细账中的记录至销售单、销售发票及发运凭证

    D. 追查销售发票的详细信息至发运凭证、经批准的商品价目表和客户订购单

8. 关于销售的截止测试，下列说法中正确的有（　　）。

    A. 截止测试是为了确定被审计单位主营业务收入的会计记录归属期是否正确

    B. 以账簿记录为起点，从资产负债表日前后若干天的账簿记录查至记账凭证，检查发票存根与发运凭证，主要针对的是收入低估

    C. 以销售发票为起点，从资产负债表日前后若干天的销售发票查至账簿记录，主要针对的是收入低估

    D. 以发运凭证为起点，从资产负债表日前后若干天的发运凭证查至发票开具情况与账簿记录，主要针对的是收入低估

9. 被审计单位的商品已开出发票但没有发运凭证的支持，该项错报风险影响的财务报表项目和认定有（   ）。

    A. 应收账款：存在   B. 收入：完整性

    C. 应收账款：权利和义务   D. 收入：发生

10. 下列被审计单位确认的营业收入中，注册会计师认为存在重大错报风险的有（   ）。

    A. 以高于市场价格的售价销售给某一客户产品

    B. 财务报表日后出现大量销售退回

    C. 以市场价格向关联方销售货物

    D. 以视同买断形式代销货物，发出货物后确认营业收入

（三）判断题

1. 注册会计师对内部控制的信赖程度不会因为控制测试的结果而改变。（   ）

2. 贷项通知单是用来表示由于销售退回或经批准的折让而引起的应收销货款减少的凭证。   （   ）

3. 对于赊销业务，信用部门经理按照本企业赊销政策进行信用批准，复核顾客订购单、并在销售单上签字，能够有效降低坏账风险，与应收账款的完整性认定相关。   （   ）

4. 被审计单位管理人员、附属公司所欠款项应计入其他应收款，而客户欠款则应计入应收账款，将两者分开记录是为了防止应收账款截止认定错误。   （   ）

5. 记录销售的人员应当只依据附有有效装运凭证和销售单的销售发票记录销售，该控制与销售交易的"发生"认定有关。   （   ）

6. 存在舞弊风险迹象表明发生了舞弊。   （   ）

7. 注册会计师通过比较前期坏账准备计提数和实际发生数以及检查期后事项，主要是为了评价应收账款期末余额是否正确。   （   ）

8. 单独测试时未发生减值的应收账款，直接认定无须计提坏账准备。   （   ）

9. 发运凭证在发运货物时编制，一联寄送给客户，其余联由企业保留。（   ）

10. 注册会计师发现被审计单位将商品从某一地点移送至另一地点，并凭出库单和运输单据为依据记录销售收入，判定被审计单位存在为了达到报告期内降低税负的目的而少计收入或延后确认收入的倾向。   （   ）

（四）综合题

1. A注册会计师负责审计常年审计客户甲公司 2019 年财务报表，在对销售与收款循环审计的过程中，遇到下列事项：

（1）A注册会计师在识别和评估与收入相关的重大错报风险时，假定收入确认存在舞弊风险。

（2）甲公司 2019 年 12 月 31 日应收账款余额为 6 000 万元。A 注册会计师认为应收账款存在重大错报风险，决定选取金额较大及风险较高的应收账款明细账户实施函证程序。被询证的其中一个客户（乙公司）将回函寄至甲公司财务部，由甲公司的财务总监转交给审计项目组，审计项目组予以接收并将其归入审计工作底稿。

（3）审计项目组根据甲公司财务人员提供的电子邮箱地址，向甲公司境外客户丙公司发送了电子邮件，询证应收账款余额，并收到了电子邮件回复。丙公司确认余额准确无误。审计项目组将电子邮件打印后归入审计工作底稿。

（4）A 注册会计师收到被询证方丁公司的回函，回函表示不符，解释说 2019 年 12 月 10 日确实从甲公司购买了一批货物，但是因货物质量上有缺陷，已退回甲公司。A 注册会计师立即提请甲公司调整应收账款账户余额。

（5）针对收入确认的舞弊风险，甲公司制定了详尽周密的内部控制制度。A 注册会计师经了解，该项内部控制在本期内未发生变化，注册会计师拟信赖以前审计获取的审计证据。

要求：针对上述第（1）至（5）项，逐项指出 A 注册会计师的做法是否恰当。如不恰当，简要说明理由。

2. 2020 年 2 月 1 日，ABC 会计师事务所审计甲股份有限公司（以下简称"甲公司"）2019 年会计报表。经前期了解，甲公司为一均衡生产企业，2019 年产供销形势与 2018 年相当，且未发生资产与债务重组行为。甲公司 2019 年中期会计报表已由审计人员进行了审计，并于 2019 年 7 月 5 日出具了审计报告。为便于分析，该审计人员编制了一张工作底稿，如表 13-1 所示。

要求：根据资料提供的信息，执行分析性程序。

表 13-1　利润测试分析表　　　　　　　　　　　单位：万元

项目	2019 年度			2018 年审定数
	1~6 月已审实际数	7~12 月未审数	全年合计数	
一、主营业务收入	12 000.00	21 650.00	33 650.00	24 020.00
减：折扣与折让	—	—	—	—
主营业务收入净额	12 000.00	21 650.00	33 650.00	24 020.00

表13-1（续）

项目	2019 年度			2018 年审定数
	1~6 月已审实际数	7~12 月未审数	全年合计数	
减：主营业务成本	10 000.00	16 200.00	26 200.00	20 400.00
税金及附加	70.00	100.00	170.00	120.00
二、主营业务利润	1 930.00	5 350.00	7 280.00	3 500.00
加：其他业务利润	40.00	30.00	70.00	280.00
减：存货跌价损失	—	—	—	—
销售费用	82.00	80.00	162.00	160.00
管理费用	455.00	600.00	1 055.00	900.00
财务费用	145.00	175.00	320.00	280.00
三、营业利润	1 288.00	4 525.00	5 813.00	2 440.00
加：投资收益	—	—	—	—
补贴收入	—	600.00	600.00	—
营业外收入	6.00	94.00	100.00	82.00
减：营业外支出	40.00	50.00	90.00	90.00
四、利润总额	1 254.00	5 169.00	6 423.00	2 432.00
减：所得税费用	313.50	1 292.25	1 605.75	608.00
五：净利润	940.50	3 876.75	4 817.25	1 824.00

109

五、案　例

（一）案情简介

1. 背景介绍

根据《上市公司现场检查办法》（证监会公告〔2010〕12 号）、《财政部 证监会关于会计师事务所从事证券、期货相关业务有关问题的通知》（财会〔2012〕2

号）等的规定，中国证券监督管理委员会广东监管局（以下简称广东证监局）对 D 医疗设备股份有限公司（以下简称"D公司"）进行了现场检查，并对 C 会计师事务所（特殊普通合伙）（以下简称"C所"）执行的 D 公司年报审计项目进行了延伸检查。检查发现，C 所存在收入审计程序执行不到位、应收账款审计程序执行不到位、存货审计程序执行不到位、固定资产审计程序执行不到位等执业质量问题。广东证监局依法对 C 所采取出具警示函的行政监管措施。

2. D 公司简介

D 公司成立于 1996 年，2011 年在深交所创业板上市，是国家高新技术企业。D 公司总部设在珠海，业务分布在全国 20 多个省、自治区、直辖市。

D 公司自创立以来，以县级医院为主体的基层医疗机构建设为主业，通过自主研发与创新，从单一的设备供应商发展成为以智慧医院建设、康复医疗服务、互联网+医疗、医疗金融、医疗供应链和后勤管理服务为五大核心业务的医疗资源与服务平台型公司。D 公司打通了从医院投资、医院整体建设、医院运营服务、医疗供应链到医院后勤管理服务的全业务链的布局。D 公司资产总额超过 70 亿元，已为近万家医疗机构提供了服务。

D 公司 2015—2018 年主要财务指标如表 13-2 所示（数据摘自 D 公司年度财务报表）。

表 13-2　D 公司 2015—2018 年主要财务指标

项目	2015 年	2016 年	2017 年	2018 年
总资产利润率/%	2.89	2.10	1.74	1.85
营业利润率/%	12.04	11.05	10.61	12.90
销售净利率/%	13.61	10.46	8.71	9.08
投资收益率/%	0.61	-0.51	0.26	1.71
主营收入增长率/%	-14.93	16.20	20.95	7.57
净利润增长率/%	-52.29	-10.70	0.80	12.10
总资产增长率/%	55.72	22.53	21.83	5.57
应收账款周转率/次	1.47	1.42	1.34	1.20
总资产周转率/次	0.26	0.22	0.22	0.21
资产负债率/%	35.48	45.88	54.30	55.05

3. 审计情况介绍

2016 年，C 所首次承接 D 公司年度财务报表的审计工作。经审计，C 所对 D 公司 2016 年度、2017 年度和 2018 年度财务报表均出具了无保留意见的审计报告。

（二）案例分析（摘录销售与收款循环审计相关部分）

1. 收入审计程序执行不到位

C 所在执行 D 公司 2018 年度营业收入审计程序时，未按照审计计划中"计算本期产品的毛利率，与上期进行比较，分析各期之间是否存在重大波动，并查明原因"的审计程序执行，在个别月份明显出现毛利率重大变化的情况下，未对毛利率发生波动的原因进行核实，也未获取相关证据。

上述情形不符合《中国注册会计师审计准则第 1313 号——分析程序》和《中国注册会计师审计准则第 1301 号——审计证据》的规定。

D 公司 2018 年度各季度营业收入和毛利率如表 13-3 所示。

表 13-3　D 公司 2018 年度各季度营业收入和毛利率　金额单位：万元

项目	本期营业收入	本期营业成本	本期毛利率/%	上年同期营业收入	上年同期营业成本	上年同期毛利率/%
第 1 季度	24 309.00	9 359.76	61	22 056.45	9 359.76	58
第 2 季度	27 329.85	14 045.97	49	18 959.99	10 137.95	47
第 3 季度	25 784.89	11 712.45	55	28 355.03	14 443.65	49
第 4 季度	42 177.87	22 930.35	46	41 809.72	17 832.45	57
全年	119 601.61	58 048.53	51	111 181.19	51 773.81	53

注：表中第 2 季度数据根据半年报数据和第 1 季度报表数据推算得出，第 4 季度数据根据年报数据和第 3 季度报表数据推算得出。

从表 13-3 可知，D 公司在第 1 季度、第 2 季度和第 3 季度销售毛利率均高于上年同期，尤其是第 3 季度毛利率明显高于上年同期，而第 4 季度毛利率则大幅低于上年同期。由于前三个季度的数据均未经审计，第 4 季度的波动可能会受审计调整的影响，但是第 1~3 季度毛利率确实存在异常波动（尤其是第 3 季度与上年同期相比变动明显），而全年毛利率与则与上年大体相同。

根据警示函，C 所的审计计划设定了要执行本期毛利率与上期比较的分析性程序，关注各期之间是否存在重大波动，并查明原因。但是，审计项目组在个别季度明显出现毛利率重大变化的情况下，未对毛利率发生波动的原因进行核实，也未获取相关证据。

注册会计师在了解被审计单位及其环境，识别评估重大错报风险时，应关注到本年前 3 个季度销售毛利高于去年同期的情况，并保持职业怀疑的态度，针对异常情况追加分析性程序。

《中国注册会计师审计准则第 1313 号——分析程序》应用指南指出，在考虑对被审计单位及其环境的了解以及在审计过程中获取的其他审计证据后，注册会计师可以通过评价管理层的答复，获取与答复相关的审计证据。如果管理层不能提供解释，或者注册会计师结合与管理层答复相关的审计证据认为管理层的解释不充分，则可能需要实施其他审计程序。

《中国注册会计师审计准则第 1301 号——审计证据》应用指南指出，在形成审计意见的过程中，注册会计师的大部分工作是获取和评价审计证据。为获取审计证据而实施的审计程序包括询问、检查、观察、函证、重新计算、重新执行和分析程序。注册会计师通常将这些程序进行组合运用。尽管询问可以提供重要的审计证据，甚至可以提供某项错报的证据，但询问本身通常并不能为认定层次不存在重大错报和内部控制运行的有效性提供充分的审计证据。由此可见，对分析程序发现的异常情况，不能满足于通过询问管理层获得解释，还需要执行进一步的程序验证管理层的解释，并测试相关的支持性证据。对不能获取合理解释、无法取得佐证证据的差异，注册会计师应当将其视为推断误差，并与其他错报一并考虑。

2. 应收账款审计程序执行不到位

C 所在 D 公司年报审计中的应收账款审计程序执行过程中存在以下三个问题：

一是未关注到 D 公司大额销售退回情况。C 所在对 D 公司营业收入和应收账款进行审计时，未关注到 D 公司 2016—2018 年均存在大额销售退回的情况，销售退回的金额分别为 9 236.65 万元、3 790.78 万元和 4 570.22 万元，而是直接确认 D 公司会计处理无异常也未执行进一步的审计程序，执行 C 所制定的"检查资产负债表日后发生的大额销售退回，并查明其原因"审计程序不到位。

二是 C 所在执行 D 公司应收账款审计过程中未执行制定的"检查原始凭证（如期后收款情况、销售发票、运输记录），测试账龄的适当性"审计程序，导致未发现 D 公司因重开发票导致账龄划分错误，应收账款坏账准备计提不充分。其中，2017 年少计提坏账准备 146.31 万元，2018 年少计提坏账准备 344.09 万元。

三是未对单项重大的应收款项进行减值测试。C 所在对 D 公司进行审计时，关注到 D 公司未对单项金额重大的应收款项进行单项减值测试，也关注到 D 公司上述减值测试程序与其制定的会计政策不相符，但注册会计师未保持应有的职业怀疑，未执行进一步审计程序获取充分适当的审计证据，未判断 D 公司财务报表列报是否符合企业会计准则的规定。

上述情形不符合《中国注册会计师审计准则第 1101 号——注册会计师的总体目标和审计工作的基本要求》规定的在计划和实施审计工作时，注册会计师应当保持职业怀疑，认识到可能存在导致财务报表发生重大错报的情形；《中国注册会计师审计准则第 1231 号——针对评估的重大错报风险采取的应对措施》规定的注册会计师应当实施审计程序，评价财务报表的总体列报（包括披露）是否符合适用的财务报告编制基础的规定。

在作出这一评价时，注册会计师应当考虑财务报表中的列报方式是否能够对财务信息及其依据的交易、事项和状况进行恰当分类和描述；使财务报表的列报、结构和内容恰当。《中国注册会计师审计准则第 1313 号——分析程序》规定，如果按照规定实施分析程序，识别出与其他相关信息不一致的波动或关系，或者与预期值差异重大的波动或关系，注册会计师应当采取下列措施调查这些差异：第一，询问管理层，并针对管理层的答复获取适当的审计证据；第二，根据具体情况在必要时实施其他审计程序。《中国注册会计师审计准则第 1301 号——审计证据》规定，注册会计师应当根据具体情况设计和实施恰当的审计程序，以获取充分、适当的审计证据。

D 公司相关的主要财务指标如表 13-4 所示。

表 13-4　D 公司相关的主要财务指标　　　　金额单位：万元

年度	营业收入	销售退回	销售退回占本年收入比重/%	应收账款余额	坏账准备余额	少计坏账准备	税前利润	少计坏账准备占税前利润比重/%
2016	91 920	9 237	10.0	80 056	9 586	—	12 790	—
2017	111 181	3 791	3.4	109 176	14 151	144	13 067	1.1
2018	119 601	4 570	3.8	124 360	20 415	346	15 726	2.2

关于销售退回问题，从上述财务数据可以看出，各年度销售退回占当年销售收入的比重较大（2016 年度尤为异常）。项目组应对销售退回实施总体分析性复核，并对销售退回占销售收入比重较大的异常情况采取进一步审计程序。

关于账龄法计提坏账准备的问题，项目组应根据账面销售记录对应收账款账龄进行测试，并检查相关记录的原始凭证，针对某些销售收入发生的时间早于发票开出的时间（因对以前的销售收入重开发票）等异常情况采取进一步审计程序，正确划分账龄。

关于未对单项金额重大的应收款实施减值测试的问题，项目组应针对关注到的不符合公司的会计政策的情况，采取进一步的跟进措施。

上述问题，前两项是在现场审计时未能恰当地执行制定审计计划已确定要执行的审计程序，因此未能发现问题；第三项是确已发现问题却没有适当跟进。这种比较明显的问题，主导审计的项目合伙人及签字注册会计师对审计人员应给予适当的指导、在审计过程中与审计人员及时沟通、审计工作完成后认真复核工作底稿，及时发现和解决相关问题。

六、参考文献

中国注册会计师协会. 审计［M］. 北京：中国财政经济出版社，2019.

第十四章
货币资金审计

一、学习目标及要求

本章是基础理论知识章节，通过对本章的学习，学生应了解货币资金审计的作用；熟悉货币资金的内部控制；掌握对货币资金进行审计时实施的主要实质性测试程序，特别是针对库存现金和银行存款的主要实质性测试程序。

二、重要名词

1. 货币资金审计
2. 货币资金内部控制的控制测试
3. 库存现金审计
4. 存款现金的实质性测试
5. 银行存款审计
6. 银行存款的实质性测试

三、重难点问题

1. 货币资金审计涉及的主要凭证与会计记录。
2. 通常一个企业良好的货币资金内部控制的内容。
3. 货币资金内部控制的控制测试涉及的内容或环节。
4. 盘点库存现金的步骤和方法。
5. 库存现金的实质性测试和银行存款的实质性程序。
6. 函证银行存款余额的实施要点。

四、练习题

(一) 单选题

1. 注册会计师通过监盘库存现金所得的审计证据属于（　　　）。
   A. 环境证据　　　　　　　　　　　B. 书面证据
   C. 实物证据　　　　　　　　　　　D. 口头证据

2. 函证银行存款不能实现的目标是（　　　）。
   A. 确定被审计单位银行存款使用的合法性
   B. 了解银行存款的存在
   C. 了解被审计单位欠银行债务
   D. 发现被审计单位未登记的银行借款

3. 注册会计师在对财务报表进行审计时，观察了被审计单位货币资金业务的岗位分工情况。这一程序所属的测试类型为（　　　）。

A. 控制测试　　　　　　　　　B. 实质性程序

C. 细节测试　　　　　　　　　D. 分析程序

4. 下列对货币资金业务内部控制制度的要求中，与银行存款无直接关系的是（　　）。

A. 按月盘点现金，做到账实相符　　B. 当日收入现金及时送存银行

C. 加强对货币资金业务的内部审计　　D. 收支业务与记账岗位分离

5. 注册会计师执行的下列实质性程序中属于审查企业收到的现金是否已经全部登记入账的是（　　）。

A. 对库存现金执行监盘程序

B. 检查现金收入的日记账、总账和应收账款明细账的大额项目与异常项目

C. 从被审计单位当期收据存根中抽取大额现金收入追查到相关的凭证和账簿记录

D. 对被审计单位结账日前一段时间内现金收支凭证进行审计，以确定是否存在应计入下期的事项

6. 针对被审计单位下列与库存现金相关的内部控制，注册会计师应提出改进建议的是（　　）。

A. 每日及时记录现金收入并定期向顾客寄送对账单

B. 担任登记现金日记账的人员负责登记现金总账

C. 现金折扣需经过适当审批

D. 每日盘点库存现金并与账面余额核对

7. 货币资金内部控制的以下关键环节中存在重大缺陷的是（　　）。

A. 财务专用章由专人保管，个人名章由本人或其授权人员保管

B. 对重要货币资金支付业务实行集体决策

C. 现金收入及时存入银行，特殊情况下，经主管领导审查批准方可坐支现金

D. 指定专人定期核对银行账户，每月核对一次，编制银行存款余额调节表，使银行存款账面余额与银行对账单调节相符

8. 下列工作中出纳可以从事的工作是（　　）。

A. 会计档案保管　　　　　　　B. 记录收入、支出、费用的明细账

C. 记录银行存款、现金日记账　　D. 编制银行存款余额调节表

9. 如果注册会计师在资产负债表日后对库存现金进行监盘，应当根据盘点数、资产负债表日至（　　）的现金收支数，倒推计算资产负债表上所包含的库存现金数是否正确。

A. 盘点日　　　　　　　　　　B. 审计报告报出日

C. 审计报告日　　　　　　　　D. 审计工作完成日

10. 某公司的银行对账单余额为 585 000 元，在审查该公司编制的该账户银行存款余额调节表时，A 注册会计师注意到以下事项：该公司已收、银行尚未入账的某公司销货款 100 000 元；该公司已付、银行尚未入账的预付某公司材料款 50 000 元；银行已收、该公司尚未入账的某公司退回的押金 35 000 元；银行已代扣、该公司尚

未入账的水电费 25 000 元。假定不考虑审计重要性水平，A 注册会计师审计后确认该账户的银行存款日记账余额应是（　　）元。

    A. 625 000　　　　　B. 35 000　　　　　C. 575 000　　　　　D. 595 000

（二）多选题

1. 为了做到银行存款在财务报表上正确截止，对于以下未达账项，在编制资产负债表时，注册会计师应当要求被审计单位调整的有（　　）。

    A. 银行已付、企业未入账的支出

    B. 银行已收、企业未入账的收入

    C. 企业已付、银行未入账的支出

    D. 企业已收、银行未入账的收入

2. 一般而言，一个良好的货币资金内部控制包括（　　）。

    A. 货币资金收支要有合理、合法的凭据

    B. 全部收支及时准确入账，并且支出要有核准手续

    C. 控制现金坐支，当日收入现金应及时送存银行

    D. 加强对货币资金收支业务的内部审计

3. 企业应当建立对货币资金业务的监督检查制度，明确监督检查机构或人员的职责权限，定期和不定期地进行检查。货币资金监督检查的内容主要包括（　　）。

    A. 检查是否存在货币资金业务不相容职务混岗的现象

    B. 检查货币资金支出的授权批准手续是否健全，是否存在越权审批行为

    C. 检查是否存在办理付款业务所需的全部印章交由一人保管的现象

    D. 检查票据的购买、领用、保管手续是否健全，票据保管是否存在漏洞

4. 资产负债表日后盘点库存现金时，注册会计师应（　　）调整至资产负债表日的金额。

    A. 扣减资产负债表日至盘点日库存现金增加额

    B. 扣减资产负债表日至盘点日库存现金减少额

    C. 加计资产负债表日至盘点日库存现金增加额

    D. 加计资产负债表日至盘点日库存现金减少额

5. 为确定财务报表所列库存现金在资产负债表日是否存在，通常应监盘库存现金，则参与该过程的人员除注册会计师外，还应有（　　）。

    A. 乙公司的现金出纳员　　　　　　　B. 乙公司的会计

    C. 乙公司管理层　　　　　　　　　　D. 乙公司的会计主管

6. 注册会计师在审计 A 公司 2019 年财务报表时，监盘了 A 公司的库存现金，并负责监盘了存货。这两种程序的不同之处包括（　　）。

    A. 盘点的参与人员不同　　　　　　　B. 监盘时间安排不同

    C. 因盘点对象特点而执行的监盘方式不同

    D. 监盘计划中与被审计单位管理层的沟通程度不同

7. 注册会计师寄发的银行询证函（　　）。

    A. 属于积极式函证

    B. 要求银行直接回函至会计师事务所

  C. 以被审计单位的名义发往开户银行

  D. 函证对象包括银行存款和借款余额等

 8. 注册会计师在执行银行存款函证时要判断银行存款函证的内容，以下属于银行存款函证内容的有（ ）。

  A. 各银行存款账户的余额   B. 银行贷款余额

  C. 银行贷款担保或抵押情况   D. 由银行托收的商业汇票

 9. 下列关于货币资金内部控制的说法中正确的有（ ）。

  A. 货币资金收支与记账的岗位分离

  B. 货币资金收支要有合理、合法的凭据

  C. 全部收支及时准确入账，并且支出要有核准手续

  D. 每年年末盘点现金一次，编制银行存款余额调节表

 10. 下列对函证银行存款的处理中正确的有（ ）。

  A. 注册会计师委托出纳将询证函送交银行

  B. 对存款余额为零的开户银行也进行了函证

  C. 对存款余额较小的开户行采用的是消极式函证

  D. 函证银行存款的同时，也对银行借款和借款抵押的情况进行了函证

（三）判断题

 1. 对库存现金盘点应当采取突击形式。   （ ）

 2. 如果现金盘点是在资产负债表日后进行的，注册会计师应当将资产负债表日至盘点日的收付金额调整到盘点日金额。   （ ）

 3. 审查现金收付凭证时，如果凭证上所记载的内容齐全、经济事项合法，注册会计师可以认为该凭证不会存在问题。   （ ）

 4. 出纳人员可以兼任现金总账登记工作，不得由一人办理货币资金业务的全过程。   （ ）

 5. 银行存款余额调节表应由被审计单位根据不同银行账户及货币种类分别编制。   （ ）

 6. 函证银行存款的唯一目的是证实银行存款是否真实存在。 （ ）

 7. 货币资金的支出要有合理合法的凭据，并要有核准手续。 （ ）

 8. 银行存款的函证一般采用否定式函证。   （ ）

 9. 被审计单位资产负债表上的银行存款余额应以编制的银行存款余额调节表调整后的数额为准。   （ ）

 10. 对于货币资金票据，应在购买、保管、领用、注销等环节，加强授权批准和职责分工等控制程序，明确责任权限。   （ ）

（四）简答题

 1. A 注册会计师负责对甲公司 2019 年财务报表进行审计，在对甲公司的银行存款实施的审计程序中，部分程序如下：

 （1）A 注册会计师取得 2019 年 12 月 31 日银行存款余额调节表。

 （2）A 注册会计师向开户银行寄发银行询证函，并直接收取寄回的询证函回函。

（3）A注册会计师取得开户银行2020年1月31日的银行对账单。

请问：（1）A注册会计师取得银行存款余额调节表后应检查哪些内容？

（2）A注册会计师向开户银行询证的作用有哪些？

（3）A注册会计师应采取什么方式才能直接收回开户银行的询证函回函？目的是什么？

2. ABC会计师事务所的A注册会计师负责审计甲公司2020年度财务报表。与货币资金审计相关的部分事项如下：

（1）A注册会计师认为库存现金重大错报风险很低，因此未测试甲公司财务主管每月末盘点库存现金的控制，于2020年12月31日实施了现金监盘，结果满意。

（2）对于账面余额与银行对账单余额存在差异的银行账户，A注册会计师获取了银行存款余额调节表，检查了调节表中的加计数是否正确，并检查了调节后的银行存款日记账余额与银行对账单余额是否一致，据此认可了银行存款余额调节表。

（3）因对甲公司管理层提供的银行对账单的真实性存有疑虑，A注册会计师在出纳陪同下前往银行获取银行对账单。在银行柜台人员打印对账单时，A注册会计师前往该银行其他部门实施了银行函证。

（4）甲公司有一笔2019年10月存入的期限两年的大额定期存款。A注册会计师在2020年度财务报表审计中检查了开户证实书原件并实施了函证，结果满意，因此未在2020年度审计中实施审计程序。

（5）为测试银行账户交易入账的真实性，A注册会计师在验证银行对账单的真实性后，从银行存款日记账中选取样本与银行对账单进行核对，并检查了支持性文件，结果满意。

要求：针对上述第（1）至（5）项，逐项指出A注册会计师的做法是否恰当。如不恰当，简要说明理由。

五、案　例

达美公司是一家上市较早的商业类公司，主营零售业务，同时兼营一部分房地产开发业务，并与某网站合作开展网上售货业务。因为零售企业现金流量比较大，会计师事务所将对货币资金审计作为重点项目，重要性水平确定得较低，定为5 000元。会计师事务所安排了经验丰富的刘为注册会计师负责对达美公司2019年财务报表中的货币资金实施审计。部分审计过程如下：

（1）对现金进行突击性盘点。达美公司当天营业结束后，刘为就组织了对现金的盘点。其首先对20个收款台的现金进行盘点。盘点结果显示：现金的实存数为2 368元，通过收款机计算出的应收数为2 468元，短缺金额为100元，进一步查清为服装组发生的短缺。审计人员抽查部分2019年待处理财产损溢的转销凭证后发现，服装组发生的短缺次数最多，金额也较大。审计人员经过深入审核发现，柜台组存在收款员贪污货款的行为。原因在于达美公司极少组织现金盘点，报亏也较容易，这为有关人员舞弊提供了可能。

刘为还对财务部保险柜中的现金实施盘点。达美公司的出纳和会计主管人员参加盘点，刘为进行监督并抽点部分现金。对财务部经管现金的盘点结果如下：

①保险柜现金的实存数为1 520元。

②保险柜中有下列单据已付款，但未入账：

某职工报销差旅费，金额为1 830元。手续齐全，时间为2020年2月18日。

某职工的借条一张，未说明用途，无主管领导审批，金额为1 300元，日期为2019年12月25日。

③盘点前现金日记账的余额为4 650元，经核对，2020年1月1日至2月18日的收付款凭证和现金日记账，收入现金金额为13 465元，支出现金金额为14 530元，正确无误。

④银行核定的库存现金限额为5 000元。

（2）抽查现金日记账。刘为进行现金付款凭证抽查时发现2019年5月"现付字47#"凭证为支付拆除地磅的劳务费，收款人为个人，无正式发票，但有单位领导签字批准的付款凭据。付款凭证上的会计分录如下：

借：营业外支出——其他　　　　　　　　　　　　　760
　　贷：库存现金　　　　　　　　　　　　　　　　　　760

审计人员追查相应的收款凭证和固定资产报废凭证，在现金和银行存款日记账中都未发现固定资产报废收入。审计人员抽查固定资产的明细账发现在5月有一台地磅报废，记账凭证为"转字38#"，所附原始凭证为有关人员批准报废固定资产的文件。其会计分录如下：

借：营业外支出　　　　　　　　　　　　　　　100 000
　　累计折旧　　　　　　　　　　　　　　　　100 000
　　贷：固定资产　　　　　　　　　　　　　　　　200 000

审计人员继续追查后发现，处理该固定资产的收入在主管财务经理的授意下，出纳并未入账，收款时给对方为一普通收据，将收到的 90 000 元现金存入了"小金库"。

（3）编制银行存款余额调节表。由于达美公司每天送存银行销货款，购货业务也较为频繁，另外还有大量的代销业务，经常要与客户结算，因此银行往来业务较多。刘为对截至 12 月 31 日的银行对账单与银行存款日记账进行核对后，自行编制了银行存款余额调节表，调节后两边余额相等。但刘为在进行银行存款日记账与银行对账单核对过程中发现，在银行对账单上有一笔收到预收款，两天后有一笔相同数额的现金支票开出，但银行存款日记账上却没有登记，提取现金也未在现金日记账登记，现金支票的存根不知去向，经核对其他月份也存在类似问题。

审计人员对未达账项进一步核对了 2020 年 1 月 1 日至 15 日的银行对账单，发现达美公司在 2019 年 12 月 26 日已记增加银行存款，并记入主营业务收入账户的未达账项，到 15 日前银行仍未收到，达美公司登记的金额为 234 000 元。审计人员与银行联系后得知，该支票为空头支票，早在年前已退回达美公司。审计人员经询问会计人员确有此事，但会计人员认为该业务不影响当期收益和资产额，过一段时间后对方账上有资金后会马上付款，就没有进行调整。

（4）抽查大额银行存款支出。刘为对达美公司银行存款日记账进行凭证抽查时发现有一笔业务较为特殊，其为一组费用报销凭证，在银行存款日记账摘要栏写明的都为修理费。其具体如下：

2019 年 8 月 5 日，"银付字 35#"，摘要注明为修理超市的制冷设备，所附原始凭证为达美服务公司开具的发票。会计分录如下：

借：管理费用——修理费　　　　　　　　　　　　300 000
　　贷：银行存款　　　　　　　　　　　　　　　　　　300 000

2019 年 8 月 29 日，"银付字 78#"，摘要注明为修理运输设备，所附原始凭证也为达美服务公司开具的发票。会计分录如下：

借：销售费用——修理费　　　　　　　　　　　　150 000
　　贷：银行存款　　　　　　　　　　　　　　　　　　150 000

2019 年 9 月 18 日，"银付字 37#"，摘要注明也为修理运输设备，所附原始凭证也为达美劳动服务公司开具的发票，金额为 45 万元。

对这三张修理费发票，刘为认为有些蹊跷，三张发票都为达美劳动服务公司，金额高达 90 万元，该公司为达美公司的控股子公司，参加达美公司报表的合并，属于关联方交易。对此，刘为给予了高度关注，经询问有关经手人员，得到的信息是达美公司 8~9 月并没进行较大规模运输设备的修理。审计人员为了确定这笔支出，调出了达美劳动服务公司的发票和记账凭证，经核对后发现与这三张发票号对应的存根联和记账联金额分别为 3 万元、1.5 万元和 4.5 万元。会计分录如下：

①借：银行存款　　　　　　　　　　　　　　　　　300 000

　　　贷：主营业务收入　　　　　　　　　　　　　　　30 000

　　　　应付账款——达美公司　　　　　　　　　　　270 000

②借：银行存款　　　　　　　　　　　　　　　　　150 000

　　　贷：主营业务收入　　　　　　　　　　　　　　　15 000

　　　　应付账款——达美公司　　　　　　　　　　　135 000

③借：银行存款　　　　　　　　　　　　　　　　　450 000

　　　贷：主营业务收入　　　　　　　　　　　　　　　45 000

　　　　应付账款——达美公司　　　　　　　　　　　405 000

　　　在达美劳动服务公司的账上，9~10月又分别以开出现金支票的形式归还，将应付账款转平。

　　　思考：（1）通过以上案例，你得到了哪些启示？

　　　（2）为什么对银行存款进行函证？当银行余额为零时，是否还需要向其开户行发函？

　　　（3）从哪些迹象可以发现企业存在出租出借账号问题？

121

六、参考文献

[1] 陆迎霞. 审计学 [M]. 上海：上海财经大学出版社，2017.

[2] 秦荣生，卢春泉. 审计学 [M]. 北京：中国人民大学出版社，2017.

[3] 杨闻萍. 审计学 [M]. 北京：中国人民大学出版社，2012.

[4] 邢凤云，刘国常. 审计学 [M]. 大连：东北财经大学出版社，2017.

[5] 中国注册会计师协会. 审计 [M]. 北京：中国财政经济出版社，2018.

第十五章
完成审计工作

一、学习目标及要求

通过对本章的学习，学生应学会注册会计师在审计完成阶段需要做的工作，包括汇总审计测试结果，进行更具综合性的审计工作，如评价审计中的重大发现、汇总审计差异、评价独立性和道德问题、考虑被审计单位的持续经营假设的合理性、关注或有事项和期后事项对财务报表的影响、复核审计工作底稿和财务报表等内容，在此基础上，评价审计结果，在与客户沟通以后，获取管理层声明，确定应出具审计报告的意见类型和措辞，进而编制并致送审计报告，终结审计工作。

二、重要名词

1. 完成审计工作
2. 或有事项
3. 持续经营假设
4. 期后事项
5. 书面声明
6. 重分类误差

三、重难点问题

1. 完成审计工作阶段需要做的工作。
2. 汇总审计差异。
3. 复核审计工作底稿。
4. 注册会计师如何考虑持续经营假设对审计报告的影响。
5. 对或有事项进行审计及其对审计意见的影响。
6. 注册会计师对期后事项的责任及其对发表审计意见的影响。

四、练习题

（一）单选题

1. 下列有关审计工作底稿复核的说法中错误的是（　　　）。
    A. 项目合伙人应当复核所有审计工作底稿
    B. 项目质量复核人员应当在审计报告出具前复核审计工作底稿
    C. 审计工作底稿中应当记录复核人员姓名及其复核时间
    D. 应当由项目组内经验较为丰富的人员复核经验较为缺乏的人员编制的审计工作底稿

2. 下列有关书面声明的说法中错误的是（　　　）。

A. 为支持与财务报表或某项具体认定相关的其他审计证据，注册会计师可以要求管理层提供关于财务报表或特定认定的书面声明

B. 即使管理层已提供可靠的书面声明，也不影响注册会计师就管理层责任履行情况或具体认定获取的其他审计证据的性质和范围

C. 如果在审计报告中提及的所有期间内，现任管理层都尚未就任，注册会计师也需要向现任管理层获取涵盖整个相关期间的书面证明

D. 如果管理层不向注册会计师提供所有交易都已记录并反映在财务报表中的书面声明，注册会计师应当对财务报表发表保留意见或无法表示意见

3. 下列有关书面声明日期的说法中错误的是 (   )。

A. 书面声明的日期不得晚于审计报告日

B. 书面声明的日期不得早于财务报表报出日

C. 书面声明的日期可以早于审计报告日

D. 书面声明的日期可以和审计报告日是同一天

4. 在确定与被审计单位治理层沟通的事项时，下列选项中，注册会计师通常认为不宜沟通的是 (   )。

A. 对财务报表产生重大影响的战略决策

B. 管理层不愿延长对持续经营能力的评估期间

C. 注册会计师发现管理层的舞弊行为

D. 注册会计师实施的具体审计程序的性质

5. 下列有关注册会计师对错报进行沟通的说法中错误的是 (   )。

A. 除非法律法规禁止，注册会计师应当及时将审计过程中发现的所有错报与适当层级的管理层进行沟通

B. 注册会计师应当要求管理层更正审计过程中发现的超过明显微小错报临界值的错报

C. 注册会计师应当与治理层沟通与以前期间相关的未更正错报对相关类别的交易、账户余额或披露以及财务报表整体的影响

D. 除非法律法规禁止，注册会计师应当与治理层沟通未更正错报

6. 下列有关书面声明的说法中正确的是 (   )。

A. 书面声明的日期应当和审计报告日在同一天，且应当涵盖审计报告针对的所有财务报表和期间

B. 管理层已提供可靠书面声明的事实，影响注册会计师就管理层责任履行情况或具体认定获取的其他审计证据的性质和范围

C. 如果书面声明与其他审计证据不一致，注册会计师应当要求管理层修改书面声明

D. 如果对管理层的诚信产生重大疑虑，以至于认为其做出的书面声明不可靠，注册会计师在出具审计报告时应当对财务报表发表无法表示意见

7. 下列有关期后事项的说法中，正确的是 (   )。

A. 凡在审计报告日之前发生的期后事项，注册会计师应提请被审计单位调整财务报表；凡在审计报告日之后发生的期后事项，注册会计师应提请被审计单位在财务报表附注中披露

B. 在财务报表公布日之后，注册会计师仍有责任执行审计程序，以发现重要的期后事项

C. 针对第三时段的期后事项，注册会计师没有义务针对财务报表实施任何审计程序

D. 对于注册会计师提请被审计单位调整财务报表的重要期后事项，如果被审计单位拒绝调整，注册会计师应出具无法表示意见的审计报告

8. A 注册会计师负责审计甲公司 2019 年财务报表。在考虑甲公司运用持续经营假设的适当性时，A 注册会计师遇到下列事项。在下列事项中，最可能引起 A 注册会计师对持续经营能力产生疑虑的是（　　）。

A. 难以获得开发必要新产品所需要的资金

B. 投资活动产生的现金流量为负数

C. 以股票股利替代现金股利　　　　　D. 存在重大关联方交易

9. 项目质量控制复核是指在出具报告前对项目组做出的重大判断和在准备报告时形成的结论做出客观评价的过程。以下对项目质量控制复核表述不恰当的是（　　）。

A. 可以消除妨碍注册会计师正确判断的偏见，做出符合事实的审计结论

B. 实施对审计工作结果的最后质量控制，能避免对重大审计问题的遗留或对具体审计工作理解不透彻等情况，从而形成与审计工作结果相一致的审计意见

C. 可以确保审计意见的恰当性，消除审计风险，做出符合事实的审计结论

D. 严格保持整体审计工作质量的一致性，确认该审计工作已达到会计师事务所的工作标准

10. 下列属于注册会计师应关注的被审计单位在财务方面存在持续经营假设不再合理的迹象是（　　）。

A. 存在大量不良资产且长期未做处理

B. 未达到预期经营目标

C. 关键管理人员离职且无人替代

D. 生产公司的主要产品的主要原材料已严重短缺

11. 下列事项中最可能引起注册会计师对持续经营能力产生疑虑的是（　　）。

A. 因严重违法被处以巨额罚款　　　　B. 筹资活动产生的现金流量为负数

C. 以股票股利替代现金股利　　　　　D. 存在重大非货币性资产交换

（二）多选题

1. 下列有关期后事项审计的说法中正确的有（　　）。

A. 注册会计师应当设计和实施审计程序，获取充分、适当的审计证据，以确定所有在财务报表日至财务报表报出日之间发生的、需要在财务报表中调整或披露的事项都已得到识别

B. 注册会计师应当恰当应对在审计报告日后知悉的且如果在审计报告日知悉可能导致注册会计师修改审计报告的事实

C. 注册会计师应当要求管理层提供书面声明，确认所有在财务报表日后发生的、按照适用的财务报告编制基础的规定应予调整或披露的事项都已得到调整或披露

D. 在财务报表报出后，注册会计师没有义务针对财务报表实施任何审计程序

2. 下列关于书面声明的说法中不正确的有（　　　）。

A. 书面声明包括财务报表及其认定

B. 如果注册会计师不能获取充分、适当的审计证据，可获取书面声明作为审计意见的基础

C. 被审计单位管理层就某事项提供的书面声明可以在一定程度上减轻注册会计师的责任

D. 在很多情况下，要求管理层提供书面声明而非口头声明，从而提高声明的质量

3. 下列说法中属于项目组内部复核需要考虑的事项的有（　　　）。

A. 已执行的审计工作是否支持形成的结论，并已得到适当记录

B. 复核与项目组做出的重大判断和得出的结论相关的审计工作底稿

C. 审计程序的目标是否已实现

D. 审计工作是否已按照执业准则和适用的法律法规的规定执行

4. A 注册会计师负责甲公司 2019 年财务报表审计，现场审计工作完成日为 2020 年 2 月 28 日，财务报表批准日为 2020 年 3 月 20 日，审计报告日为 2020 年 3 月 29 日，财务报表报出日为 2020 年 3 月 31 日。下列有关书面声明日期的说法中正确的有（　　　）。

A. A 注册会计师取得日期为 2020 年 3 月 29 日的书面声明

B. A 注册会计师取得日期为 2020 年 3 月 31 日的书面声明

C. A 注册会计师取得日期为 2020 年 2 月 28 日的书面声明，并于 2020 年 3 月 29 日就 2020 年 2 月 28 日至 2020 年 3 月 29 日的变化获取管理层的更新声明

D. A 注册会计师取得日期为 2020 年 3 月 20 日的书面声明，并于 2020 年 3 月 31 日就 2020 年 3 月 20 日至 2020 年 3 月 31 日的变化获取管理层的更新声明

5. 注册会计师在审计计划阶段已确定了审计风险的可接受水平，随着可能错报总和的增加，财务报表可能被严重错报的风险也会增加。下列有关注册会计师在完成审计工作时的说法正确的有（　　　）。

A. 如果注册会计师得出结论，审计风险处在一个可接受的水平，则可以直接提出审计结果所支持的意见

B. 如果注册会计师认为审计风险不能接受，则应追加实施额外的实质性程序，以便将重要错报风险降低到一个可接受水平

C. 如果注册会计师认为审计风险不能接受，则应说服被审计单位做必要的调整，以便将重要错报风险降低到一个可接受水平

D. 如果审计风险不能接受，注册会计师没有额外的实质性程序可以实施，被审计单位也不愿进行必要的调整，则注册会计师应慎重考虑审计风险对审计报告的影响

6. 在完成审计工作时，注册会计师与治理层沟通的主要目的有（　　　）。

A. 就审计范围和时间以及注册会计师、治理层和管理层各方在财务报表审计和沟通中的责任，取得相互了解

B. 及时向治理层告知审计中发现的与治理层责任相关的事项

C. 及时向管理层层告知审计中发现的与治理层责任相关的事项

D. 共享有助于注册会计师获取审计证据和治理层履行责任的其他信息

7. 下列有关注册会计师在完成审计工作阶段对审计工作底稿进行的独立复核的说法中正确的有（　　　）。

A. 对签发审计报告前的审计工作底稿进行独立复核，是实施对审计工作结果的最后质量控制

B. 对所有财务报表进行审计，必须在出具报告前进行项目质量控制复核

C. 独立的项目质量控制复核能避免对具体审计工作理解不透彻形成与审计工作相一致的审计意见

D. 独立的项目质量控制复核能避免对重大审计问题的遗留形成与审计工作相一致的审计意见

8. A 注册会计师作为 ABC 会计师事务所审计项目负责人，在审计 M 公司 2019 年财务报表。针对下列或有事项，A 注册会计师应提出审计调整建议的有（　　　）。

A. 基于合理的判断，M 公司对某项可能发生的担保损失于 2018 年确认预计负债 1 550 万元。2019 年 12 月法院做出终审判决，M 公司实际发生担保损失 1 500 万元。因此，M 公司于 2019 年冲减营业外支出 50 万元

B. 2019 年 12 月 31 日，法院尚未对 M 公司被诉的一起合同纠纷案做出判决。基于合理的判断，M 公司胜诉的可能性为 40%。因此，M 公司没有确认预计负债

C. 2019 年 12 月 31 日，法院尚未对 M 公司涉及的一起三方合同纠纷案做出判决。M 公司的律师认为 M 公司很可能需要向合同一方支付违约金 500 万元，同时也基本确定可以从合同的另一方获得赔偿 400 万元。因此，M 公司确认预计负债 100 万元

D. 2019 年 11 月，法院判决 M 公司败诉，要求其偿付某银行担保责任款 300 万元。M 公司于 2019 年 12 月提起上诉，其律师认为上诉获胜的可能性很大，且截至 2019 年财务报表签署日法院尚未做出判决。因此，M 公司没有确认预计负债

9. 注册会计师应提请被审计单位对本期财务报表及相关的账户金额进行调整的期后事项有（　　　）。

A. 被审计单位由于某种原因在资产负债表日前被起诉，法院于资产负债表日后判决被审计单位应赔偿对方损失

B. 资产负债表日后不久的销售情况显示库存商品在资产负债表日已发生了减值

  C. 资产负债表日后发生火灾导致甲产品仓库烧毁

  D. 资产负债表日后企业合并

10. 下列（ ）属于需要在财务报表上披露而非调整的事项。

  A. 资产负债表日后资产价格、税收政策、外汇汇率发生重大变化

  B. 资产负债表日后因自然灾害导致资产发生重大损失

  C. 资产负债表日后发现财务报表存在舞弊

  D. 资产负债表日后发生企业合并或处置子公司

11. 甲注册会计师负责对乙公司 2019 年财务报表进行审计，甲注册会计师出具审计报告的日期为 2020 年 3 月 15 日，财务报表报出日为 2020 年 3 月 20 日。甲注册会计师了解到的下列资产负债表日后事项属于非调整事项的有（ ）。

  A. 2020 年 2 月 1 日，乙公司 2019 年年末的某项交易性金融资产发生大幅贬值

  B. 2020 年 2 月 10 日，乙公司发生重大诉讼

  C. 2020 年 2 月 15 日，乙公司于 2018 年确认的一笔大额销售被退回

  D. 2020 年 3 月 16 日，乙公司发生企业合并

（三）判断题

1. 审计报告按照其发表的意见的类型，分为公布目的的审计报告和非公布目的的审计报告。 （ ）

2. 审计报告的标题可以写成"A 股份有限公司的审计报告"。 （ ）

3. 形成审计意见基础应该紧挨着审计意见部分之后。 （ ）

4. 注册会计师的签名要双签。 （ ）

5. 审计报告的收件人一般为被审计单位管理层。 （ ）

6. 没和治理层沟通过的事项也可以作为关键审计事项。 （ ）

7. 关键审计事项是指注册会计师根据职业判断认为对当期财务报表审计最为重要的事项。 （ ）

8. 当注册会计师无法获取充分适当的审计证据并且可能产生的影响具有广泛性的时候，注册会计师应该出具保留意见的审计报告。 （ ）

9. 强调事项段是指审计报告中含有一个段落，该段落提及未在财务报表中恰当列报或披露的事项。根据注册会计师的职业判断，该事项对财务报表使用者理解财务报表至关重要。 （ ）

10. 其他事项段是指审计报告中含有一个段落，该段落提及未在财务报表中恰当列报或披露的事项。根据注册会计师的职业判断，该事项对财务报表使用者理解财务报表至关重要。 （ ）

（四）简答题

ABC 会计师事务所的 A 注册会计师负责审计甲集团公司 2019 年财务报表审计工作，A 注册会计师在审计工作底稿中记录了处理错报的相关情况，部分内容摘录如下：

（1）2019 年，甲集团公司推出销售返利制度，并在企业资源计划（ERP）系统中开发了返利管理模块。A 注册会计师在对某组成部分执行审计时发现，因系统参

127

数设置有误，导致选取的测试项目少计返利 2 万元。A 注册会计师认为该错报低于集团财务报表明显微小错报的临界值，可忽略不计。

（2）A 注册会计师发现甲集团公司销售副总经理挪用客户回款 50 万元，就该事项与总经理和治理层进行了沟通。因管理层已同意调整该错报并对相关内部控制缺陷进行整改，A 注册会计师未再执行其他审计工作。

（3）A 注册会计师使用审计抽样对管理费用进行了测试，发现测试样本存在 20 万元错报，A 注册会计师认为该错报不重大，同意管理层不予调整。

（4）2019 年 10 月，甲集团公司账面余额 1 200 万元的一条新建生产线达到预定可使用状态。截至 2019 年年末，因未办理竣工决算，该生产线尚未转入固定资产。A 注册会计师认为该错报为分类错误，涉及折旧金额很小，不构成重大错报，同意管理层不予调整。

要求：针对上述第（1）至（4）项，假定不考虑其他条件，逐项指出 A 注册会计师的做法是否恰当。如不恰当，简要说明理由并提出改进建议。将答案直接填入表 15-1。

表 15-1　答案

事项序号	是否恰当（是/否）	理由及改进意见
（1）		
（2）		
（3）		
（4）		

五、案　例

持续经营能力是指公司基于报告期内的生产经营状况，在可预见的将来，有能力按照既定目标持续经营下去。持续盈利能力并不仅仅是一个法律或财务的概念，公司的一切经营运作都是与持续能力紧密相连的。在哲学中，经常讲到的就是量变产生质变，抽象的事物在被解构、具化后，将变得较为容易理解。因此，在实务中，我们将以上抽象的要素分解为具体的标准。

一、持续盈利能力应具备的要素

持续盈利能力应具备的要素如下：

（1）具有经营所需的资源要素。

（2）具有优秀管理团队和核心员工。

（3）在一定时期内，具有稳定的增长性。

（4）符合国家产业政策和人类可持续发展的朝阳产业。

二、如何判断企业持续经营能力

持续盈利能力的构成要素至少包括以下七个方面：

（1）行业。企业所处行业是否属于国家政策允许、扶持、鼓励的行业，是否存在行业周期性风险，行业竞争主要存在的其他外部风险如何。

（2）股东、管理层。管理层的管理能力及稳定性，企业是否存在利用私人职权优势损害公司利益的动机和风险，管理层的管理理念、管理模式。

（3）资源要素。是否取得经营发展的必要资质，是否掌握必要的生产技术且该技术尚在保护期内，是否具有必要的土地、厂房、设备以及清晰的权属，是否具有核心团队，对上下游客户是否具有依赖性，是否具有独立的渠道。

（4）财务状况。企业是否具有充足的现金流，是否具备健全的内控制度，经营收益是否稳定增长，对研发等成本投入是否具有持续性且是否与收入、规模相匹配。

（5）产品或服务。产品的市场占有率和可替代性，产品和服务的品种结构。

（6）重大诉讼仲裁。企业是否存在重大诉讼、仲裁。

（7）纳税。企业对税收优惠政策、补贴的依赖性。

三、案例分析：众合医药

公司业务在报告期内应有持续的营运记录，不应仅存在偶发性交易或事项。营运记录包括现金流量、营业收入、交易客户、研发费用支出等。

1. 报告期内公司的持续经营记录

众合医药在 2008 年 7 月成立时，注册资本为 50 万元，股东为王永昌和马静，主营业务为自产试剂的销售，业务模式较单一。2011 年 11 月，众合医药完成股权转让及第一次增资，注册资本增至 1 190 万元，股东变更为熊俊、永卓博济、周华、郭美锦，主营业务变更为新药研发及相关的技术转让、技术服务和新药的产业化，公司股权架构、核心技术团队及主营业务初步形成。

经过之后的三次增资及研发团队的不断扩充，众合医药注册资本增至 4 428 万元，研发投入不断增加，已完成 6 个在研项目的立项且均进展顺利。随着研发活动的持续开展，报告期内该公司已累计实现技术服务和技术转让收入 317.82 万元，实现其他业务收入 7.44 万元。

（1）报告期内公司研发活动的持续经营记录。鉴于 2011 年 11 月完成第一次股权转让和增资前该公司主营业务为自产试剂的销售且业务量较小，2011 年 11 月至年末众合医药处于新核心技术团队及研发团队的组建及研发准备阶段，因此该公司 2011 年未开展大规模研发活动，当年度研发费用投入较少，仅完成 UBP1211 品种的立项。

2012 年以来，随着研发投入的增加及研发活动的顺利开展，众合医药完成 5 个单抗品种的立项并持续推进立项品种的后续研发。2012 年，众合医药研发费用为 1 220.84 万元，完成 UBP1212、UBP1213、UBP1214、UBP1215 四个品种的立项，持续推进已立项的 5 个品种的后续研发；2013 年 1~9 月，众合医药研发费用为 921.29 万元，完成 UBP1311 品种的立项，持续推进已立项的 6 个品种的后续研发，其中 UBP1211 已推进至临床研究批件申请阶段。

除上述 6 个重点研发品种外，众合医药在日常研发活动中还形成其他研发成果，部分通过技术转让的方式为公司实现收入和现金流入，如公司将新型 GLP-1-Fc 分子转让给北京和实康明医药科技有限公司。众合医药在自主研发活动之外，还接受客户委托提供技术服务，如受托为通化东宝药业股份有限公司构建高表达细胞株。

报告期内众合医药持续投入大量资金用于研发活动，保证了公司研发活动的顺利开展和研发项目的持续推进。

（2）报告期内公司收入的持续经营记录。2011 年，众合医药实现营业收入 3.78 万元，都为试剂销售收入。2012 年，众合医药全力推进研发活动的开展，当年度未产生收入。2013 年 1~9 月，随着部分研发成果的收入实现和技术服务的开展，公司实现营业收入 321.47 万元。

2. 公司经营能力的可持续性

（1）行业背景为公司持续经营提供了良好的环境。众合医药所从事的单抗药物研发、技术服务与技术转让及新药的产业化等系列业务是近年来新药研发的热点，全球范围内处于高速增长阶段，而在我国则刚刚起步，有目共睹的有效性和安全性使单抗药物的市场接受度高、市场机会多、市场前景好，符合国家产业政策的支持。

同时，作为医药领域新的研发和投资热点，巨大的市场空间支持多家公司在该领域的竞争，部分企业希望进入该领域但自身基础设施建设和研发能力尚不具备，因此单抗药物技术服务需求和品种转让需求日益增加，为公司开展相关业务提供了广阔的市场，使业务的持续开展具有可行性，因此众合医药业务具有持久性。

（2）研发活动的持续经营能力。众合医药核心技术人员都直接或间接持有公司股份并担任公司董事及高级管理人员，且做出自公司股票在全国中小企业股份转让系统挂牌之日起 36 个月内，不转让或委托他人管理所持有的众合医药股份的承诺，核心技术团队稳定性，有效保证了公司研发活动的稳定性和持续性。

众合医药在核心技术人员的带领下，已完成了技术团队的建设并构建了 4 大核心技术组成的技术平台，完成了 6 个单抗药物的研发立项并有序开展研发工作，其中 5 个为生物仿制药或仿创药，研发风险较小，已提交临床研究申请的 UBP1211 与原研药阿达木单抗的全面的头对头（headtohead，即比较性研究）研究数据表明其与阿达木单抗高度一致，研发风险极低，取得临床批件乃至新药生产批件并实现生产销售的成功率非常高。

众合医药已形成品种和技术的储备，为技术服务和技术转让的实施提供了保障，使短期内以技术服务和技术转让为主要收入来源的经营模式具有持久性和可执行性。

（3）收入和现金流的持续获取能力。众合医药预计在 2017 年新药上市销售前将主要通过以下六种方式获取收入和现金流入（详细分析略）：

①提供新药 CMC 研发技术外包及临床样品制备服务。

②提供新药研发外包服务（非 CMC）。

③转让在研品种。

④持有交易性金融资产。

⑤获取科研经费补贴。

⑥其他资金来源。

3. 公司具有良好的持续经营能力

综上所述，众合医药获取收入能力主要体现在短期的技术服务及技术转让和长期的产品销售收入。

（1）短期目标：通过技术服务和技术转让收入保证公司现金流。众合医药通过已建立的技术平台和技术储备，已开展品种转让和技术服务以及在吴江产业化及中试基地建成后提供的临床前研究用样品和临床研究用样品制备服务，将为该公司提供良好的现金流，保证该公司的持续经营能力得以实现。

（2）长期目标：UBP1211 和 UBP1213 的产品销售收入以及公司部分现有研发品种和新增在研品种自行产业化的销售收入、技术转让收入等。众合医药经营目标的制定是基于公司现有品种的风险可控和上市前景可期以及未来市场具有良好的竞争力做出，因此具有可行性，是公司未来 10 年可持续经营能力的保证。

尤其是 2017 年及以后，UBP1211 和 UBP1213 等产品将陆续上市销售，两个产品预期将具有良好的盈利能力，产品上市后将成为众合医药稳定的收入和现金流来源，为新产品的持续研发投入及产业化提供强大的资金保障，形成已上市产品为在研产品提供研发资金支持，在研产品实现上市销售后为之后的产品研发提供新的资金支持的良性互动。

六、参考文献

[1] 刘明辉，史德刚. 审计［M］. 大连：东北财经大学出版社，2017.

[2] 傅胜，曲明. 审计习题与案例［M］. 大连：东北财经大学出版社，2017.

[3] 中国注册会计师协会. 中国注册会计师执业准则应用指南 2010［M］. 北京：中国财政经济出版社，2010.

[4] 中国注册会计师协会. 审计［M］. 北京：中国财政经济出版社，2018.

第十六章
审计报告

一、学习目标及要求

通过对本章的学习，学生应主要掌握审计报告的含义和特征以及审计报告的作用，同时对审计报告的基本格式有一定的了解和认识，理解什么是沟通关键审计事项，重点掌握审计报告的意见类型，重点区分和掌握非无保留意见（包括保留意见、否定意见以及无法表示意见），了解带强调事项段和其他事项段的审计意见。本章属于重点章节，重难点较多。

二、重要名词

1. 审计报告　　　　　　　　　　2. 鉴证作用
3. 无保留意见　　　　　　　　　4. 否定意见
5. 其他信息　　　　　　　　　　6. 保留意见
7. 无法表示意见　　　　　　　　8. 带强调事项段的无保留意见
9. 带其他事项段的无保留意见

三、重难点问题

1. 审计报告的含义和作用。
2. 审计意见是如何形成的及审计意见的类型。
3. 审计报告的格式包含的要素。
4. 关键审计事项的概念。
5. 注册会计师出具无保留意见的情况。区分否定意见、保留意见和无法表示意见。
6. 注册会计师出具带强调事项段的无保留意见和带其他事项段的无保留意见的情况。

四、练习题

（一）单选题

1. 下列关于审计报告特征的说法中错误的是（　　　）。
　　A. 审计报告是注册会计师根据审计准则的规定制定的
　　B. 审计报告需要在执行审计工作的基础上出具
　　C. 注册会计师通过对财务报表发表意见履行业务约定书的责任
　　D. 审计报告可以是电子形式的

2. 下列有关审计报告日的说法中错误的是（　　　）。

   A. 审计报告日可以晚于管理层签署已审计财务报表的日期

   B. 审计报告日不应早于管理层书面声明的日期

   C. 在特殊情况下，注册会计师可以出具双重日期的审计报告

   D. 审计报告日应当是注册会计师获取充分、适当的审计证据，并在此基础上对财务报表形成审计意见的日期

3. 下列关于审计报告的说法中正确的是（　　　）。

   A. 注册会计师应当根据由审计证据得出的结论，清楚表达对财务报表的意见

   B. 注册会计师在审计报告上签名并盖章并不表明对其出具的审计报告负责

   C. 审计报告是注册会计师对财务报表在所有重大方面按照财务报告编制基础编制并实现公允反映发表审计意见的书面文件

   D. 已审财务报表无须附在审计报告之后，两者应分别报出

4. 注册会计师以超然独立的第三者身份对审计财务报表合法性、公允性发表意见，体现了审计报告的作用是（　　　）。

   A. 鉴证　　　　　　B. 保护　　　　　　C. 证明　　　　　　D. 审核

5. 下列有关注册会计师在审计报告中提及专家的工作的说法中正确的是（　　　）。

   A. 如果注册会计师能够对专家的工作获取充分、适当的审计证据，可在无保留意见的审计报告中提及专家的工作

   B. 如果注册会计师确定专家的工作不足以实现审计目的，可在无保留意见的审计报告中提及专家的工作

   C. 注册会计师不应在无保留意见的审计报告中提及专家的工作，除非法律法规另有规定

   D. 如果注册会计师决定明确自身与专家各自对审计报告的责任，应当在无保留意见的审计报告中提及专家的工作

6. 下列选项中，财务报表不存在重大错报的情况是（　　　）。

   A. 运用会计政策中无意产生错误

   B. 管理层处理相似的交易采取了不同的会计政策

   C. 选择的会计政策和使用的财务报表编制基础一致

   D. 财务报表没有按照公允列报的方式反映交易和事项

7. 审计报告的收件人应该是（　　　）。

   A. 审计业务的委托人　　　　　　　　B. 社会公众

   C. 被审计单位的治理层　　　　　　　D. 被审计单位管理层

8. 以下关于审计报告的叙述中正确的是（　　　）。

   A. 审计报告应该由一位注册会计师即项目合伙人签名盖章

   B. 注册会计师如果出具非无保留意见的审计报告，应在"形成审计意见的基础"段说明导致非无保留意见的事项

C. 审计报告的日期是指编写完成审计报告的日期

D. 审计报告的收件人是指被审计单位管理层

9. 下列不属于注册会计师对财务报表审计时出具的审计报告中注册会计师对财务报表审计的责任段所描述的内容是（　　）。

    A. "在按照审计准则执行审计的过程中，我们运用了职业判断，保持了职业怀疑"

    B. "我们与治理层就计划的审计范围、时间安排和重大审计发现（包括我们在审计中识别的值得关注的内部控制缺陷）等事项进行沟通"

    C. "按照企业会计准则的规定编制财务报表，并使其实现公允反映"

    D. "从与治理层沟通的事项中，我们确定哪些事项对本期财务报表审计最为重要，因而构成关键审计事项"

10. 下列有关关键审计事项的表述中不正确的是（　　）。

    A. 从"在执行审计工作时重点关注过的事项"中选出"最为重要的事项"，构成关键审计事项，即关键审计事项只有一项

    B. 注册会计师审计中遇到的困难的性质和严重程度、与该事项相关的控制缺陷的严重程度会影响其是否将该事项作为关键审计事项

    C. 审计中的关键审计事项不止一项

    D. 在审计报告的关键审计事项部分沟通的事项，必须是在形成审计意见时已得到恰当解决的事项

11. 下列有关关键审计事项的表述中不正确的是（　　）。

    A. 审计准则要求注册会计师在上市实体整套通用目的财务报表审计报告中增加关键审计事项部分，用于沟通关键审计事项

    B. 沟通关键审计事项，可以提高已执行审计工作的透明度，从而提高审计报告的决策相关性和有用性

    C. 沟通关键审计事项能够为财务报表使用者提供额外的信息，以帮助其了解被审计单位、已审计财务报表中涉及重大管理层判断的领域

    D. 关键审计事项不属于与治理层沟通中的事项

12. 注册会计师拟在审计报告中增加强调事项段。对于这一事项，注册会计师应当与被审计单位适当人员进行沟通。下列属于适当人员的是（　　）。

    A. 财务副总　　　　　　　　　　B. 治理层

    C. 管理层　　　　　　　　　　　D. 审计总监

13. 针对下列提及的相关事项，注册会计师认为不需要考虑增加强调事项段的是（　　）。

    A. 异常诉讼或监管行动的未来结果存在不确定性

    B. 提前应用（在允许的情况下）对财务报表有广泛影响的新会计准则

    C. 存在已经或持续对被审计单位财务状况产生重大影响的特大灾难

    D. 对两套以上财务报表出具审计报告的情形

14. 下列关于审计证据的说法中错误的是（　　）。

    A. 审计证据包括构成财务报表基础的会计记录所含有的信息和其他信息

B. 会计记录中含有的信息本身并不足以提供充分的审计证据作为对财务报表发表审计意见的基础，注册会计师还应当获取用作审计证据的其他信息

C. 审计证据包括会计师事务所接受与保持客户时实施质量控制程序获取的信息

D. 注册会计师应当在每项审计工作中获取充分、适当的审计证据，以满足发表审计意见的要求

15. 下列选项中，通常不构成被审计单位年度报告的是（　　）。

　　A. 董事会报告

　　B. 内部控制自我评价报告

　　C. 高级管理人员保证年度报告不存在虚假记载的声明

　　D. 独立发布的产品责任报告

（二）多选题

1. 下列有关审计报告的作用的说法中正确的有（　　）。

　　A. 对被审计单位财务报表合法性、公允性发表意见

　　B. 提高或降低财务报表使用者对财务报表的信赖程度

　　C. 对审计工作质量和注册会计师的审计责任进行证明

　　D. 为财务报表使用者利用被审计单位的财务信息提供建议

2. 在形成审计意见时，注册会计师需要考虑的审计证据包括（　　）。

　　A. 所有的审计证据　　　　　　　　B. 所有相关的审计证据

　　C. 相互印证的审计证据　　　　　　D. 相互矛盾的审计证据

3. 非无保留意见审计报告包括（　　）。

　　A. 否定意见的审计报告

　　B. 带强调事项段的无保留意见审计报告

　　C. 无法表示意见的审计报告

　　D. 带强调事项段的保留意见审计报告

4. 下列关于注册会计师最终提供的审计报告意见类型的表述中正确的有（　　）。

　　A. 非无保留意见的审计报告　　　　B. 非标准审计报告

　　C. 无保留意见加其他事项段的审计报告

　　D. 带强调事项段的保留意见

5. 在确定关键审计事项时，注册会计师应当考虑的因素包括（　　）。

　　A. 评估的重大错报风险较高的领域　　B. 识别出的特别风险

　　C. 与财务报表中涉及重大管理层判断的领域相关的重大审计判断

　　D. 当期重大交易或事项对审计的影响

6. 注册会计师在确定哪些事项属于重点关注过的事项时，需要特别考虑的事项包括（　　）。

　　A. 评估的重大错报风险较高的领域或识别出的特别风险

　　B. 与财务报表中涉及重大管理层判断（包括被认为具有高度估计不确定性的会计估计）的领域相关的重大审计判断

　　C. 当期重大交易或事项对审计的影响

D. 以前期间交易或事项对本次审计可能产生的影响

7. 在审计报告中沟通关键审计事项并不能代替（　　　）。

A. 适用的财务报告编制基础要求管理层在财务报表中做出的披露

B. 就单一事项单独发表的意见

C. 注册会计师按照规定，根据审计业务的具体情况发表非无保留意见

D. 当可能导致对被审计单位持续经营能力产生重大疑虑的事项或情况存在重大不确定性时，注册会计师按照规定进行报告

8. 在审计报告中发表非无保留意见的情形包括（　　　）。

A. 财务报表中存在错报

B. 根据获取的审计证据得出财务报表整体存在重大错报的结论

C. 注册会计师对被审计单位的一项异常诉讼未来结果存在不确定性

D. 注册会计师无法获取充分、适当的审计证据，不能得出财务报表整体不存在重大错报的结论

9. 注册会计师在审计中遇到下列情形，构成审计范围受到限制的是（　　　）。

A. 被审计单位的会计记录已被损坏

B. 注册会计师确定仅实施实质性程序是不充分的，但被审计单位的控制是无效的

C. 管理层阻止注册会计师实施存货监盘

D. 注册会计师接受审计委托的时间安排，使注册会计师无法实施存货监盘

10. 注册会计师应当在审计报告中发表非无保留意见的情形有（　　　）。

A. 根据获取的审计证据，得出财务报表整体存在重大错报的结论

B. 异常诉讼或监管行动的未来结果存在不确定性的情况下，被审计单位进行了充分披露

C. 无法获取充分、适当的审计证据，不能得出财务报表整体不存在重大错报的结论

D. 注册会计师需要对两套以上财务报表出具审计报告

11. 对财务报表的影响具有广泛性的情形有（　　　）。

A. 错报汇总起来大于重要性水平

B. 不限于对财务报表的特定要素、账户或项目产生影响

C. 虽然仅对财务报表的特定要素、账户或项目产生影响，但这些要素、账户或项目是或可能是财务报表的主要组成部分

D. 当与披露相关时，产生的影响对财务报表使用者理解财务报表至关重要

12. 注册会计师使用的下列措辞中属于否定意见特有的有（　　　）。

A. 由于……所述事项的重要性

B. 财务报表没有在所有重大方面按照适用的财务报告编制基础编制

C. 未能实现公允反映

D. 注册会计师无法获取充分、适当的审计证据为发表审计意见提供基础

13. 下列关于强调事项段的说法中正确的有（   ）。

    A. 与财务报表中的列报或披露相比，在强调事项段中包括过多的信息，可能隐含着这些事项未被恰当列报或披露。因此，强调事项段应当仅提及已在财务报表中列报或披露的信息

    B. 强调事项段的过多使用会降低注册会计师沟通所强调事项的有效性

    C. 提前应用（在允许的情况下）对财务报表有广泛影响的新会计准则时，需要添加强调事项段

    D. 注册会计师应当在强调事项段中指明，该段内容仅用于提醒财务报表使用者关注，并不影响已发表的审计意见

14. 根据对被审计单位持续经营能力的审计结论，注册会计师在判断应出具何种类型的审计报告时，下列说法中正确的有（   ）。

    A. 如果被审计单位运用持续经营假设适当但存在重大不确定性，且财务报表附注已做充分披露，注册会计师应当发表无保留意见，并在审计报告中增加强调事项段

    B. 如果存在多项对财务报表整体具有重要影响的重大不确定性，且财务报表附注已做充分披露，在极少数情况下，注册会计师可能认为发表无法表示意见是适当的

    C. 如果存在可能导致对被审计单位持续经营能力产生重大疑虑的事项和情况，且财务报表附注未做充分披露，注册会计师应当发表保留意见

    D. 如果管理层编制财务报表时运用持续经营假设不适当，注册会计师应当发表否定意见

15. 下列有关注册会计师对其他信息的责任的说法中错误的有（   ）。

    A. 注册会计师无须阅读与财务报表或注册会计师在审计中了解到的情况不相关的其他信息

    B. 当其他信息和财务报表之间存在重大不一致时，注册会计师应当要求管理层更正其他信息

    C. 当拒绝更正其他信息的重大错报导致对管理层和治理层的诚信产生怀疑并质疑审计证据总体上的可靠性时，注册会计师应当发表否定意见

    D. 对上市实体财务报表审计和上市实体以外其他被审计单位的财务报表审计，注册会计师对其他信息均不发表审计意见

（三）判断题

1. 审计报告按照其发表的意见的类型，分为公布目的的审计报告和非公布目的的审计报告。（   ）

2. 审计报告的标题可以写成"A 股份有限公司的审计报告"。（   ）

3. 形成审计意见基础应该紧接着审计意见部分之后。（   ）

4. 注册会计师的签名要双签。（   ）

5. 审计报告的收件人一般为被审计单位管理层。（   ）

6. 未和治理层沟通过的事项也可以作为关键审计事项。（   ）

7. 关键审计事项是指注册会计师根据职业判断认为对当期财务报表审计最为重要的事项。（   ）

8. 当注册会计师无法获取充分适当的审计证据并且具有广泛性的时候，注册会计师应该出具保留意见的审计报告。　　　　　　　　　　　　　　（　　）

9. 强调事项段是指审计报告中含有一个段落，该段落提及未在财务报表中恰当列报或披露的事项，根据注册会计师的职业判断，该事项对财务报表使用者理解财务报表至关重要。　　　　　　　　　　　　　　　　　　　　　　　　（　　）

10. 其他事项段是指审计报告中含有一个段落，该段落提及未在财务报表中恰当列报或披露的事项，根据注册会计师的职业判断，该事项对财务报表使用者理解财务报表至关重要。　　　　　　　　　　　　　　　　　　　　　　　　　（　　）

（四）简答题

1. 大华会计师事务所于 2015 年 12 月 30 日接受了 ABC 股份有限公司（以下简称 "ABC 公司"）的审计委托，该公司注册资本为 2 000 万元，审计前会计报表的资产总额为 5 000 万元

大华会计师事务所委派该所注册会计师 A 和 B 共同承担 ABC 公司的审计业务。他们在计划阶段确定的重要性水平为 90 万元，而在完成阶段确定的重要性水平为 100 万元。注册会计师 A 和 B 于 2016 年 2 月 15 日完成了对 ABC 公司 2015 年 12 月 31 日资产负债表及该年度的利润表、现金流量表的外勤审计工作，在复核工作底稿时，发现以下需要考虑的事项：

（1）由于该公司一幢建于 1970 年、原值 200 万元、预计使用年限为 50 年、已提折旧 136 万元的办公大楼因为未经核实的原因出现裂缝，经过专家鉴定后将预计使用年限改为 40 年，决定从 2015 年起改变年折旧率，该公司已在 2015 年年末报表中做相应披露。

（2）该公司在国外一家联营企业内据称有 675 000 元的长期投资，投资收益为 365 000 元，这些金额已列入 2015 年的净收益中，但注册会计师 A 和 B 未能取得上述联营企业经审计的会计报表。受该公司记录性质的限制，注册会计师 A 和 B 也未能采取其他程序查明此项长期投资和投资收益的金额是否属实。

（3）该公司全部存货占资产总额的 50% 以上，放置于邻近单位仓库内。由于此仓库倒塌尚未清理完毕，注册会计师 A 和 B 不仅无法估计损失，也无法实施监盘程序。

（4）由于存货使用受到仓库倒塌的限制，该公司正常业务受到严重影响，因此无力支付 2016 年 4 月 10 日即将到期的 150 万元债务。这一情况已在财务报表附注中进行了充分、适当的披露。

（5）2015 年 11 月，ABC 公司被控侵犯专利权，对方要求收取专利权费及罚款 200 万元，ABC 公司已提出辩护。此案正在审理之中，最终结果无法确定。

（6）由于财务困难，ABC 公司没有预付下年度的 15 万元广告费。

（7）注册会计师 A 和 B 从 ABC 公司职员处了解到，该公司在 2016 年 5 月将进行大规模人事变动。

要求：逐一分析上述七种情况，分别对每种情况指出应出具的审计报告类型，并简要说明理由，将答案填入表 16-1。

表 16-1　审计报告类型及原因

标号	审计报告类型	简明原因
（1）		
（2）		
（3）		
（4）		
（5）		
（6）		
（7）		

2. XYZ 会计师事务所的 A 注册会计师负责审计多家上市公司 2022 年度财务报表，遇到下列与审计报告相关的事项：

（1）甲公司大量债务出现逾期，存在偿债压力。管理层在财务报表附注中披露了关联方提供补充资金支持的应对措施。A 注册会计师认为，甲公司运用持续经营假设适当，拟发表无保留意见，并增加"与持续经营相关的重大不确定性"的单独部分，对甲公司尚未与主要债权人就偿还方案达成和解而导致的重大不确定性作出披露。

（2）乙公司 2022 年年末预付款项余额重大，多数并无实际货物采购入库。A 注册会计师实施了函证、检查以及访谈等程序，但仍无法判断交易对方是否与乙公司存在关联方关系。因该事项已作为审计工作中遇到的重大困难与治理层沟通，A 注册会计师拟在审计报告的关键审计事项部分进行沟通。

（3）丙公司外购的某重要子公司关键技术人员离职，重大合同收入确认存在不确定性，与业绩对赌方产生纠纷，管理层拒绝提供相关财务和业务信息。A 注册会计师拟在无法表示意见的审计报告中增加其他事项段，解释不能解除业务约定的原因。

（4）丁公司为其控股股东及关联方借款担保，担保事项已全部进入诉讼程序。A 注册会计师将该事项识别为关键审计事项。因丁公司未在财务报表附注中披露可能需要承担的担保损失金额，A 注册会计师拟在审计报告的关键审计事项部分进行补充说明。

（5）戊公司未按照会计准则的规定采用净额法确认代销收入，同时未能提供与商誉等长期资产减值测试相关的财务资料及预测资料。A 注册会计师拟对戊公司财务报表发表无法表示意见，无须在审计报告中另行披露注意到的与收入确认相关的重大错报。

（6）己公司无法确定于 2022 年度新收购的子公司可辨认净资产的公允价值，未将该子公司纳入合并范围。A 注册会计师拟对己公司财务报表发表否定意见，并在审计报告的其他信息部分说明，由于年度报告中的相关金额或其他项目受到未合并该子公司的影响，其他信息存在重大错报。

要求：针对上述第（1）至（6）项，逐项指出 A 注册会计师的做法是否恰当。如不恰当，简要说明理由。

五、案　例

世界七大审计失败案例①

我们都不会忘记这样的事件：一度稳居世界 500 强前五名的安然公司轰然倒地，而当时世界上最大的会计师事务所安达信会计师事务所也因为安然公司造假而荣誉尽毁。审计失败是因为没有遵守审计准则的要求而出具了错误的审计意见。没有遵守包括没有完全遵守与完全没有遵守，"没有完全遵守"对应着普通过失，"完全没有遵守"对应着重大过失。如果报表存在重大错报，注册会计师没有遵守审计准则的要求而出具了错误的审计意见，这就构成了审计失败。

1. 安然事件

2001 年 12 月 2 日，世界上最大的天然气和能源批发交易商、资产规模达 498 亿美元（1 美元约合 7.0 元人民币，下同）的美国安然公司突然向美国纽约破产法院申请破产保护，该案成为美国历史上最大的一宗破产案。安然公司可谓声名显赫，其 2000 年总收入高达 1 008 亿美元，名列《财富》杂志"美国 500 强"第七位、"世界 500 强"第十六位，连续 4 年获得《财富》杂志授予的"美国最具创新精神的公司"称号。这样一个能源巨头竟然在一夜之间轰然倒塌，这在美国引起极大震动，其原因与影响更为令人深思。

（1）安然公司财务造假采取的方式是：利用资本重组，形成庞大而复杂的企业组织，通过错综复杂的关联交易虚构利润，利用财务制度上的漏洞隐藏债务。

（2）审计问题：安达信会计师事务所明知安然公司存在财务造假的情况而没有予以披露；安达信会计师事务所承接的安然公司的业务存在利益冲突；安然公司财务主管人员与安达信会计师事务所存在利害关系；销毁文件，妨碍司法调查。

① 审计君. 盘点世界八大审计失败案例——分析过程、角色和启示［EB/OL］.（2017-11-10）［2020-05-30］.sohu.com/a/203581131_195977.

（3）启示：安然公司的崩溃不只是一个公司垮台的问题，它是一个制度的瓦解。这一制度的失败不是因为疏忽大意或机制不健全，而是因为腐朽。安然事件表明，用于制止内部人滥用职权的检查和约束机制没有一项有效，而本应执行独立审计的注册会计师却做出了妥协让步。

2. 银广夏事件

2001 年 8 月，《财经》杂志发表《银广夏陷阱》一文，银广夏虚构财务报表事件被曝光。

2002 年 5 月，中国证监会对银广夏的行政处罚决定书认定，该公司自 1998 年至 2001 年累计虚增利润 77 156.70 万元。从原料购进到生产、销售、出口等环节，该公司伪造了全部单据，包括销售合同和发票、银行票据、海关出口报关单和所得税免税文件。

（1）银广夏财务造假采取的方式是：银广夏编制合并报表时，未抵销与子公司之间的关联交易，也未按股权协议的比例合并子公司，从而虚增巨额资产和利润。

注册会计师未能有效执行应收账款函证程序，在审计过程中，将所有询证函交由银广夏发出，而并未要求银广夏债务人将回函直接寄达注册会计师处。

（2）审计问题：注册会计师未有效执行分析性测试程序，如对银广夏在 2000 年主营业务收入大幅增长的同时生产用电的电费却反而降低的情况竟没有发现或报告。一些审计项目负责人由非注册会计师担任，审计人员普遍缺乏外贸业务知识，不具备专业胜任能力，严重违反《独立审计基本准则》和《独立审计具体准则第 3 号——审计计划》的相关要求。对于不符合国家税法规定的异常增值税及所得税政策披露情况，审计人员没有予以应有关注。

（3）启示：注册会计师必须提高自身的业务素质，保持职业谨慎态度。对于注册会计师外部而言，社会各界应共同努力改善注册会计师的审计环境，加强对会计师事务所的审核和对注册会计师能力的考查。

3. 蓝田事件

与银广夏"异曲同工"的是，曾以"老牌绩优股"著称的蓝田股份使用的同样是编造业绩神话的伎俩。银广夏所鼓吹的生物萃取不过是画饼充饥，而蓝田股份的鱼塘奇迹无异于痴人说梦。1996 年 6 月 18 日，蓝田股份在上海证券交易所上市。1999 年 10 月，中国证监会处罚蓝田股份数项上市违规行为。2001 年 10 月 26 日，中央财经大学教授刘姝威在《金融内参》发表 600 字短文揭露了蓝田股份的造假丑闻，此后蓝田股份贷款资金链条断裂。2002 年 1 月，因涉嫌提供虚假财务信息，蓝田股份董事长等 10 名中高层管理人员被拘传接受调查。2002 年 3 月，蓝田股份被实行特别处理，股票变更为"ST 生态"。2002 年 5 月 13 日，"ST 生态"因连续 3 年亏损，暂停上市。2003 年 1 月 8 日，"ST 生态"复牌上市。

（1）蓝田股份财务造假采取的方式是：蓝田股份 12.7 亿元农副水产品收入有造假嫌疑，其资产结构是虚假的。

（2）审计问题：审计主体方面的原因，审计人员的过失行为；审计对象、范围的拓展，致使审计风险增大，审计失败的概率提高；被审计单位会计报表表述不实，增大了审计风险。

（3）启示：审计人员提升自身的业务能力，尤其是具备现代化的审计业务能力是规避审计失败的基本前提。完善公司治理结构，尤其是创造良好的审计人员执业环境是规避审计失败的基本条件。加大行业监督与指导力度，尤其是加大对审计人员败德行为的惩罚力度是规避审计失败的重要措施。谨慎选择被审计单位，尤其不要承接审计部门能力所不能承担的审计事项是规避审计失败的重要步骤。

4. 世通事件

世界通信公司（简称"世通公司"）是美国第二大长途电话公司，名列"世界50大企业"，拥有 8.5 万名员工，业务遍及 65 个国家和地区。

2002 年 4 月，世通公司曝出特大财务丑闻，涉及金额达 110 亿美元。2002 年 7 月，纽约地方法院宣布，世通公司正式向法院申请破产保护，以 1 070 多亿美元的资产、410 亿美元的债务创下了美国破产案的历史纪录。该事件造成 2 万名世通公司员工失业，并失去所有保险及养老金保障。

（1）世通公司财务造假采取的方式是：美国证券交易委员会公布的最终调查资料显示，1999—2001 年，世通公司虚构的销售收入达 90 多亿美元；通过滥用准备金科目，利用以前年度计提的各种准备金冲销成本，以夸大对外报告的利润，涉及的金额达到 16.35 亿美元；将 38.52 亿美元经营费用单列于资本支出中；加上其他一些类似手法，世通公司 2000 年的财务报表有了营业收入增加 239 亿美元的亮点。

（2）审计问题：注册会计师缺乏形式上的独立性，未能保持应有的职业审慎和职业怀疑，编制审计计划前没有对世通公司的会计程序进行充分了解，没有获取足以支持其审计意见的直接审计证据。

（3）启示：重大审计失败的常见原因包括被审计单位内部控制失效或高管人员逾越内部控制，注册会计师与被审计单位共同舞弊，缺乏独立性，没有保持应有的职业审慎和职业怀疑。尽管世通公司存在前所未有的财务舞弊，其财务报表严重歪曲事实，但安达信会计师事务所至少从 1999 年起一直为世通公司出具无保留意见的审计报告。安达信会计师事务所对世通公司的财务舞弊负有不可推卸的重大过失审计责任。安达信会计师事务所对世通公司的审计，将是一项可载入史册的典型的重大审计失败案例。

5. 山登事件

山登公司主要从事旅游服务、房地产服务和联盟营销三大业务。舞弊丑闻曝光前，山登公司拥有 35 000 名员工，经营业务遍布 100 多个国家和地区，年度营业收入达 50 多亿美元。1999 年 12 月 7 日，美国新泽西州法院判令山登公司向其股东支付 28.3 亿美元的赔款。这项判决创下了证券欺诈赔偿金额的世界纪录，比 1994 年培基证券公司向投资者支付的 15 亿美元赔款几乎翻了一番。1999 年 12 月 17 日，负责山登公司审计的安永会计师事务所同意向山登公司的股东支付 3.35 亿美元的赔款，也创下了审计失败的最高赔偿纪录。至此，卷入舞弊丑闻的山登公司及其审计师共向投资者赔偿了近 32 亿美元。

（1）山登公司财务造假采取的方式是：利用"高层调整"，大肆篡改季度报表；无端转回合并准备，虚构当期收益；任意注销资产，减少折旧和摊销；随意改变收入确认标准，夸大会员费收入；蓄意隐瞒会员退会情况，低估会员资格准备；综合运用其他舞弊伎俩，编造虚假会计信息。通过上述造假手段，山登公司在 1995—1997 年共虚构了 15.77 亿美元的营业收入、超过 5 亿美元的利润总额和 4.39 亿美元的净利润，虚假净利润占对外报告净利润的 56%。

（2）启示：实质独立固然重要，形式独立也不可偏废；密切的客户关系既可提高审计效率，也可能导致审计失败。

6. 南方保健事件

2003 年 3 月 18 日，美国最大的医疗保健公司——南方保健公司财务造假丑闻败露。该公司在 1997—2002 年上半年虚构了 24.69 亿美元的利润，虚假利润相当于该期间实际利润（－1 000 万美元）的 247 倍。这是《萨班斯-奥克斯利法案》出台后，美国上市公司曝光的第一大舞弊案，倍受各界瞩目。

（1）南方保健公司财务造假采取的方式是：通过"契约调整"这一收入备抵账户进行利润操纵。南方保健的高管人员通过毫无根据地贷记"契约调整"账户，虚增收入，蓄意调节利润。为了不使虚增的收入露出破绽，南方保健公司又专门设立了"AP 汇总"这一科目以配合收入的调整。

（2）审计问题：安永会计师事务所忽略了若干财务预警信号，注册会计师未保持审慎态度。

（3）启示：注册会计师恪尽应有的职业审慎是防范审计失败的关键，须警惕熟谙审计流程的舞弊分子对重要性水平的规避。独立性缺失是审计失败的万恶之源。

7. 奥林巴斯事件

安然帝国轰然倒塌十年后，相似的一幕再次上演了。奥林巴斯通过财务造假，在 20 年间掩盖了约 18 亿美元的损失，奥林巴斯事件成为日本历史上最严重的会计丑闻之一。大型企业财务丑闻的爆出，不仅动摇了日本企业的形象，也反映出其公司治理及审计监察等多方面的问题。

（1）奥林巴斯财务造假采取的方式是：泡沫经济导致理财亏损，海外设立投资基金收购亏损金融产品，通过溢价收购资产再冲减商誉来处理累计的损失。

（2）审计问题：毕马威会计师事务所未能及时发现奥林巴斯资产负债表外存在的损失，是由于被审单位做了很多巧妙的操作，这使得注册会计师无法掌握全部的信息。这一点与奥林巴斯事件调查报告的结论是一致的。毕马威会计师事务所未采取积极的函证方式与境外银行就资产抵押等事项进行确认，对于银行的未答复也没有进一步调查，这在当时的实务操作中是正常的，不需要因此而承担责任。这一点与奥林巴斯事件的调查报告的结论也是一致的。奥林巴斯事件调查报告认为，毕马威会计师事务所在与奥林巴斯存在重大分歧的情况下仍出具无保留意见审计报告，没有根据规定履行相应的提示义务，应该承担责任。奥林巴斯事件的调查报告认为，安永新日本会计师事务所没有对并购中的商誉部分进行详细核算，发现给中介机构的报酬也被计入商誉部分中，因此存在过失。关于更换会计师事务所这一点，奥林巴斯事件的调查委员会认为，两家会计师事务所应该知道是存在购买审计意见的可能性，但毕马威会计师事务所没有尽到提示义务，安永新日本会计师事务所也没有提出疑问和阻止奥林巴斯进行更换。

（3）启示：作为日本历史上最严重的财务丑闻之一，奥林巴斯事件不仅反映了该公司的一些缺陷问题，更引起了人们对会计制度和审计工作的反思。虽然其中部分是由于日本独特的文化和制度造成的，但对于尚不成熟的新兴市场国家来说，仍有很多值得警示的地方。第一，深化信息披露制度，落实监管工作；第二，加强内部控制，完善公司治理结构；第三，强化外部审计机构立场。

思考：（1）审计扮演了什么角色？

（2）内部审计为什么失效？

（3）审计委员会为什么缺乏独立性？

（4）外部审计师强制轮换为什么流于形式？

（5）为什么审计程序缺乏应有的职业谨慎？

（6）为什么合并报表的审计责任不明确？

六、参考文献

［1］张春鹏，蒋品洪. 在审计报告中沟通关键审计事项的探讨［J］. 商业会计，2017（13）：73-75.

［2］刘明辉，史德刚. 审计［M］. 大连：东北财经大学出版社，2017.

［3］傅胜，曲明. 审计习题与案例［M］. 大连：东北财经大学出版社，2017.

［4］中国注册会计师协会. 中国注册会计师执业准则应用指南2010［M］. 北京：中国财政经济出版社，2010.

［5］中国注册会计师协会. 审计［M］. 北京：中国财政经济出版社，2018.

第十七章
内部控制审计

- -

一、学习目标及要求

通过对本章的学习，学生应了解企业内部控制审计出现的背景，掌握企业内部控制审计的内容、具体程序和方法，掌握内部控制缺陷的认定，熟悉内部控制审计报告的类型及主要内容。

二、重要名词

1. 内部控制审计　　　　　　　　2. 整合审计
3. 自上而下的方法　　　　　　　4. 内部控制缺陷评价

三、重难点问题

1. 内部控制审计的概念与范围。
2. 内部控制审计与财务报表审计的联系和区别。
3. 注册会计师如何基于内部控制审计与财务报表审计的共同点，整合审计工作以同时实现内部控制审计和财务报表审计的目标。
4. 注册会计师如何区分财务报告内部控制和非财务报告内部控制。
5. 内部控制审计与企业内部控制自我评价之间的关系。

四、练习题

（一）单选题

1. 下列有关内部控制审计范围的说法中正确的是（　　　）。
   - A. 财务报告审计涉及的内部控制测试范围与内部控制审计中的测试范围相同
   - B. 针对非财务报告内部控制，注册会计师对注意到的非财务报告内部控制，在审计报告中增加"非财务报告内部控制缺陷描述段"予以披露
   - C. 针对财务报告内部控制，注册会计师对其有效性发表审计意见
   - D. 针对企业内部控制，注册会计师对其有效性发表审计意见
2. 下列各项中不属于业务流程、应用系统或交易层面的内部控制的是（　　　）。
   - A. 对接触计算机程序和数据文档设置授权
   - B. 复核和调节　　　　　　　　C. 授权与审批
   - D. 对内部信息传递和期末财务报告流程的控制

3. 在内部控制审计中，下列有关计划审计工作的说法中错误的是（　　）。

    A. 注册会计师应当了解被审计单位本期内部控制发生的变化及变化的程度，从而相应地调整审计计划

    B. 注册会计师应当对所有存在控制缺陷的领域进行测试

    C. 对于内部控制可能存在重大缺陷的领域，注册会计师应当在接近内部控制评价基准日的时间测试内部控制

    D. 内部控制的特定领域存在重大缺陷的风险越高，注册会计师所需获取的审计证据的客观性、可靠性越强

4. 在内部控制审计中，注册会计师计划审计工作时应当考虑的事项不包括（　　）。

    A. 被审计单位未来发展目标

    B. 重要性、风险等与确定内部控制重大缺陷相关的因素

    C. 相关法律法规和行业概况　　　　　　D. 与企业相关的风险

5. 下列各项中不属于注册会计师应在总体审计策略中体现的内容的是（　　）。

    A. 明确审计业务的报告目标

    B. 考虑用以指导项目组工作方向的重要因素

    C. 了解和识别内部控制的程序的性质、时间安排和范围

    D. 确定执行业务所需资源的性质、时间安排和范围

6. 不同的企业层面控制在性质和精确度上存在差异，注册会计师评价这些差异对其他控制及其测试的影响时，不需要考虑的是（　　）。

    A. 有些企业层面控制可能影响注册会计师拟测试的其他控制

    B. 企业层面控制可能本身足以精确到及时防止或发现一个或多个相关认定中存在的重大错报

    C. 某些企业层面控制有效时，注册会计师可能可以减少原本拟对其他控制的有效性进行的测试

    D. 企业层面控制不影响注册会计师对其他控制所执行程序的性质、时间安排和范围

7. 注册会计师执行内部控制审计时，下列有关选择拟测试的控制的说法中错误的是（　　）。

    A. 注册会计师为了评价内部控制的有效性而测试的控制与企业管理层在执行内部控制自我评价时选择测试的控制是一致的

    B. 注册会计师没有必要测试与某项相关认定有关的所有控制

    C. 注册会计师无须测试那些即使有缺陷也合理预期不会导致财务报表重大错报的控制

    D. 如果企业层面的控制是有效的且得到精确执行，能够及时防止或发现并纠正一个或多个认定的重大错报，注册会计师可能不必就所有流程、交易或应用层面的控制的运行有效性获取审计证据

8. 下列关于在内部控制审计中识别重要账户、列报及其相关认定的说法中错误的是（　　）。

A. 注册会计师在确定重要性水平之后，应当识别重要账户、列报及其相关认定

B. 在识别重要账户、列报及其相关认定时，注册会计师应当从定性和定量两个方面做出评价，但是不需要考虑舞弊风险的影响

C. 超过财务报表整体重要性的账户，通常情况下被认定为重要账户

D. 注册会计师识别重要账户、列报及其相关认定时应当评价的风险因素与财务报表审计中考虑的因素相同

9. 注册会计师执行内部控制审计时，下列有关穿行测试的说法中错误的是（   ）。

A. 如果注册会计师首次接受委托执行内部控制审计，通常预期会对重要流程实施穿行测试

B. 如果被审计单位采用集中化的系统为多个组成部分执行重要流程，则应当在每个重要的经营场所或业务单位选取一笔交易或事项实施穿行测试

C. 穿行测试是一种评估设计有效性的有效方法

D. 注册会计师应当使用与被审计单位人员使用的相同的文件和信息技术对业务流程实施穿行测试

10. 如果注册会计师在出具审计报告时审计范围受到限制，则注册会计师的下列做法中恰当的是（   ）。

A. 出具否定意见审计报告   B. 出具保留意见审计报告

C. 在审计报告中增加强调事项段   D. 解除业务约定

（二）多选题

1. 下列有关整合审计的说法中正确的有（   ）。

A. 注册会计师应当重点关注可能直接影响财务报表金额与披露的法律法规

B. 注册会计师控制测试涵盖的期间应尽量与财务报表审计中拟信赖内部控制的期间保持一致

C. 在将期中测试结果前推至基准日时，注册会计师应当考虑基于对控制的依赖程度拟减少进一步实质性程序的程度

D. 注册会计师在完成内部控制审计和财务报表审计后，应当分别对内部控制和财务报表出具审计报告，并签署不同的日期

2. 下列各项中有关内部控制及内部控制审计的说法中正确的有（   ）。

A. 内部控制的目标是绝对保证企业经营管理合法合规

B. 内部控制审计包括财务报告内部控制审计和非财务报告内部控制审计

C. 内部控制是由企业董事会、监事会、经理层和全体员工实施的

D. 注册会计师对被审计单位所有的内部控制发表审计意见，包括非财务报告内部控制

3. 从注册会计师的角度看，在进行财务报告内部控制审计时，主要关注的企业层面内部控制包括（   ）。

A. 与控制环境相关的控制   B. 针对关联方交易的控制

C. 针对重大非常规交易的控制   D. 监督其他控制的控制

4. 在计划审计工作时，注册会计师应当考虑的事项包括（　　）。

    A. 相关法律法规和行业概况

    B. 重要性、风险等与确定内部控制重大缺陷相关的因素

    C. 企业组织结构

    D. 企业内部控制最近发生变化的程度

5. 下列有关注册会计师选择拟测试的控制的说法中错误的有（　　）。

    A. 注册会计师应当针对每一相关认定获取控制有效性的审计证据，以便对每一项内部控制的有效性发表意见

    B. 企业管理层在执行内部控制自我评价时选择测试的控制的决定不影响注册会计师的控制测试决策

    C. 在确定是否测试某项控制时，注册会计师应当考虑该项控制单独或连同其他控制，是否足以应对评估的某项相关认定的错报风险，而不论该项控制的分类和名称如何

    D. 选取关键控制需要注册会计师做出职业判断，注册会计师需要测试那些有缺陷但合理预期不会导致财务报表重大错报的控制

6. 如果在测试内部控制有效性时发现控制偏差，注册会计师应当确定对（　　）的影响。

    A. 实质性程序的结论   B. 控制运行有效性的结论

    C. 需要获取的审计证据   D. 与所测试控制相关的风险的评估

7. 一般而言，针对凌驾风险采用的控制可以包括（　　）。

    A. 针对重大的异常交易的控制   B. 针对关联方交易的控制

    C. 能够减弱管理层伪造或不恰当操纵财务结果的动机及压力的控制

    D. 期末财务报告流程中运用信息技术的程度

8. 注册会计师通过设计一系列关于控制目标是否实现的问题，从而确认某项业务流程中需要加以控制的环节。为实现某项审计目标而设计问题的数量，取决于（　　）。

    A. 业务流程的复杂程度

    B. 业务流程中数据生成、转移或被转换

    C. 业务流程中发生错报而未能被发现的概率

    D. 是否存在一种具有实效的总体控制来实现控制目标

9. 下列有关控制缺陷的严重程度的说法中正确的有（　　）。

    A. 控制缺陷的严重程度与错报是否发生无关

    B. 在计划和实施审计工作时，注册会计师应当寻找单独或组合起来不构成重大缺陷的控制缺陷

    C. 控制缺陷的严重程度取决于控制不能防止或发现并纠正错报的可能性大小

    D. 注册会计师应当评价其识别的各项控制缺陷的严重程度是否构成重要缺陷

10. 当注册会计师拟出具无法表示意见的审计报告时，如果已执行的有限程序使其认为内部控制存在重大缺陷，审计报告应当包括（　　）。

　　A. 对识别出的重大缺陷的描述　　　　B. 重大缺陷的定义

　　C. 重大缺陷的性质

　　D. 重大缺陷在存在期间对企业编制的财务报表产生的实际和潜在影响等信息

（三）判断题

1. 与控制相关的风险包括一项控制可能无效的风险以及如果该控制无效，可能导致重大缺陷的风险。　　　　　　　　　　　　　　　　　　　　　（　　）

2. 执行重新执行程序一般不必选取大量的项目，也不必特意选取金额重大的项目进行测试。　　　　　　　　　　　　　　　　　　　　　　　　　　（　　）

3. 如果注册会计师在期中对重要的信息技术一般控制实施了测试，则通常不需要对其实施前推程序。　　　　　　　　　　　　　　　　　　　　　　（　　）

4. 如果被审计单位利用第三方的帮助完成一些财务报告工作，注册会计师在评价负责财务报告及相关控制的人员的专业胜任能力时，可以一并考虑第三方的专业胜任能力。　　　　　　　　　　　　　　　　　　　　　　　　　　　　（　　）

5. 对控制有效性测试的实施时间越接近基准日，提供的控制有效性的审计证据越有力。　　　　　　　　　　　　　　　　　　　　　　　　　　　　（　　）

6. 对于内部控制审计业务，注册会计师应当获取的是内部控制在基准日这一天内部控制运行有效性的审计证据。　　　　　　　　　　　　　　　　　　（　　）

7. 对控制有效性的测试涵盖的期间越长，提供的控制有效性的审计证据越多。
　　　　　　　　　　　　　　　　　　　　　　　　　　　　　　　　（　　）

8. 与所测试控制相关的风险越高，注册会计师获取的审计证据越需要接近基准日。　　　　　　　　　　　　　　　　　　　　　　　　　　　　　　（　　）

9. 控制环境包括治理职能和管理职能以及治理层和管理层对内部控制及其重要性的态度、认识和行动。　　　　　　　　　　　　　　　　　　　　　　（　　）

10. 在进行内部控制审计时，注册会计师可以首先考虑内部控制是否得到执行，然后了解控制环境的各个要素。　　　　　　　　　　　　　　　　　　（　　）

11. 良好的控制环境是实施有效内部控制的基础。　　　　　　　　　（　　）

（四）简答题

1. 甲公司聘请 ABC 会计师事务所的 A 注册会计师担任甲公司 2019 年内部控制审计的项目合伙人。相关情况如下：

（1）A 注册会计师认为内部控制审计的审计意见覆盖范围是财务报告和非财务报告内部控制的有效性。

（2）A 注册会计师认为内部控制审计是测试特定基准日内部控制的有效性，拟仅对基准日这一天的内部控制进行测试。

（3）A 注册会计师在充分考虑了控制的影响后识别了重要账户、列报及其相关认定。

（4）A 注册会计师根据执行财务报表审计时采用的方式识别了重要账户、列报及其相关认定。

（5）A 注册会计师认为如果多项控制能够实现同一目标，注册会计师不必了解与该目标相关的每一项控制。

（6）甲公司在基准日前对存在缺陷的控制进行了整改，A 注册会计师检查后确认整改当天控制运行有效，得出了内部控制有效的结论。

要求：针对上述第（1）至（6）项，假定不考虑其他条件，逐项指出 A 注册会计师的做法是否恰当。如不恰当，简要说明理由。

2. ABC 会计师事务所接受甲公司 2019 年内部控制审计业务委托，委派 A 注册会计师担任项目合伙人。相关情况如下：

（1）A 注册会计师在识别重要账户、列报及其相关认定时从定性和定量两个角度进行了考虑。

（2）A 注册会计师发现一项控制缺陷，因其存在补偿性控制未将其评价为重大缺陷。

（3）A 注册会计师在评价控制缺陷是否可能导致错报时，量化了错报发生的概率，并据此得出了控制缺陷不会导致错报的结论。

（4）被审计单位在基准日前对存在重大缺陷的内部控制进行了整改，但新控制尚没有运行足够长的时间，A 注册会计师将其视为内部控制在基准日存在重大缺陷。

（5）被审计单位某项财务报告内部控制存在重大缺陷且不存在审计范围受限，A 注册会计师据此对被审计单位财务报告内部控制发表了保留意见。

要求：针对上述第（1）至（5）项，假定不考虑其他条件，逐项指出 A 注册会计师的做法是否恰当。如不恰当，简要说明理由。

五、案 例

在神州长城（股票代码 000018）2018 年内部控制审计中，利安达会计师事务所（特殊普通合伙）注意到该公司的财务报告内部控制存在以下重大缺陷：

1. 收入成本核算不规范

神州长城在柬埔寨的某项目的有关索赔收入 113 万美元（折合人民币约 700 万

元）于 2018 年才得到甲方书面确认，但该公司 2017 年就确认该收入。根据该公司会计政策，索赔收入在取得甲方书面确认后才能确认为收入，该公司在未取得甲方书面确认的情况下，即确认相关索赔收入，收入核算与会计政策不符，该 700 万元收入确认存在跨期情况。

2. 内幕信息知情人登记管理不规范

神州长城在 2018 年筹划重大资产置入事项中制作了重大事项进程备忘录，但备忘录显示的参与和知悉人员都未在备忘录上签名确认。此举违反了《关于上市公司建立内幕信息知情人登记管理制度的规定》第六条、第十条的规定。

3. 募集资金管理不规范

（1）募集资金超额使用未纠正、未及时披露。神州长城第七届董事会第三十五次会议和第七届监事会第二十三次会议审议通过了《关于使用部分闲置募集资金暂时补充流动资金的议案》，同意使用闲置募集资金 13 900 万元暂时补充流动资金。经检查，该公司募集资金账户于 2018 年 10 月 25 日被法院划扣 510 万余元，致使该公司实际使用补充流动资金总额超过已批准的补充流动资金额度 32.73 万元。对上述事项，该公司未纠正、未及时进行公告，违反了《关于进一步规范上市公司募集资金使用的通知》《上市公司监管指引第 2 号——上市公司募集资金管理和使用的监管要求》等规定的要求。

（2）募集资金管理制度不健全。神州长城的募集资金使用管理制度未涉及违规使用募集资金的责任追究机制，对募集资金使用的分级审批权限、决策程序、风险控制措施等规定不明确，不符合《上市公司监管指引第 2 号——上市公司募集资金管理和使用的监管要求》第三条的规定。

4. 未经审批处置公司资产

2017 年 12 月 14 日，神州长城全资子公司神州长城国际工程有限公司（简称"国际工程公司"）与深圳前海石泓商业保理有限公司签订了无追索权国内保理业务合同，对国际工程公司的应收账款办理无追索权保理业务。根据《公司章程》的规定，办理该保理业务属于董事会决策权限范围。该公司办理该保理业务时，未经董事会审议批准。

5. 资金管理不规范

（1）对外提供财务资助审批滞后。2016—2017 年，神州长城全资子公司神州长城国际工程有限公司与北京安鲁莱森建筑材料有限公司、北京宏大广发建筑劳务有限责任公司、北京普亚建筑装饰工程有限公司（以下合称"三家被资助公司"）发生多笔贷款受托支付业务。上述事项未经董事会审批。该公司于 2019 年 4 月 12 日召开第八届董事会第六次会议，审议通过了《关于补充审议对外提供财务资助事项的议案》。

（2）对部分银行存款失去控制。注册会计师查验期末银行存款及资金流水时发现，神州长城无法提供部分银行账户资产负债表日的银行存款余额及审计期间的银行对账单，未能对部分银行存款实施有效管控，确保资金安全。

（3）资金筹措问题。神州长城资金紧张，多笔借款逾期并引起诉讼，但该公司应收账款、其他应收款余额仍较大，该公司对往来款项的催收力度不佳。

6. 税务管理不规范

2018 年 12 月 7 日，国家税务总局北京市通州区税务局第二税务所对神州长城子公司神州长城国际工程有限公司出具税务事项通知书，并经该公司自查，神州长城国际工程有限公司存在取得涉嫌虚开增值税普通发票等列支工程施工成本 4 293.13 万元，应调增应纳税所得额 643.97 万元。该公司税务管理不规范，缺乏发票管理等税务管理制度，造成违规列支工程施工成本。

7. 项目管理失控

因神州长城原因，子公司神州国际工程有限公司部分工程项目已停工。注册会计师在对该公司该项工程项目开展审计过程中，所实施的函证、访谈等程序未能获取满意的审计证据。由于神州长城未能提供完整的外部资料，注册会计师无法实施进一步的审计程序或替代审计程序获取充分、适当的审计证据。

思考：神州长城 2018 年财务报表审计意见是什么？内部控制审计与财务报表审计有哪些共同点和区别？

六、参考文献

中国注册会计师协会. 审计 [M]. 北京：中国财政经济出版社，2019.

附录
练习题参考答案

- -

第一章 审计概述参考答案

一、单选题

1. 【正确答案】B

【答案解析】预期使用者是指预期使用审计报告和财务报表的组织或人员，由于审计意见有利于提高财务报表的可信性，有可能对管理层有用，因此在这种情况下，管理层也会成为预期使用者之一，但不是唯一的预期使用者。选项 B 不恰当。

2. 【正确答案】A

【答案解析】选项 A 不正确。注册会计师审计会降低财务信息的风险，但受各种因素的限制，注册会计师审计不可能消除所有重大错报。

3. 【正确答案】D

【答案解析】合理保证的目标是将审计业务风险降至具体业务环境下可接受的低水平，有限保证的目标是将审阅业务风险降至具体业务环境下可接受的水平。选项 A 错误。合理保证的审计业务运用各种审计程序，获取充分、适当的证据，有限保证的审阅业务主要采用询问和分析程序获取证据。选项 B 错误。由于有限保证的审阅业务的证据收集程序在上述方面受到有意识的限制，因此其检查风险高于合理保证的鉴证业务。相应地，有限保证的审阅业务的风险水平高于合理保证的鉴证业务的风险水平。选项 C 错误。

4. 【正确答案】D

【答案解析】由于审计的固有限制，注册会计师只对财务报表是否不存在由于错误和舞弊导致的重大错报获取合理保证，而不能保证查出被审计单位的所有重要舞弊。选项 D 不正确。

5. 【正确答案】C

【答案解析】注册会计师只能对财务报表是否不存在由舞弊或错误导致的重大错报获取合理保证，而不是绝对保证。选项 C 错误。

6. 【正确答案】B

【答案解析】选项 A、选项 C、选项 D 属于相关服务，不属于鉴证业务。

7. 【正确答案】B

【答案解析】审计意见不是对被审计单位未来生存能力或管理层经营效率、效果提供的保证。

8. 【正确答案】A

【答案解析】选项 A，注册会计师需要在整个审计过程中运用职业判断。

9. 【正确答案】D

【答案解析】所谓管理建议书，是指注册会计师在完成审计工作后，针对审计过程中已注意到的、可能导致被审计单位财务报表产生重大错误报告的缺陷（如内部控制重大缺陷等）提出的书面建议。现行审计准则要求，注册会计师对审计过程中注意到的内部控制重大缺陷，应当告知被审计单位管理当局，必要时可出具管理建议书。管理建议书并不是为了提高财务报表可信性而出具的。

10. 【正确答案】C

【答案解析】选项 C，应该保持警觉的情形为可能存在舞弊时。

二、多选题

1. 【正确答案】ACDE

【答案解析】审计要素包括审计业务的三方关系（注册会计师、被审计单位管理层、预期使用者）、财务报表（鉴证对象）、财务报表编制基础（标准）、审计证据以及审计报告。

2. 【正确答案】CD

【答案解析】审计可以用来有效满足那些与财务报表有重要和共同利益的主要利益相关者的需求。选项 A 错误。由于审计存在固有限制，注册会计师据以得出结论和形成审计意见的大多数审计证据是说服性的而非结论性的。选项 B 错误。

3. 【正确答案】ABC

【答案解析】审计业务以积极方式对财务报表整体发表审计意见，提供合理保证（高水平）；审阅业务以消极方式对财务报表整体发表审阅意见，提供有限保证（有意义水平）。选项 A 错误。审计业务所需证据的数量较多，审阅业务所需证据的数量较少。选项 B 错误。审计业务的检查风险较低，审阅业务的检查风险较高。选项 C 错误。

4. 【正确答案】ABCD

【答案解析】审计过程大致可分为接受业务委托、计划审计工作、评估重大错报风险、应对重大错报风险、编制审计报告几个阶段。

5. 【正确答案】AC

【答案解析】选项 B，审计的目的是改善财务报表的质量或内涵，对财务报表是否不存在重大错报获取合理保证，无论该重大错报是由错误导致还是由舞弊导致。选项 D，管理层也是财务报表的预期使用者。

6. 【正确答案】BD

【答案解析】评价职业判断是否适当主要基于下列两个方面：一是做出的判断是否反映了对审计和会计原则的适当运用（选项 D）；二是根据截至审计报告日注

册会计师知悉的事实和情况做出的判断是否适当，是否与这些事实和情况相一致（选项 B）。

7.【正确答案】BCD

【答案解析】选项 A 不是导致审计固有局限的原因，而是审计固有局限导致的结果。

8.【正确答案】ACD

【答案解析】选项 B，注册会计师不可以使用管理层声明代替应当获取的充分适当的证据。

9.【正确答案】ABCD

10.【正确答案】ABD

【答案解析】审计的固有限制源于：第一，财务报告的性质；第二，审计程序的性质；第三，在合理的时间内以合理的成本完成审计的需要。如果注册会计师缺乏专业知识和专业胜任能力，就不能承接该审计业务，这不属于审计的固有限制。选项 C 错误。

三、判断题

1.【正确答案】×

【答案解析】注册会计师应当针对财务报表在所有重大方面是否符合适当的财务报表编制基础发表审计意见。

2.【正确答案】√

3.【正确答案】×

【答案解析】财务报表审计不能减轻被审计单位管理层或治理层的责任。

4.【正确答案】√

5.【正确答案】√

6.【正确答案】×

【答案解析】注册会计师需要了解可能对财务报表产生重大影响的法律法规和对被审计单位的经营活动产生影响的法律法规，而非全部法律法规。

7.【正确答案】√

8.【正确答案】√

9.【正确答案】×

【答案解析】审计中的困难、时间或成本等事项本身不能作为注册会计师省略不可替代的审计程序或满足于说服力不足的审计证据的正当理由。

10.【正确答案】√

四、简答题

开放式问题不设固定答案。

155

第二章　我国审计职业规范参考答案

一、单选题

1. 【正确答案】A

【答案解析】审计准则、审阅准则以及相关服务准则都包括在业务准则中进行概括。注册会计师执业准则包括审计准则、审阅准则与其他鉴证业务准则、中国注册会计师相关服务准则以及计师事务所质量控制准则。

2. 【正确答案】A

【答案解析】在历史财务信息审计中，注册会计师要将审计风险降至该业务环境下可接受的低水平，对审计后的历史财务信息提供高水平保证（合理保证），在审计报告中对历史财务信息采用积极方式提出结论。

3. 【正确答案】B

【答案解析】对财务信息执行商定程序，不属于鉴证业务，没有保证程度一说。

4. 【正确答案】B

【答案解析】并不是所有的鉴证业务都有鉴证对象信息的，因此鉴证业务要素不包括鉴证对象信息，而包括的应该是鉴证对象。

5. 【正确答案】D

【答案解析】主任会计师对质量控制制度承担最终责任。

6. 【正确答案】B

【答案解析】选项 B 不准确。质量控制制度不仅对执行审计业务提出要求，同时对审阅业务、其他鉴证业务以及相关服务业务提出要求。

7. 【正确答案】D

【答案解析】选项 D 正确。选项 A、选项 B、选项 C 都属于审计项目合伙人指导、监督和复核的具体要求。

8. 【正确答案】B

【答案解析】选项 B 正确。绝大多数的审计问题都来源于不诚信客户，注册会计师应拒绝不诚信的客户，以降低审计业务风险。

9. 【正确答案】D

【答案解析】选项 D 正确。质量控制准则明确规定项目质量控制复核应在出具审计报告前完成。

10. 【正确答案】A

【答案解析】选项 A 不准确。匿名的投诉和指控更难调查与反馈，会计师事务所鼓励使用实名投诉和指控。

二、多选题

1. 【正确答案】AD

【答案解析】鉴证业务的保证程度分为合理保证和有限保证。合理保证的保证水平要高于有限保证的保证水平。

2.【正确答案】ABCD

【答案解析】预期使用者是指预期使用鉴证报告的组织或人员。责任方可能是预期使用者，但不是唯一的预期使用者。在注册会计师的鉴证业务中，属于"预期使用者"的有债权人、股东及潜在的投资者、证券交易机构、管理层等。

3.【正确答案】BCD

【答案解析】选项B、选项C、选项D是除责任方之外的预期使用者。选项A的管理层和治理层是责任方，虽然也是预期使用者，但注册会计师对鉴证对象信息提出结论不是为了提高管理层和治理层对鉴证对象信息的信任程度。

4.【正确答案】ABD

【答案解析】选项C不准确。同业互查和舆论宣传对行业监管有一定的强化作用，不能提高审计项目组人员素质和专业胜任能力。

5.【正确答案】ABD

【答案解析】标准或鉴证对象不适当可能会误导预期使用者。在承接业务后，如果发现标准或鉴证对象不适当，可能误导预期使用者，注册会计师应当视其重大与广泛程度，出具保留结论或否定结论的报告。标准或鉴证对象不适当还可能造成注册会计师的工作范围受到限制。在承接业务后，如果发现标准或鉴证对象不适当，造成工作范围受到限制，注册会计师应当视受到限制的重大与广泛程度，出具保留结论或无法提出结论的报告。在某些情况下，注册会计师应当考虑解除业务约定。

6.【正确答案】CD

【答案解析】会计师事务所实施质量控制制度的目标有二：一是合理保证会计师事务所及其人员遵守职业准则和适用的法律法规的规定（选项D）；二是合理保证会计师事务所和项目合伙人出具适合具体情况的报告（选项C）。

7.【正确答案】ABCD

【答案解析】审计项目组内部复核时应当考虑以下事项：第一，是否已按照执业准则和适用的法律法规的规定执行工作；第二，重大事项是否已提请进一步考虑（选项A）；第三，相关事项是否已进行适当咨询，由此形成的审计结论是否已得到记录和执行；第四，是否需要修改已执行审计工作的性质、时间安排和范围（选项B）；第五，已执行的工作是否支持形成的结论，并得以适当记录；第六，已获取的证据是否充分、适当以支持报告（选项D）；第七，业务程序的目标是否已实现（选项C）。

8.【正确答案】BCD

【答案解析】选项A错误。会计师事务所获取的独立性的书面确认函既可以是纸质的，也可以是电子形式的。

9.【正确答案】ACD

【答案解析】选项B错误。项目质量控制复核人应当由会计师事务所委派，不能由项目合伙人委派。

10.【正确答案】ABCD

【答案解析】会计师事务所可以考虑采取以下措施，持续改进项目质量控制复核：第一，开发广泛应用的项目质量控制复核培训课程（选项B），使项目质量控制复核人员在如何履行职责方面接受充分培训，并使项目组了解项目质量控制复核人员如何履行职责及其对项目组的期望以及在项目质量控制复核过程中咨询的可能类型；第二，根据会计师事务所的相关政策和程序，对项目质量控制复核人员的工作进行考核（选项C）；第三，定期召开项目质量控制复核人员会议（选项A），讨论如何加强复核工作，并在设计培训课程及相关政策和程序时考虑相关意见与建议；第四，汇编形成项目质量控制复核问题案例（选项D），以帮助项目质量控制复核人员向项目组提出适合具体情况的问题，评价项目组在具体业务中做出的重大判断和结论。

11.【正确答案】AD

【答案解析】中国注册会计师执业准则体系包括注册会计师业务准则（鉴证业务准则、相关服务准则）和会计师事务所质量管理准则（简称"质量管理准则"）。

12.【正确答案】ABCDE

【答案解析】执业准则的根本作用在于保证注册会计师的执业质量，维护社会经济秩序。此外，执业准则的制定、颁布和实施，对于增强社会公众对注册会计师职业的信任、合理区分客户管理层的责任和注册会计师责任、客观评价注册会计师执业质量、保护责任方及各利害关系人的合法权益以及推动审计理论的发展来说都有一定的作用。

三、判断题

1.【正确答案】×
2.【正确答案】√
3.【正确答案】√
4.【正确答案】√
5.【正确答案】×

四、简答题

（1）不恰当。A注册会计师没有行业经验和合伙人经验，缺乏判断能力，不能胜任审计合伙人。

（2）不恰当。项目质量控制复核人不应代替项目组进行决策。

（3）不恰当。A注册会计师应完整记录咨询事项和结果。

（4）不恰当。A注册会计师应追加实施审计程序，必要时应与治理层进行沟通。

（5）不恰当。项目合伙人应在出具报告之前复核审计工作底稿。

第三章　审计人员职业道德及法律责任参考答案

一、单选题

1.【正确答案】A

【答案解析】职业道德基本原则包括诚信、独立性、客观和公正、专业胜任能力和应有的关注、保密、良好职业行为。

2.【正确答案】D

【答案解析】在终止与客户或工作单位的关系之后，注册会计师仍然应当对在职业关系和商业关系中获知的信息保密。

3.【正确答案】B

【答案解析】注册会计师不应有下列行为：

①夸大宣传提供的服务、拥有的资质和获得的经验。

②贬低或无根据地比较其他注册会计师的工作。

4.【正确答案】D

【答案解析】选项 D 属于可能因外在压力导致不利影响。

5.【正确答案】C

【答案解析】选项 A，被审计单位赠送礼品和提供超出业务活动中正常往来的款待，注册会计师可能会因自身利益对职业道德基本原则产生不利影响。选项 B，注册会计师可能会因自身利益对职业道德基本原则产生不利影响。选项 D，外在压力对注册会计师职业道德基本原则产生不利影响。

6.【正确答案】A

【答案解析】注册会计师应当在业务期间和财务报表涵盖的期间独立于审计客户。

7.【正确答案】D

【答案解析】如果审计项目组成员或其主要近亲属，通过继承、馈赠或因合并而获得直接经济利益或重大间接经济利益，应当立即处置全部经济利益，或者处置全部直接经济利益并处置足够数量的间接经济利益，以使剩余经济利益不重大。

8.【正确答案】A

【答案解析】如果会计师事务所前任高级合伙人（管理合伙人或同等职位的人员）加入属于公众利益实体的审计客户，担任董事、高级管理人员或特定员工，会计师事务所将因外在压力产生不利影响。除非该高级合伙人离职已超过 12 个月，否则独立性将被视为受到损害。

9.【正确答案】A

【答案解析】选项 A 是禁止的商业关系。会计师事务所不得介入此类商业关系；如果存在此类商业关系，应当予以终止。

10.【正确答案】A

【答案解析】独立性是对注册会计师执行鉴证业务的要求。

11.【正确答案】A

【答案解析】审计失败是指注册会计师由于没有遵守审计准则的要求而发表了错误的审计意见。注册会计师应当具备足够的专业知识和业务能力，按照执业准则的要求执业。如果注册会计师没有保持应有的职业谨慎，就会出现审计失败。被审计单位的出资人虚假出资、不实出资或抽逃出资，应先以被审计单位财产赔偿损失，不足部分，出资人应在虚假出资、不实出资或抽逃出资数额范围内向利害关系人承担补充赔偿责任。对被审计单位、出资人的财产依法强制执行后仍不足以赔偿损失的，会计师事务所在其不实审计金额范围内承担相应的赔偿责任。尽管注册会计师已对被审计单位的收入舞弊提出警告并在审计业务报告中予以指明，但对制造费用的重大错报，注册会计师应承担相应的审计责任。

二、多选题

1.【正确答案】ABD

【答案解析】对遵循职业道德基本原则产生不利影响的因素包括自我评价、自身利益、过度推介、密切关系和外在压力。诚信、独立性、客观与公正、专业胜任能力和应有的关注、保密、良好职业行为是基本原则的内容。

2.【正确答案】ABCD

【答案解析】各项措施全部正确。

3.【正确答案】ABC

【答案解析】选项D属于过度推介导致的不利影响。

4.【正确答案】BC

【答案解析】注册会计师收取与客户相关的介绍费或佣金，可能因自身利益对客观和公正、独立性等原则产生非常严重的不利影响，导致没有防范措施能够消除不利影响或将其降低至可接受的水平。注册会计师不得收取与客户相关的介绍费或佣金。

5.【正确答案】AD

【答案解析】选项A属于自身利益导致不利影响的情形，选项D属于密切关系导致不利影响的情形。

6.【正确答案】AC

【答案解析】会计师事务所中审计项目组成员与审计客户的董事、高级管理人员或特定员工之间存在家庭或私人关系，可能因自身利益、密切关系或外在压力产生不利影响。

7.【正确答案】ABC

【答案解析】按照正常的商业程序公平交易，并且不属于交易性质特殊或金额较大，通常不会对独立性产生不利影响。

8.【正确答案】ABC

【答案解析】按照正常的商业程序公平交易，并且不属于交易性质特殊或金额较大，通常不会对独立性产生不利影响。

9. 【正确答案】ABC

【答案解析】选项 D，因为自我评价对审计独立性构成不利影响。

10. 【正确答案】ACD

【答案解析】同一关键审计合伙人担任属于公众利益实体的被审计单位审计业务不得超过五年，在任期结束后的两年内，该关键审计合伙人不得再次成为该客户的审计项目组成员或关键审计合伙人。在此期间内，该关键审计合伙人也不得有下列行为：

①参与该客户的审计业务。

②为该客户的审计业务实施质量控制复核。

③就有关技术或行业特定问题、交易或事项向项目组或该客户提供咨询。

④以其他方式直接影响业务结果。

11. 【正确答案】ACD

【答案解析】根据司法解释，审计业务必须依赖的金融机构等单位提供虚假或不实的证明文件，注册会计师在保持必要的职业谨慎的情况下仍未能发现虚假或不实，可以不承担责任，因此选项 B 不正确。其余选项皆符合司法解释的规定。

12. 【正确答案】ABCD

【答案解析】各选项描述的抗辩事由都是合理的。

13. 【正确答案】ABCD

【答案解析】各选项都表明会计师事务所与被审计单位承担连带责任。

14. 【正确答案】BC

【答案解析】会计师事务所因故意出具不实报告而承担连带责任时，没有赔偿顺位和最高赔偿额的限定，会计师事务所应当承担的赔偿数额由具体案件中利害关系人的损失数额和其他责任主体赔偿能力决定。被审验单位的出资人虚假出资、不实出资或抽逃出资，事后未补足，且依法强制执行被审计单位财产后仍不足以赔偿损失的，出资人应在虚假出资、不实出资或抽逃出资数额范围内向利害关系人承担补充赔偿责任。选项 D，注册会计师已经遵守执业准则，不存在过失，不承担民事责任。

三、判断题

1. 【正确答案】×

【答案解析】注册会计师只有具有专业知识、技能和经验才能称为具备专业胜任能力，而不是单纯的具有注册会计师证书。

2. 【正确答案】√

3. 【正确答案】×

【答案解析】在终止与客户或雇佣单位的关系之后，注册会计师仍然应当对在职业活动中获知的信息保密。

4. 【正确答案】√

5. 【正确答案】×

【答案解析】题干所述属于外在压力导致不利影响。

6. 【正确答案】√

7. 【正确答案】×

【答案解析】审计固有局限性是无法通过获取和保持专业胜任能力与应有的关注而消除的。

8. 【正确答案】√

9. 【正确答案】√

10. 【正确答案】×

【答案解析】审计项目组成员将会因自身利益对审计项目组的独立性构成不利影响。

四、简答题

1. （1）产生不利影响。审计项目组成员的主要近亲属通过继承从审计客户处获得直接经济利益，而根据职业道德的规定不允许拥有此类经济利益，因此会对独立性产生不利影响。

（2）产生不利影响。审计项目组成员收受被审计单位的礼品将因自身利益产生不利影响。

（3）产生不利影响。审计项目组成员 C 注册会计师协助甲公司编制财务报表，ABC 会计师事务所将因自我评价产生不利影响。

（4）不会产生不利影响。因为审计项目组仅是对由审计客户自行设计并操作的系统进行评价和提出建议，而没有承担管理层职责，所以不会对独立性产生不利影响。

（5）不会产生不利影响。注册会计师的妻子任人事部经理，人事部经理不属于能够对客户会计记录或被审计单位财务报表的编制施加重大影响的职位，因此并不对独立性产生不利影响。

（6）产生不利影响。XYZ 公司与 ABC 会计师事务所处于同一网络，为审计客户担任诉讼代理人，且该纠纷所涉金额对被审计财务报表有重大影响，ABC 会计师事务所将因自我评价或过度推介对独立性产生严重不利影响。

2. （1）不产生不利影响。会计师事务所、审计项目组成员或其主要近亲属在银行或类似金融机构等审计客户处开立存款或交易账户，如果账户按照正常的商业条件开立，则不会对独立性产生不利影响。

（2）产生不利影响。安排项目合伙人到欧洲旅游，超出了业务活动中的正常往来，将会因自身利益、密切关系产生不利影响，注册会计师应当拒绝接受。

（3）不产生不利影响。审计项目组成员或其主要近亲属从银行或类似金融机构等审计客户处取得贷款，或者由审计客户提供贷款担保，如果按照正常的程序、条款和条件取得贷款或担保，则不会对独立性产生不利影响。

（4）产生不利影响。审计项目组成员的主要近亲属在审计客户中所处职位能够对客户的财务状况、经营成果和现金流量施加重大影响，将对独立性产生不利影响。

（5）产生不利影响。当其他合伙人与执行审计业务的项目合伙人同处一个分部时，如果其他合伙人或其主要近亲属在审计客户中拥有直接经济利益或重大间接经济利益，将因自身利益产生非常严重的不利影响，导致没有防范措施能够将其降低至可接受的水平。

（6）产生不利影响。因为审计客户属于公众利益实体，执行其审计业务的项目合伙人任职时间不得超过五年，并且在任期结束后的两年内，该项目合伙人不得再次成为该客户的审计项目的关键审计合伙人。

（7）产生不利影响。如果审计项目组某一成员参与审计业务，当知道自己在未来某一时间将要或有可能加入审计客户时，将因自身利益产生不利影响。会计师事务所应当制定政策和程序，要求审计项目组成员在与审计客户协商受雇于该客户时，向会计师事务所报告。

（8）产生不利影响。在审计客户属于公众利益实体的情况下，除非出现紧急或极其特殊的情况，并征得相关监管机构的同意，会计师事务所不得计算当期所得税或递延所得税负债（或资产），以用于编制对被审计财务报表具有重大影响的会计分录，否则将因自我评价产生不利影响。

3.（1）股民甲应当向法院提出的诉讼理由包括：丁公司报表存在重大错报但D注册会计师出具的审计报告是无保留意见；D注册会计师在丁公司财务报表的审计中仅执行了银行函证等必要的审计程序，没有保持合理的谨慎，存在过失；股民甲由于丁公司股价下跌，存在损失；股民甲是由于信任了丁公司发布的2019年度的财务报表和D注册会计师的审计报告而购买的丁公司股票。

（2）D注册会计师提出的免责理由是不正确的，会计师事务所因在审计业务活动中对外出具不实报告给利害关系人造成损失的，应当承担侵权赔偿责任，能够证明自己没有过错的除外。D注册会计师不能够以没有与利害关系人建立合约关系为由要求免于承担民事责任。

（3）D会计师事务所在下列情形下可以免于承担民事责任：第一，已经遵守执业准则、规则确定的工作程序并保持必要的职业谨慎，但仍未能发现被审计的会计资料错误；第二，审计业务所必须依赖的金融机构等单位提供虚假或不实的证明文件，会计师事务所在保持必要的职业谨慎下仍未能发现其虚假或者不实；第三，已对被审计单位的舞弊迹象提出警告并在审计业务报告中予以指明。

第四章　审计目标参考答案

一、单选题

1.【正确答案】C

【答案解析】审计目标有三个层次。

2.【正确答案】C

【答案解析】"发生"一般高估。

3.【正确答案】D

【答案解析】"完整性"一般低估。

4.【正确答案】C

【答案解析】完整性是应记未记，即账上没有，而实际发生了，因此查账难以实现此目标。

5.【正确答案】D

【答案解析】注册会计师需要将每项审计准则规定的目标与总体目标相联系进行理解。

6.【正确答案】B

【答案解析】以支付手续费方式委托代销商品，应该在收到委托代销清单时确认收入结转成本，因此被审计单位不应该在发出商品时就确认收入结转成本，营业收入违反了"发生"认定。

7.【正确答案】D

【答案解析】折扣直接影响营业收入的确认与计量，从而直接影响营业收入的准确性认定。

8.【正确答案】B

【答案解析】选项 A，设备款项已经支付，风险大为降低；选项 B，新设备的入账价值、预计使用年限、折旧的计提、老设备的减值准备等都影响固定资产的计价和分摊；选项 C，对营业成本的影响是间接的；选项 D，实施了实物检查，"存在"认定的风险大大降低。

9.【正确答案】A

【答案解析】由于产品积压，销售不畅，导致甲公司需要计提大额的存货跌价准备，因此与存货项目的计价和分摊认定有关。

10.【正确答案】C

【答案解析】丙公司从银行提取现金，会减少银行存款。由于未登记银行存款日记账，导致本应减少的银行存款尚未减少，违反货币资金的存在认定。

11.【正确答案】D

【答案解析】选项 A 与销售的发生、完整性均无关，选项 B 实地观察主要是与固定资产的存在相关，选项 C 主要与存货的存在和完整性相关，选项 D 与银行存款的计价和分摊认定相关。

二、多选题

1.【正确答案】ABCD
【答案解析】各选项都正确。

2.【正确答案】ABC
【答案解析】社会环境不包括国家法律。

3.【正确答案】BCD
【答案解析】审计目标的主要影响和决定因素没有社会环境。

4.【正确答案】ABCD
【答案解析】各选项都正确。

5.【正确答案】ABCD
【答案解析】各选项都正确。

6. 【正确答案】BC

【答案解析】选项 B 属于与列报和披露相关的认定，选项 C 属于与期末账户余额相关的认定。

7. 【正确答案】AB

【答案解析】两年的经营环境大致相同，因此销售费用和营业收入都应该与上年相差不大。如果销售费用与营业收入的比值下降很多，可能表明销售费用少计或营业收入多计，因此注册会计师可能会怀疑被审计单位的营业收入的发生认定和销售费用的完整性认定存在重大错报风险。

8. 【正确答案】BCD

【答案解析】甲公司少提了 3 月的折旧，会造成设备的账面价值不准确；同时，该设备用来生产产品，会造成设备的折旧计入存货成本的金额不准确，如果生产的产品售出，还会造成营业成本记录的不准确。

9. 【正确答案】BD

【答案解析】X 公司没有整体虚构业务，不违反发生及存在目标，但 X 公司的错误导致营业收入、应收账款（因为是赊销）入账金额不正确，分别违反了"准确性"与"计价和分摊"认定。

10. 【正确答案】ABCD

【答案解析】各选项都正确。

11. 【正确答案】AC

【答案解析】将他人寄售商品列入被审计单位的存货中，违反了权利和义务目标。在销售交易中，如果发出商品的价格与账单上的价格不符，那么违反了准确性目标。

三、判断题

1. 【正确答案】×
2. 【正确答案】×
3. 【正确答案】√
4. 【正确答案】×
5. 【正确答案】×
6. 【正确答案】√
7. 【正确答案】×
8. 【正确答案】×
9. 【正确答案】×
10. 【正确答案】×

四、简答题

各审计程序对应财务报表项目及认定如附表 4-1 所示。

附表 4-1　各审计程序对应财务报表项目及认定

程序	项目	认定
（1）	营业收入	截止
（2）	存货	计价和分摊
（3）	应付职工薪酬	存在
（4）	应付账款	完整性
（5）	固定资产	权利和义务

五、案　例

答题要点如附表 4-2 所示。

附表 4-2　审计目标与审计过程

序号	管理层的认定	审计程序	审计目标	审计证据的种类
（1）	与交易和事项相关的准确性	重新计算	准确性	书面证据
（2）	与期末账户余额相关的存在	检查有形资产	真实存在	实物证据
（3）	与期末账户余额相关的计价和分摊	重新计算	准确性	书面证据
（4）	与期末账户余额相关的完整性	查找未入账的应付账款	完整性	书面证据
（5）	与列报相关的分类和可理解性	检查是否存在 1 年内到期的长期借款	分类和可理解性	书面证据
（6）	与交易和事项相关的分类	检查销售合同及销售记录	分类	书面证据

第五章　审计证据和审计工作底稿参考答案

一、单选题

1.【正确答案】C

【答案解析】注册会计师仅靠获取更多的审计证据可能无法弥补其质量上的缺陷。

2.【正确答案】C

【答案解析】选项 A，审计证据可靠性受其来源和性质的影响，并取决于获取审计证据的具体环境，不受审计证据的充分性的影响；选项 B，只有相关且可靠的审计证据才是高质量的；选项 D，内部控制薄弱时内部生成的审计证据可能不可靠，但不是一定不可靠。

3.【正确答案】B

【答案解析】银行存款函证回函是直接交给注册会计师的外部证据，可靠性最强；购货发票是由被审计单位持有的外部证据；销货发票副本属于在外部流转的内部证据；应收账款明细账属于没有在外部流转的内部证据。

4.【正确答案】B

【答案解析】选项 A、选项 C、选项 D 属于来自被审计单位内部的证据，而选项 B 是来自被审计单位外部的证据。外部证据比来源于被审计单位内部的证据更可靠。

5.【正确答案】B

【答案解析】选项 B，有关某一特定认定（如存货的存在认定的审计证据），不能替代与其他认定（如该存货的计价认定）相关的审计证据。

6.【正确答案】C

【答案解析】选项 C 为注册会计师在评价审计证据的可靠性时考虑的内容。

7.【正确答案】D

【答案解析】律师回函虽然属于直接交给注册会计师的外部证据，但它与非诉讼事项毫无关联，因此选项 D 中审计证据的相关性最低。

8.【正确答案】D

【答案解析】维修、保养与所有权没有必然联系。

9.【正确答案】D

【答案解析】注册会计师不可以依靠获取更多的审计证据来弥补其质量上的缺陷。

10.【正确答案】A

【答案解析】审计证据的质量存在缺陷，可能无法通过获取更多的审计证据予以弥补。

11.【正确答案】C

【答案解析】如果在合理时间内没有收到回函，注册会计师首先考虑的是再次寄发询证函，如果还是未能得到被询证者的回应，注册会计师应当实施替代程序。

12.【正确答案】C

【答案解析】根据《会计师事务所质量控制准则第 5101 号——业务质量控制》的规定，审计工作底稿的所有权属于会计师事务所。

13.【正确答案】B

【答案解析】审计工作底稿是审计证据的载体。

14.【正确答案】D

【答案解析】审计工作时间的限制不是审计人员及时编制审计工作底稿的原因，如果因时间有限而及时编制工作底稿，可能会影响审计质量。

15.【正确答案】C

【答案解析】审计工作底稿是对指定的审计计划、实施的审计程序、获取的审计证据和审计结论的记录，不仅仅记录审计证据和审计结论。

16.【正确答案】D

167

【答案解析】注册会计师编制的审计工作底稿，应当使得未曾接触该项审计工作的有经验的专业人士清楚了解：第一，按照审计准则和相关法律法规的规定实施的审计程序的性质、时间安排和范围；第二，实施审计程序的结果和获取的审计证据；第三，审计中遇到的重大事项和得出的结论以及在得出结论时做出的重大职业判断。

17.【正确答案】C

【答案解析】在实务中，为便于复核，注册会计师可以将以电子或其他介质形式存在的审计工作底稿通过打印等方式，转换成纸质形式的工作底稿，并与其他纸质形式的工作底稿一并归档；同时，单独保存这些以电子或其他介质形式存在的审计工作底稿。

18.【正确答案】B

19.【正确答案】B

20.【正确答案】D

21.【正确答案】C

二、多选题

1.【正确答案】CD

【答案解析】如果获得的审计证据质量高，注册会计师可以适当减少审计证据的数量，但并不能说审计证据数量足够，审计证据的质量就会提高，审计证据质量方面的缺陷，无法由审计证据的数量弥补，因此选项 A 错误；审计工作确实不涉及鉴证审计证据的真伪，但应考虑审计证据的可靠性，并考虑这些信息生成和维护相关内部控制的有效性，因此选项 B 错误。

2.【正确答案】AD

【答案解析】选项 A 和选项 D 都应该实施追加审计程序来追查证据矛盾的原因。

3.【正确答案】ABCD

【答案解析】必要审计证据的性质与范围取决于注册会计师对何种证据和实现审计目标做出的职业判断。这种判断受到重要性评估水平、与特定认定相关的审计风险、总体规模以及影响账户余额的各类经常性或非经常性交易的影响。

4.【正确答案】AB

【答案解析】内部控制手册是被审计单位内部的文件，不属于其他文件来源。合同记录是作为审计证据的会计记录。

5.【正确答案】ABD

【答案解析】选项 C，控制测试中不使用穿行测试和分析程序。

6.【正确答案】BD

【答案解析】在风险评估和总体复核阶段，注册会计师必须运用分析程序。

7.【正确答案】ABCD

【答案解析】各选项都是可能发生舞弊的迹象，参见《中国注册会计师审计准则问题解答第 2 号——函证》。

8.【正确答案】ABC

【答案解析】选项 A、选项 B、选项 C 都属于时间差造成的不符事项，选项 D 可能存在舞弊迹象。

9. 【正确答案】ABCD

10. 【正确答案】ABCD

【答案解析】各选项都是可能发生舞弊的迹象，参见《中国注册会计师审计准则问题解答第 2 号——函证》。

11. 【正确答案】ABCD

【答案解析】审计工作底稿的主要目的体现在审计报告的基础和提供证据中，选项 B 和选项 D 正确；审计工作底稿有利于有经验的注册会计师根据相关规定实施质量控制复核与检查，选项 C 正确；审计工作底稿有助于项目组计划和执行审计工作，选项 A 正确。

12. 【正确答案】ACD

【答案解析】有经验的专业人士是了解以下方面的人士：审计过程、相关法律法规和审计准则的规定、被审计单位所处的经营环境、与被审计单位所处行业相关的会计和审计问题。其中，没有对是否在会计师事务所长期从事审计工作提出要求。

13. 【正确答案】BC

【答案解析】以电子或其他介质形式存在的审计工作底稿应与其他纸质形式的审计工作底稿一并归档，同时单独保存这些以电子或其他介质形式存在的审计工作底稿。

14. 【正确答案】ABCD

【答案解析】除此之外，审计工作底稿还应该包括复核者姓名及编制日期、索引号及编号等。

15. 【正确答案】ABC

【答案解析】审计工作底稿通常不包括已被取代的审计工作底稿的草稿或财务报表的草稿、反映不全面或初步思考的记录、存在印刷错误或其他错误而作废的文本以及重复的文件记录等。

16. 【正确答案】ABC

17. 【正确答案】ABD

【答案解析】选项 C，不能替换，这两份底稿均需要保存，能相互印证，保证审计质量。

18. 【正确答案】ABCD

【答案解析】除此之外，典型的审计完成阶段工作底稿还包括被审计单位财务报表和试算平衡表、有关列报的工作底稿（如现金流量表、关联方和关联交易的披露等）、财务报表所属期间的董事会会议纪要、总结会会议纪要。

19. 【正确答案】BC

【答案解析】完成了审计工作，审计工作底稿的归档期限为审计报告日后 60 天内；如果未能完成审计业务，审计工作底稿的归档期限为审计业务中止后的 60 天内。

20. 【正确答案】ABD

【答案解析】在完成最终审计档案的归整工作后，注册会计师不应在规定的保存期届满前删除或废弃任何性质的审计工作底稿，选项 C 不正确。

三、判断题

1. 【正确答案】√
2. 【正确答案】×
3. 【正确答案】×
4. 【正确答案】√
5. 【正确答案】×
6. 【正确答案】×
7. 【正确答案】√
8. 【正确答案】×
9. 【正确答案】×
10. 【正确答案】×
11. 【正确答案】√
12. 【正确答案】×
13. 【正确答案】√
14. 【正确答案】×
15. 【正确答案】×
16. 【正确答案】√
17. 【正确答案】×
18. 【正确答案】√
19. 【正确答案】×
20. 【正确答案】×

四、简答题

1. 管理层认定、实质性审计程序和审计证据类别如附表 5-1 所示。

附表 5-1　管理层认定、实质性审计程序和审计证据类别

序号	管理层认定	实质性审计程序	审计证据类别
（1）	与期末账户余额相关：存在	函证	书面证据
（2）	与期末账户余额相关：准确性及计价和分摊	重新计算	书面证据
（3）	与交易和事项相关：分类	检查销售合同销售记录	书面证据
（4）	与交易和事项相关：准确性	检查	书面证据、实物证据

2. （1）审计工作底底稿的存在形式存在不当之处。

理由：注册会计师将以电子或其他介质形式存在的审计工作底稿通过打印等方式转换成纸质形式的审计工作底稿，并与其他纸质形式的审计工作底稿一并归档；同时，单独保存这些以电子或其他介质形式存在的审计工作底稿，而不是直接销毁。

（2）审计工作底稿归档期限存在不当之处。

理由：审计工作底稿归档期限应为审计报告日后 60 天内，ABC 会计师事务所应当在 2019 年 4 月 11 日前归档审计工作底稿。

（3）ABC 会计师事务所销毁甲公司审计工作底稿存在不当之处

理由：会计师事务所应当自审计报告日起，对审计工作底稿至少保存 10 年，注册会计师不得在规定的保存期届满前删除或废弃审计工作底稿。

第六章　审计风险与审计重要性参考答案

一、单选题

1.【正确答案】C

【答案解析】本题考查的是审计重要性。重要性概念是针对财务报表使用者决策的信息需求而言的，不是针对管理层决策的信息需求而言的。

2.【正确答案】B

【答案解析】依据审计准则的规定，对重要性的判断是根据具体环境做出的，并受错报的金额或性质的影响，或者受两者共同影响。

3.【正确答案】C

【答案解析】如果同一时期各个财务报表的重要性水平各不相同，注册会计师应取其最低者而不是平均数作为财务报表层次的重要性水平，这样最符合谨慎性原则。取零是注册会计师无法做到的，因为现行审计为抽样审计，在实施审计抽样的情况下，不可能做到绝对保证。

4.【正确答案】B

【答案解析】选项 A，对于审计风险较高的审计项目，注册会计师需要确定较低的实际执行的重要性；选项 C，确定实际执行的重要性并非简单机械的计算，注册会计师需要运用职业判断；选项 D，只有当连续审计且以前年度审计调整较少，注册会计师才可能考虑选择较高的百分比来确定实际执行的重要性。

5.【正确答案】B

【答案解析】被审计单位处于高风险行业说明项目总体风险较高，因此应选择较低的百分比来确定实际执行的重要性。

6.【正确答案】C

【答案解析】因为固有限制、抽样风险等原因客观存在，检查风险只能被控制、降低，不能被消除。

7.【正确答案】A

【答案解析】在审计风险模型中，审计风险是注册会计师通过了解被审计单位及其环境，在职业判断的基础上确定的，因此选项 A 不正确。

8.【正确答案】C

【答案解析】C 选项，控制风险是不能完全消除的，由于控制的固有局限性，某

171

种程度的控制风险始终存在。

9. 【正确答案】D

【答案解析】选项 D 有购买审计意见的嫌疑，因此不考虑。

10. 【正确答案】C

【答案解析】选项 A，盈利水平稳定的企业，选择经常性业务的税前利润为基准；选项 B，处于开办期的企业，选择总资产为基准；选项 D，公益性基金会，选择捐赠收入或支出总额为基准（参见《中国注册会计师审计准则问题解答第 8 号——重要性及评价错报》）。

二、多选题

1. 【正确答案】ABC

【答案解析】注册会计师应当从定量和定性两方面考虑重要性。

2. 【正确答案】ABCD

【答案解析】选项 A，重要性包括对数量和性质两个方面的考虑，但是只要一个方面重要，那么该错报就是重要的；选项 B，项目合伙人和项目组其他关键成员都应当参与计划审计工作，利用其经验和见解，提高计划过程的效率和效果；选项 C，财务报表使用者十分关心的项目的重要性水平要从严确定，这体现了"重要性概念应当从财务报表使用者的角度来考虑"的观点，因此对于重要的项目不可以考虑成本效益原则，应当首先保证审计质量；选项 D，通常而言，实际执行的重要性通常为财务报表整体重要性的 50%~75%。

3. 【正确答案】ABCD

【答案解析】注册会计师确定实际执行的重要性时考虑的内容包括对被审计单位的了解，前期审计工作中识别出的错报的性质和范围，根据前期识别出的错报对本期错报做出的预期。

4. 【正确答案】ACD

【答案解析】注册会计师选择基准时需要考虑的因素包括：第一，财务报表要素（选项 D）；第二，是否存在特定会计主体的财务报表使用者特别关注的项目（选项 A）；第三，被审计单位的性质、所处的生命周期阶段以及所处的行业和经济环境；第四，被审计单位的所有权结构和融资方式；第五，基准的相对波动性（选项 C）。选项 B 是注册会计师确定实际执行的重要性时应当考虑的因素，注册会计师在选择财务报表整体重要性的基准时无须考虑。

5. 【正确答案】ABCD

6. 【正确答案】BC

【答案解析】选项 A 不恰当，注册会计师只有通过了解被审计单位及其环境来恰当评估重大错报风险，无法控制重大错报风险；选项 B 恰当，根据审计风险模型，重大错报风险的高低决定了检查风险的可接受程度；选项 C 恰当，注册会计师依据审计风险模型确定的可接受检查风险水平设计审计程序的性质、时间安排和范围；选项 D 不恰当，注册会计师不能将重要账户的检查风险降低至可接受水平，有可能发表保留意见也有可能是无法表示意见，不是只能发表否定意见。

7. 【正确答案】AC

【答案解析】重大错报风险分为财务报表层次和认定层次，审计风险模型中的重大错报风险是认定层次的。审计风险＝重大错报风险×检查风险。因此，在既定的审计风险下，两者呈反向变化。

8. 【正确答案】ABC

【答案解析】确定实际执行的重要性并非简单机械的计算，其需要注册会计师运用职业判断，并考虑下列因素的影响：第一，对被审计单位的了解（这些了解在实施风险评估程序的过程中得到更新）；第二，前期审计工作中识别出的错报的性质和范围；第三，根据前期识别出的错报对本期错报做出的预期。选项 D 是注册会计师在确定明显微小错报临界值时可能考虑的因素。

9. 【正确答案】ABC

【答案解析】由于存在下列原因，注册会计师可能需要修改财务报表整体的重要性和特定类别的交易、账户余额或披露的重要性水平（如适用）：第一，审计过程中情况发生重大变化（如决定处置被审计单位的一个重要组成部分）；第二，获取新信息；第三，通过实施进一步审计程序，注册会计师对被审计单位及其经营的了解发生变化。

10. 【正确答案】ABCD

三、判断题

1. 【正确答案】√
2. 【正确答案】×
3. 【正确答案】√
4. 【正确答案】√
5. 【正确答案】√
6. 【正确答案】×
7. 【正确答案】×
8. 【正确答案】×
9. 【正确答案】×
10. 【正确答案】√

四、简答题

1. （1）不恰当。由于不同财务报表使用者对财务信息的需求可能差异很大，因此不考虑错报对个别财务报表使用者可能产生的影响。

（2）不恰当。在审计开始时，注册会计师就需要确定特定交易类别、账户余额和披露的重要性水平，而不是在执行具体审计程序时确定。

（3）不恰当。在整个业务过程中，随着审计工作的进展，注册会计师应当根据所获得的新信息更新重要性。

（4）不恰当。如果企业处于微利状态时，注册会计师采用经常性业务的税前利润为基准确定重要性可能影响审计的效率和效果，可以考虑采用过去 3~5 年经常性业务的平均税前利润或营业收入、总资产等财务指标作为基准。

（5）不恰当。被审计单位的经营规模较上年度没有重大变化，通常使用替代性基准确定的重要性不宜超过上年度的重要性。

（6）恰当。连续审计中，以前年度的内部控制运行有效，注册会计师在确定实际执行的重要性水平时，可以选择较高的百分比。

2. （1）检查风险是指如果存在某一错报，该错报单独或连同其他错报可能是重大的，注册会计师为将审计风险降至可接受的低水平而实施程序后没有发现这种错报的风险。

（2）由于注册会计师通常并不是对所有的交易、账户余额和披露进行检查以及注册会计师可能选择了不恰当的审计程序、审计过程执行不当，或者错误解读了审计结论等，上述因素导致检查风险不可能降至为零。

（3）注册会计师可以通过适当的计划、在项目组成员之间进行恰当的职责分配、保持职业怀疑态度以及监督、指导和复核项目组成员所执行的审计工作。

第七章　审计抽样参考答案

一、单选题

1. 【正确答案】D

【答案解析】在许多情况下，注册会计师可能不需等到被审计期间结束就能得出关于控制的运行有效性是否支持其计划评估的重大错报风险水平的结论。因此，选项 D 不正确。

2. 【正确答案】C

【答案解析】注册会计师可以通过扩大样本规模降低抽样风险，选项 A 错误；在统计抽样中可以量化抽样风险，不能量化非抽样风险，选项 B 错误；抽样风险与样本规模反向变动，选项 D 错误。

3. 【正确答案】B

【答案解析】在审计抽样中，如果未对总体中的所有项目进行测试，则属于导致抽样风险的情形。

4. 【正确答案】A

【答案解析】选项 B 属于了解内部控制，选项 C、选项 D 为审计抽样在细节测试中的运用的测试目标。

5. 【正确答案】C

【答案解析】注册会计师将所有已支付现金的项目作为总体比较适当。

6. 【正确答案】C

【答案解析】注册会计师在界定总体时，应当考虑总体的适当性和完整性。本题测试被审计单位 2019 年的内部控制，涵盖的期间应为 2019 年 1～12 月。注册会计师要获取现金支付授权控制是否有效运行，代表总体的实物就是该时期的所有现金支付单据。

7.【正确答案】A

【答案解析】从不完整总体中得出的结论难以代表整个期间,选项 A 错误。

8.【正确答案】A

【答案解析】选项 B,整群选样通常不能在审计抽样中使用;选项 C,随意选样仅适用于非统计抽样;选项 D,货币单选抽样适用于在细节测试中使用统计抽样。

9.【正确答案】C

【答案解析】选样间距 = 2 000÷100 = 20,选样的起点是 19,则选取的前五个样本为 19、39、59、79、99。第 N 个样本为 19+(N−1)×20。

10.【正确答案】D

【答案解析】在实务中,注册会计师通常认为,当偏差率为 3%~7%时,控制有效性的估计水平较高;可容忍偏差率最高为 20%,偏差率超过 20%时,由于估计控制运行无效,注册会计师不需进行控制测试。

二、多选题

1.【正确答案】ACD

【答案解析】注册会计师在获取充分、适当的证据时,需要选取项目进行测试。选取的方法包括三种:一是对某总体包含的全部项目进行测试(如对资本公积项目);二是对选出的特定项目进行测试,但不推断总体;三是审计抽样,以样本结果推断总体结论。

2.【正确答案】ABD

【答案解析】风险评估程序通常不涉及审计抽样,选项 A 正确。对于未留下运行轨迹的控制,注册会计师通常实施询问、观察等审计程序,以获取有关控制运行有效性的审计证据,此时不宜使用审计抽样,选项 B 正确。在实施细节测试时,注册会计师可以使用审计抽样获取审计证据,以验证有关财务报表金额的一项或多项认定(如应收账款的存在),或者对某些金额做出独立估计(如陈旧存货的价值),选项 C 错误。实质性分析程序主要是通过研究数据间关系评价财务信息,不适宜采用审计抽样,选项 D 正确。

3.【正确答案】BD

【答案解析】信赖过度风险和误受风险影响审计效果,信赖不足风险和误拒风险影响审计效率。

4.【正确答案】AC

【答案解析】注册会计师使用非统计抽样时,必须考虑抽样风险并将其降至可接受水平,但无法精确地测定抽样风险,选项 A 不正确;非统计抽样如果设计适当,也能提供与统计抽样方法同样有效的结果,选项 C 不正确。

5.【正确答案】BCD

【答案解析】注册会计师在控制测试中使用审计抽样界定总体时,应当确保总体的适当性和完整性,同时还必须考虑总体的同质性。

6. 【正确答案】ABC

【答案解析】被审计单位的该项内部控制，要求在支付应付账款时，应付账款凭单都应附有订购单、验收单、卖方发票，并且相关负责人在应付凭单上签字，因此缺少任何环节，都需要定义为一项控制偏差。

7. 【正确答案】ABD

【答案解析】如果总体偏差率上限大于或等于可容忍偏差率，则总体不能接受，选项 A 和选项 B 正确。如果总体偏差率上限低于但接近可容忍偏差率，注册会计师应当结合其他审计程序的结果，考虑是否接受总体，并考虑是否需要扩大测试范围，以进一步证实计划评估的控制有效性和重大错报风险水平，选项 D 正确。

8. 【正确答案】ABCD

【答案解析】在确定是否需要针对剩余期间获取额外证据以及获取哪些证据时，注册会计师通常考虑下列因素：第一，评估的认定重大错报风险的重要程度（选项 A）；第二，在期中测试的特定控制和测试结果以及自期中测试后控制发生的重大变动；第三，在期中对有关控制运行有效性获取的审计证据的程度（选项 B）；第四，剩余期间的长度；第五，在信赖控制的基础上拟缩小实质性程序的范围（选项 C）；第六，控制环境（选项 D）。

9. 【正确答案】ABCD

【答案解析】在控制测试中，影响注册会计师可以接受的信赖过度风险的因素包括：第一，该控制所针对的风险的重要性（选项 A）；第二，控制环境的评估结果（选项 B）；第三，针对风险的控制程序的重要性（选项 D）；第四，证明该控制能够防止、发现和改正认定层次重大错报的审计证据的相关性和可靠性；第五，在与某认定有关的其他控制的测试中获取的证据的范围；第六，控制的叠加程度（选项 C）；第七，对控制的观察和询问所获得的答复可能不能准确反映该控制得以持续适当运行的风险。

10. 【正确答案】AB

【答案解析】选项 C，预计总体偏差率与样本规模同向变动；选项 D，除非总体规模很小，总体规模对样本规模的影响很小。

三、判断题

1. 【正确答案】√
2. 【正确答案】√
3. 【正确答案】×
4. 【正确答案】×
5. 【正确答案】√
6. 【正确答案】×
7. 【正确答案】√
8. 【正确答案】√
9. 【正确答案】√
10. 【正确答案】√

11. 【正确答案】√

12. 【正确答案】×

四、简答题

（1）样本项目的平均审定金额＝8 000 000÷200＝40 000（元）

总体的审定金额＝40 000×3 000＝120 000 000（元）

推断的总体错报＝120 000 000－150 000 000＝－30 000 000（元）

（2）样本平均错报＝（8 000 000－12 000 000）÷200＝－20 000（元）

推断的总体错报＝－20 000×3 000＝－60 000 000（元）

（3）比率＝8 000 000÷12 000 000＝2/3

估计的总体实际金额＝150 000 000×2÷3＝100 000 000（元）

推断的总体错报＝100 000 000－150 000 000＝－50 000 000（元）

五、案 例

1. 抽样间距为30（900÷30）。

2.（1）2 368，0 995，4 130，2 527，2 167。

（2）3 093，2 905，1 977，4 342，0 961。

3. 根据比率估计抽样的计算公式如下：

估计应付账款总体价位＝总体账面价值×（样本实际价值之和÷样本账面价值之和）

＝5 000 000×（245 600÷240 000）

≈5 116 667（元）

或者，运用差额估计抽样的计算公式如下：

估计的总体差额＝（样本实际价位－样本账面价值）+样本量×总体项目个数

＝（245 600－240 000）÷200×4 000

＝112 000（元）

估计应付账款总体价位＝112 000+5 000 000＝5 112 000（元）

第八章 审计计划参考答案

一、单选题

1. 【正确答案】A

【答案解析】选项A属于总体审计策略中的内容，选项D属于具体审计计划中"计划其他审计程序"的范畴。

2. 【正确答案】C

【答案解析】注册会计师对内部控制的测试应当在签约之后进行。

3. 【正确答案】D

【答案解析】计划审计工作并非审计业务的一个孤立阶段，而是一个持续的、不断修正的过程，贯穿整个审计业务的始终。

4.【正确答案】C

【答案解析】选项 D 属于控制测试，选项 A 和选项 B 属于细节测试，因此选项 A、选项 B、选项 D 属于具体审计计划的内容。

5.【正确答案】B

【答案解析】确定实施的风险评估程序的性质、时间安排和范围属于制订具体审计计划的内容。

6.【正确答案】A

【答案解析】选项 A，计划审计工作并非审计业务的一个孤立阶段，而是一个持续的、不断修正的过程，贯穿整个审计业务的始终。

7.【正确答案】C

【答案解析】深入了解被审计单位及其环境是在审计开始后，实施风险评估程序时进行的，不属于开展的初步业务活动的内容。

8.【正确答案】C

【答案解析】注册会计师在计划和执行审计工作时通常根据实际执行的重要性确定需要对哪些类型的交易、账户余额和披露执行审计工作。在制订审计计划时，注册会计师通常会将金额超过实际执行的重要性的账户纳入审计范围。但是，这不代表可以将所有低于实际执行的重要性的账户排除在审计范围外。例如，对于识别出存在舞弊风险的账户，注册会计师不能因为账面金额小而简单地予以排除。

9.【正确答案】A

【答案解析】在计划复核的性质、时间安排和范围时，注册会计师不仅要考虑项目组整体的胜任能力和专业素质，还要考虑单个项目组成员的专业素质和胜任能力。

二、多选题

1.【正确答案】ABC

【答案解析】选项 D，审计业务约定书是会计师事务所与被审计单位之间签订的，注册会计师不能以个人名义承接审计业务。

2.【正确答案】ABD

【答案解析】如果管理层不认可其承担的责任，或者不同意提供书面声明，注册会计师将不能获取充分、适当的审计证据。在这种情况下，注册会计师不应承接此类审计业务，除非法律法规另有规定。

3.【正确答案】AB

【答案解析】选项 C 和选项 D 属于审计计划中的内容，不是审计业务约定书的内容。

4.【正确答案】ABC

【答案解析】在审计过程中，注册会计师应当在必要时对总体审计策略和具体审计计划做出更新和修改。因此，总体审计策略可能因情况变化而修改。

5.【正确答案】AB

6.【正确答案】ABC

三、判断题

1. 【正确答案】×
2. 【正确答案】×
3. 【正确答案】√
4. 【正确答案】√
5. 【正确答案】√
6. 【正确答案】×
7. 【正确答案】×
8. 【正确答案】√
9. 【正确答案】√
10. 【正确答案】×

四、简答题

1.（1）不适当。重大错报风险只能评估不能降低，A 注册会计师通过修改计划实施的实质性程序的性质、时间安排和范围降低的是检查风险。

（2）不适当。A 注册会计师应当对本期内所有存过款的银行账户实施函证，包括零余额账户和在本期注销的账户。

（3）不适当。审计中的困难、时间或成本等事项本身，不能作为 A 注册会计师省略不可替代的审计程序或满足于说服力不足的审计证据的正当理由。

（4）不适当。鉴于特别风险的特殊性，对于旨在减轻特别风险的控制，不论该控制在本期是否发生变化，A 注册会计师都不应依赖以前审计获取的审计证据。

（5）不适当。穿行测试主要用于了解内部控制，而不用于控制测试。

2. 下列因素可能导致注册会计师修改审计业务约定条款或提醒被审计单位注意现有的业务约定条款：

（1）有迹象表明被审计单位误解审计目标和范围。

（2）需要修改约定条款或增加特别条款。

（3）被审计单位高级管理人员近期发生变动。

（4）被审计单位所有权发生重大变动。

（5）被审计单位业务的性质或规模发生重大变化。

（6）法律法规的规定发生变化。

（7）编制财务报表采用的财务报告编制基础发生变更。

（8）其他报告要求发生变化。

五、案 例

案例一

（1）在接受委托前，作为注册会计师，有几项工作要进行：

第一，在征得客户美联公司同意之后，向大胜会计师事务所进行了了解与讯问，寻找美联公司更换会计师事务所的理由。如果美联公司不同意与前任会计师事务所接触，或者大胜会计师事务所是因坚持会计原则而被上市公司更换的话，则宝信会计师事务所就要考虑是否放弃与美联公司的签约。

第二，从上市公司近两年的年报及当年的中报来看，通过分析性程序，经营业绩持续下降。注册会计师要考虑美联公司在经营过程中是否可以出现无法持续经营的情况。如果经过判断，注册会计师认为美联公司很有可能出现无法持续经营的情况，就要事先与上市公司商讨，就公司目前状况，很可能会被出具非标准审计报告，并在签约书中有所表示。

（2）在制订审计计划的过程中，注册会计师要重点对 12 月发生的资产重组事件进行关注，并进行专项审计。注册会计师要查明该项资产重组是否实质上完成。注册会计师要防止上市公司利用资产重组进行盈余管理。对美联公司宣布组建电子商务一事，注册会计师除了要查清所有的合同、文件以及董事会纪要之外，还要求美联公司在会计报表中以附注的形式予以中肯的说明。注册会计师在审计计划中还要对上述资料予以重点复核，并在审计报告中用解释段再一次强调，特别是进展程度及其可行性。

案例二

事项（1）不恰当。注册会计师 B 不应依赖以往审计中对管理层、治理层诚信形成的判断。事项（2）恰当。

事项（3）不恰当。由于不同财务报表使用者对财务信息的需求可能差异很大，在确定重要

性水平时，不应考虑错报对个别财务报表使用者可能产生的影响。

事项（4）不恰当。确定重要性水平时，不需考虑与具体项目计量相关的固有不确定性。

事项（5）恰当。

事项（6）不恰当。对连续审计，以前年度审计调整较少，注册会计师应该将实际执行的重要性确定为财务报表整体重要性的 75%，而不是 50%。

事项（7）不恰当。注册会计师通常选取金额超过实际执行的重要性的财务报表项目实施进一步审计程序，因为这些财务报表项目有可能导致财务报表出现重大错报。但是，这不代表注册会计师可以对所有金额低于实际执行的重要性的财务报表项目不实施进一步审计程序。这主要出于以下考虑：第一，单项金额低于实际执行的重要性的财务报表项目汇总起来可能 金额重大（可能远远超过财务报表整体的重要性），注册会计师需要考虑汇总后的潜在错报风险。第二，对存在低估风险的财务报表项目，不能仅仅因为其金额低于实际执行的重要性而不实施进一步审计程序。第三，对识别出存在舞弊风险的财务报表项目，不能因为其金额低于实际执行的重要性而不实施进一步审计程序。

事项（8）不恰当。重大错报风险是客观存在的，不能通过修改计划实施的实质性程序的性质、时间和范围予以降低。

第九章 风险评估参考答案

一、单选题

1. 【正确答案】C

【答案解析】风险评估阶段通常不采用审计抽样方法。

2. 【正确答案】A

【答案解析】了解被审计单位及其环境是必要程序，能够为注册会计师做出职业判断提供重要基础。

3. 【正确答案】C

【答案解析】监盘程序属于实质性程序。

4. 【正确答案】B

【答案解析】分析程序既可用于风险评估程序和实质性程序，也可用于对财务报表的总体复核。注册会计师实施分析程序有助于识别异常的交易或事项以及对财务报表和审计产生影响的金额、比率与趋势。

5. 【正确答案】C

【答案解析】管理层对内部审计发现的问题是否采取适当的措施，应当询问内部审计人员。

6. 【正确答案】D

【答案解析】外部信息包括证券分析师、银行、评级机构出具的有关被审计单位及其所处行业或市场环境等状况的报告，贸易与经济方面的报纸杂志，法规或金融出版物以及政府部门或民间组织发布的行业报告和统计数据等。

7. 【正确答案】A

【答案解析】项目组应当讨论被审计单位面临的经营风险（选项B），财务报表容易发生错报的领域以及发生错报的方式（选项C），特别是由于舞弊导致重大错报的可能性（选项D）。

8. 【正确答案】A

【答案解析】四个选项都属于注册会计师需要了解的被审计单位及其环境的因素，选项B和选项C涉及的是被审计单位的内部因素，选项D是被审计单位的外部因素。

9. 【正确答案】D

【答案解析】了解被审计单位投资活动有助于注册会计师关注被审计单位在经营策略和方向上的重大变化。

10. 【正确答案】D

【答案解析】选项D属于注册会计师在了解被审计单位性质中的筹资活动时需要关注的内容。

二、多选题

1. 【正确答案】ABCD

【答案解析】四个选项都正确。

2. 【正确答案】BC

【答案解析】注册会计师应当实施下列风险评估程序，以了解被审计单位及其环境：第一，询问管理层和被审计单位内部其他人员；第二，分析程序；第三，观察和检查。

3. 【正确答案】ABCD

【答案解析】注册会计师可以考虑向管理层和财务负责人询问下列事项：

（1）管理层所关注的主要问题，如新的竞争对手、主要客户和供应商的流失、新的税收法规的实施以及经营目标或战略的变化等（选项A）。

（2）被审计单位最近的财务状况、经营成果和现金流量（选项B）。

（3）可能影响财务报告的交易和事项，或者目前发生的重大会计处理问题，如重大的购并事宜等（选项D）。

（4）被审计单位发生的其他重要变化，如所有权结构、组织结构的变化以及内部控制的变化等（选项C）。

4. 【正确答案】ABC

【答案解析】项目质量控制复核是指会计师事务所挑选不参与该业务的人员，在出具报告前，对项目组做出的重大判断和在准备报告时形成的结论做出客观评价的过程。因此，项目质量控制复核人员不能参与项目组讨论。

5. 【正确答案】ABCD

【答案解析】内部控制包括下列要素：第一，控制环境；第二，风险评估过程；第三，与财务报告相关的信息系统和沟通；第四，控制活动；第五，对控制的监督。

6. 【正确答案】AB

【答案解析】选项C和选项D属于业务流程层面的控制。

7. 【正确答案】ABCD

【答案解析】执行穿行测试可获得以下六方面的证据：第一，确认对业务流程的了解；第二，确认对重要交易的了解是完整的，即在交易流程中所有与财务报表认定相关的可能发生错报的环节都已识别；第三，确认所获取的有关流程中的预防性控制和检查性控制信息的准确性；第四，评估控制设计的有效性；第五，确认控制是否得到执行；第六，确认之前所做的书面记录的准确性。

8. 【正确答案】AD

【答案解析】选项B和货币资金项目错报相关，选项C和营业收入、应收账款等项目错报相关。

9. 【正确答案】ABC

【答案解析】如果认为仅通过实质性程序获取的审计证据无法将认定层次的重大错报风险降至可接受的低水平，注册会计师应当评价被审计单位针对这些风险设计的控制，并确定其执行情况。因此，选项A和选项B正确。在被审计单位对日常交易采用高度自动化处理的情况下，审计证据可能仅以电子形式存在，其充分性和适当性通常取决于自动化信息系统相关控制的有效性，可能仅通过实施实质性程序不能获取充分、适当审计证据，需要执行控制测试。因此，选项 C 正确。

10.【正确答案】ABCD

【答案解析】四个选项都正确。

11.【正确答案】ABD

【答案解析】特别风险通常与重大的非常规交易和判断事项有关，选项 A 和选项 D 属于非常规交易，选项 B 属于判断事项，都可能导致特别风险。本年频繁发生的常规交易属于日常经营活动，不涉及非常规交易和判断事项，不易导致特别风险。

12.【正确答案】ABC

【答案解析】管理层应对特别风险的控制，不信赖则无须进行测试。

三、判断题

1.【正确答案】√
2.【正确答案】√
3.【正确答案】√
4.【正确答案】√
5.【正确答案】×

【答案解析】管理层应对特别风险的控制，不信赖则无须进行测试。

6.【正确答案】×

【答案解析】控制环境本身并不能防止或发现并纠正各类交易、账户余额和披露的重大错报，注册会计师在评估重大错报风险时，应当将控制环境连同其他内部控制要素产生的影响一并考虑。

7.【正确答案】√
8.【正确答案】×

【答案解析】在审计业务承接阶段，注册会计师就需要对控制环境做出初步了解和评价。

9.【正确答案】√
10.【正确答案】×

【答案解析】并非所有的经营风险都与财务报表相关，注册会计师没有责任识别或评估对财务报表没有重大影响的经营风险。

四、简答题

（1）不恰当。如果多项控制活动能够实现同一目标，注册会计师不必了解与该目标相关的每项控制活动。

（2）不恰当。注册会计师需要了解和评价的内部控制是与财务报表审计相关的内部控制，并非与财务报告相关的内部控制，也不是甲公司所有的内部控制。

（3）不恰当。特别风险通常与重大的非常规交易和判断事项有关，判断事项通常包括做出的会计估计（具有计量的重大不确定性），因此这一事项也可能产生特别风险。

（4）不恰当。对特别风险，注册会计师应当评价相关控制的设计情况，并确定其是否已经得到执行。

（5）不恰当。注册会计师在识别和评估重大错报风险时可以利用专家的工作，而特别风险属于需要特别考虑的重大错报风险，因此也可以利用专家的工作。

第十章　风险应对练习题参考答案

一、单选题

1. 【正确答案】D

【答案解析】针对认定层次的重大错报风险，注册会计师应实施控制测试和实质性程序。实质性程序包括细节测试和实质性分析程序，选项 D 不正确。针对财务报表层次的重大错报风险的总体应对措施如下：第一，向项目组强调保持职业怀疑的必要性（选项 C）；第二，指派更有经验或具有特殊技能的审计人员，或者利用专家的工作（选项 A）；第三，提供更多的督导（选项 B）；第四，在选择拟实施的进一步审计程序时融入更多的不可预见的因素；第五，对拟实施审计程序的性质、时间安排或范围做出总体修改。

2. 【正确答案】C

【答案解析】如果控制环境存在缺陷，注册会计师在对拟实施审计程序的性质、时间安排和范围做出总体修改时应当考虑以下事项：

（1）在期末而非期中实施更多的审计程序。控制环境的缺陷通常会削弱期中获得的审计证据的可信赖程度（选项 D）。

（2）通过实施实质性程序获取更广泛的审计证据。良好的控制环境是其他控制要素发挥作用的基础。控制环境存在缺陷通常会削弱其他控制要素的作用，导致注册会计师可能无法信赖内部控制，主要依赖实施实质性程序获取审计证据（选项 B）。

（3）增加拟纳入审计范围的经营地点的数量（选项 A）。

3. 【正确答案】B

【答案解析】选项 A、选项 D 均不符合审计准则的要求；选项 C 属于常规程序，不具备不可预见性。

4. 【正确答案】B

【答案解析】注册会计师需要与被审计单位的高层管理人员事先沟通，要求实施具有不可预见性的审计程序，但不能告知其具体内容（选项 B 错误）。

5. 【正确答案】C

【答案解析】选项 C 不恰当，综合性方案是指注册会计师在实施进一步审计程序时，将控制测试与实质性程序结合使用。

6. 【正确答案】A

【答案解析】注册会计师设计和实施的进一步审计程序的性质、时间安排和范围，应当与评估的认定层次重大错报风险具备明确的对应关系，选项 B 错误；注册会计师评估的重大错报风险越高，实施进一步审计程序的范围通常越大，选项 C 错误；进一步审计程序的性质、时间安排和范围中，性质是最重要的，选项 D 错误。

7.【正确答案】B

【答案解析】注册会计师在确定何时实施审计程序时应当考虑的重要因素包括控制环境、何时能得到相关信息、错报风险的性质、审计证据适用的期间或时点。

8.【正确答案】A

【答案解析】控制测试旨在评价内部控制在防止或发现并纠正认定层次重大错报方面的运行有效性。

9.【正确答案】B

【答案解析】了解内部控制包括评价控制的设计，并确定其是否得到执行；控制测试的目的是评价控制是否有效运行，选项 B 错误。

10.【正确答案】A

【答案解析】超出正常经营过程的重大关联方交易导致的重大错报风险属于特别风险，鉴于特别风险的特殊性，对于旨在减轻特别风险的控制，不论控制在本期是否发生变化，注册会计师都不应信赖以前审计获取的证据，应在本期审计中测试这些控制的运行有效性，选项 A 正确。

11.【正确答案】C

【答案解析】对于一项自动化应用控制，一旦确定被审计单位正在执行该控制，注册会计师通常无须扩大控制测试的范围，选项 C 不正确。

12.【正确答案】B

【答案解析】实质性分析程序通常更适用于一段时间内存在预期关系的大量交易。

13.【正确答案】D

【答案解析】实质性程序包括实质性分析程序和细节测试，实质性分析程序不属于细节测试，选项 D 不恰当。

14.【正确答案】A

【答案解析】由于注册会计师对重大错报风险的评估是一种判断，可能无法充分识别所有的重大错报风险，并且由于内部控制存在固有局限性，无论评估的重大错报风险结果如何，注册会计师都应当针对所有重大类别的交易、账户余额和披露实施实质性程序，选项 B 和选项 C 错误；如果认为评估的重大错报风险是特别风险，注册会计师应当专门针对该风险实施实质性程序，选项 D 错误。

15.【正确答案】D

【答案解析】对于舞弊导致的重大错报风险（作为一类重要的特别风险），被审计单位存在故意错报或操纵的可能性。如果已识别出由于舞弊导致的重大错报风险，为将期中得出的结论延伸至期末而实施的审计程序通常是无效的，注册会计师应当考虑在期末或者接近期末实施实质性程序，选项 D 正确。

二、多选题

1.【正确答案】ACD

【答案解析】选项 B 属于增加审计程序不可预见性的方法。如果被审计单位的控制环境存在缺陷，注册会计师在对拟实施的审计程序的性质、时间安排和范围做出总体修改时应当考虑的因素包括选项 A、选项 C、选项 D。

2.【正确答案】ABCD

【答案解析】四个选项都正确。

3.【正确答案】ABC

【答案解析】选项 D 不正确。对被审计单位银行存款年末余额实施函证属于常规审计程序，不属于增加审计程序的不可预见性。

4.【正确答案】ABCD

【答案解析】当评估的财务报表层次重大错报风险属于高风险水平时，注册会计师应选择实质性方案，四个选项都正确。

5.【正确答案】BC

【答案解析】在设计进一步审计程序时，注册会计师应当考虑下列因素：

（1）风险的重要性。

（2）重大错报发生的可能性（选项 B）。

（3）涉及的各类交易、账户余额和披露的特征。

（4）被审计单位采用的特定控制的性质（选项 C）。

（5）注册会计师是否拟获取审计证据，以确定内部控制在防止或发现并纠正重大错报方面的有效性。

6.【正确答案】ABCD

【答案解析】四个选项都正确。

7.【正确答案】ABD

【答案解析】良好的控制环境可以抵销在期中实施进一步审计程序的局限性，使注册会计师在确定实施进一步审计程序的时间时有更大的灵活度。因此，控制环境对进一步审计程序的时间有影响，选项 C 不正确。

8.【正确答案】ABCD

【答案解析】注册会计师应当针对其评估的认定层次重大错报风险来设计将要实施的进一步审计程序的性质、时间安排和范围，选项 B 正确。注册会计师还要考虑其确定的重要性水平和计划获取的保证程度，选项 C 和 D 正确。选项 A 正确。例如，如果注册会计师认为存货资产会出现大幅度跌价时，则需要对存货资产的计价和分摊认定实施专门程序来确认该会计估计是否存在重大错报风险。

9.【正确答案】BCD

【答案解析】在测试控制运行的有效性时，注册会计师应当从下列三个方面获取关于控制是否有效运行的审计证据：第一，控制在所审计期间的相关时点是如何运行的；第二，控制是否得到一贯执行；第三，控制由谁或以何种方式执行，选项 A 错误。

10. 【正确答案】CD

【答案解析】当存在下列情形之一时，注册会计师应当实施控制测试：第一，在评估认定层次重大错报风险时，预期控制的运行是有效的；第二，仅实施实质性程序并不能够提供认定层次充分、适当的审计证据，选项 C 和选项 D 正确。

11. 【正确答案】BD

【答案解析】选项 A，没有理由认为预期内部控制有效，不应实施控制测试；选项 B，可以预期内部控制有效，一般应实施控制测试；选项 C，业务金额大、笔数少，应全部实施实质性程序；选项 D 属于典型的"仅实施实质性程序不足以提供认定层次充分、适当的审计证据"的情形，按规定应实施控制测试。

12. 【正确答案】ABC

【答案解析】分析程序通常不用于控制测试，注册会计师在实施控制测试时通常使用的审计程序包括询问、观察、检查和重新执行。

13. 【正确答案】ABCD

【答案解析】四个选项都正确。

14. 【正确答案】ABCD

【答案解析】确定控制测试的性质时的要求如下：第一，考虑特定控制的性质。某些控制可能存在反映控制运行有效性的文件记录。在这种情况下，注册会计师可以检查这些文件记录以获取控制运行有效的审计证据（选项 A）。第二，考虑测试与认定直接相关和间接相关的控制（选项 B 和选项 D）。第三，如何对一项自动化的应用控制实施控制测试（选项 C）。

15. 【正确答案】AC

【答案解析】注册会计师应当考虑实施实质性程序发现的错报对评价相关控制运行有效性的影响，如降低对相关控制的信赖程度、调整实质性程序的性质、扩大实质性程序的范围等。

三、判断题

1. 【正确答案】√
2. 【正确答案】√
3. 【正确答案】√
4. 【正确答案】√
5. 【正确答案】√
6. 【正确答案】√
7. 【正确答案】×

【答案解析】良好的控制环境可以抵销在期中实施进一步审计程序的一些局限性，使注册会计师在确定实施进一步审计程序的时间时有更大的灵活度，因此控制环境对进一步审计程序的时间有影响。

8. 【正确答案】√
9. 【正确答案】√
10. 【正确答案】√

四、简答题

（1）不恰当。与财务报表整体广泛相关的特别风险属于财务报表层次重大错报风险，应采取总体应对措施，如向项目组强调保持职业怀疑的必要性等。

（2）不恰当。以资产负债表日为函证截止日实施函证属于常规程序，不能增加函证程序的不可预见性。

（3）恰当。

（4）不恰当。注册会计师即使已获取有关控制在期中运行有效性的审计证据，仍然需要考虑如何能够将控制在期中运行有效性的审计证据合理延伸至期末，以针对期中至期末这段剩余期间获取充分、适当的审计证据。

（5）不恰当。注册会计师为应对特别风险需要获取具有高度相关性和可靠性的审计证据，仅实施实质性分析程序不足以获取有关特别风险的充分、适当的审计证据。

（6）不恰当。在针对完整性认定设计细节测试时，注册会计师应当选择有证据表明应包含在财务报表金额中的项目，并调查这些项目是否确实包括在内。

第十一章　采购与付款循环审计练习题参考答案

一、单选题

1.【正确答案】B

【答案解析】选项 A，请购单由生产等相关部门的人员填写，送交采购部门，是申请购买商品、劳务或其他资产的书面凭据；选项 C，验收单是收到商品时编制的凭据，列示通过质量检验的、从供应商处收到的商品的种类和数量等内容；选项 D，采购部门在收到请购单后，只能对经过恰当批准的请购单发出订购单。

2.【正确答案】C

【答案解析】选项 C 不恰当，验收后，验收部门应对已收货的每张订购单编制一式多联、预先按顺序编号的验收单，作为验收和检验商品的依据。

3.【正确答案】D

【答案解析】选项 D 不恰当，请购单是证明有关采购交易的"发生"认定的凭据之一，也是采购交易轨迹的起点。

4.【正确答案】A

【答案解析】从采购明细账追查至验收单，属于逆查，能够证实存货的存在认定。

5.【正确答案】B

【答案解析】选项 A 和采购交易的分类认定最相关，选项 C 和存货的存在认定最相关，选项 D 和存货的完整性认定最相关。

6. 【正确答案】A

【答案解析】其余选项都和应付账款无关。

7. 【正确答案】A

【答案解析】从账簿追查至原始凭证主要目的是查证其真实性，即存在认定，选项 A 正确。其余选项都是和应付账款完整性认定相关的。

8. 【正确答案】B

【答案解析】选项 A 和选项 B 是外部证据，选项 C 和选项 D 是内部证据，首先排除了选项 C 和选项 D。供应商提供的月对账单是按月编制的，标明期初余额、本期购买、本期支付给卖方的款项和期末余额的凭证，最能够验证应付账款余额不存在漏报，比销售发票更有证明力，因此选项 B 正确。

9. 【正确答案】D

【答案解析】与毛利率有直接关系的是营业收入和营业成本；应收账款往往是营业收入的对方科目，关系略为疏远；应付账款一般不会是营业成本的对方科目，关系更加疏远。

10. 【正确答案】B

【答案解析】选项 A 和选项 D 均属于注册会计师应当函证的情形；选项 C，与应收账款的函证一样，注册会计师必须对函证的过程进行控制，要求债权人直接回函，对未回函的，应该考虑是否再次函证。

二、多选题

1. 【正确答案】AD

【答案解析】请购单是证明有关采购交易的"发生"认定的凭据之一，为加强控制，每张请购单必须经过对这类支出预算负责的主管人员签字批准。付款凭单是企业财务人员据此付款的依据，需要由被授权人员在凭单上签字，以示批准照此凭单要求付款，因此选项 A 和选项 D 正确。

2. 【正确答案】ABCD

【答案解析】四个选项都正确，采购与付款交易不相容岗位至少包括请购与审批；询价与确定供应商；采购合同的订立与审批；采购与验收；采购、验收与相关会计记录；付款审批与付款执行。

3. 【正确答案】ABCD

【答案解析】四个选项都正确。

4. 【正确答案】AC

【答案解析】选项 B 与货币资金存在认定相关，选项 D 与存货的计价和分摊认定相关。

5. 【正确答案】CD

【答案解析】选项 C，将验收工作交由采购人员执行，不相容职务未能分离，属于内部控制设计上的缺陷；选项 D，没有发票不入库，拖延了入库工作，属于内部控制设计上的重大缺陷（可以暂估入账）。

6. 【正确答案】ABCD

【答案解析】四个选项都正确。

7. 【正确答案】ABCD

【答案解析】四个选项都正确。注册会计师应获取适当的供应商相关清单，如本期采购量清单、所有现存供应商名单或应付账款明细账。注册会计师应询问该清单是否完整并考虑该清单是否应包括预期负债等附加项目。注册会计师选取样本进行测试并执行如下程序：

（1）注册会计师向债权人发送询证函。注册会计师应根据审计准则的规定对询证函保持控制，包括确定需要确认或填列的信息、选择适当的被询证者、设计询证函，包括正确填列被询证者的姓名和地址以及被询证者直接向注册会计师回函的地址等信息，必要时再次向被询证者寄发询证函等。

（2）注册会计师将询证函余额与已记录金额相比较，如存在差异，检查支持性文件；评价已记录金额是否适当。

（3）注册会计师对未做回复的函证实施替代程序，如检查至付款文件（如现金支出、电汇凭证和支票复印件），相关的采购文件（如采购订单、验收单、发票和合同）或其他适当文件。

（4）注册会计师如果认为回函不可靠，应评价对评估的重大错报风险以及其他审计程序的性质、时间安排和范围的影响。

8. 【正确答案】ABCD

【答案解析】四个选项都正确，检查应付账款是否计入了正确的会计期间，是否存在未入账的应付账款。

（1）对本期发生的应付账款增减变动，注册会计师检查至相关支持性文件，确认会计处理是否正确。

（2）注册会计师应检查资产负债表日后应付账款明细账贷方发生额的相应凭证，关注其购货发票的日期，确认其入账时间是否合理。

（3）注册会计师应获取并检查被审计单位与其供应商之间的对账单以及被审计单位编制的差异调节表，确定应付账款金额的准确性。

（4）针对资产负债表日后付款项目，注册会计师应检查银行对账单及有关付款凭证（如银行汇款通知、供应商收据等），询问被审计单位内部或外部的知情人员，查找有无未及时入账的应付账款。

（5）注册会计师应结合存货监盘程序，检查被审计单位在资产负债日前后的存货入库资料（验收报告或入库单）、检查相关负债是否计入了正确的会计期间。

9. 【正确答案】ABCD

【答案解析】四个选项都正确。针对一般费用的实质性程序如下：

（1）获取一般费用明细表，复核其加计数是否正确，并与总账和明细账合计数核对是否正确。

（2）实质性分析程序。

（3）从资产负债表日后的银行对账单或付款凭证中选取项目进行测试，检查支持性文件（如合同或发票），关注发票日期和支付日期，追踪已选取项目至相关费用明细表，检查费用计入的会计期间，评价费用是否被记录于正确的会计期间。

（4）对本期发生的费用选取样本，检查其支持性文件，确定原始凭证是否齐全，记账凭证与原始凭证是否相符以及账务处理是否正确。

（5）抽取资产负债表日前后的凭证，实施截止测试，评价费用是否被记录于正确的会计期间。

（6）检查一般费用是否已按照企业会计准则及其他相关规定在财务报表中做出恰当的列报和披露。

10.【正确答案】ABC

【答案解析】选项 D 不恰当，属于针对"接收了缺乏有效采购订单或未经验收的商品"的重大错报风险的控制测试程序。

三、判断题

1.【正确答案】√
2.【正确答案】√
3.【正确答案】√
4.【正确答案】×

【答案解析】请购单是证明有关采购交易的"发生"认定的凭据之一，也是采购交易轨迹的起点。

5.【正确答案】×

【答案解析】这两类资产可收回金额总额为 150 万元，被审计单位应本着谨慎性原则，将生产设备和环保设备作为资产组计提减值 10 万元。

6.【正确答案】×

【答案解析】请购单不需要连续编号。

7.【正确答案】√
8.【正确答案】√
9.【正确答案】√
10.【正确答案】√

四、简答题

（1）恰当。

（2）不恰当。注册会计师还应检查支持性文件，如相关的发票、采购合同或申请、收货文件以及接受劳务明细；追踪已选取项目至应付账款明细账、货到票未到的暂估入账或预提费用明细表。

（3）恰当。

（4）不恰当。注册会计师应当对重大账户余额实施实质性程序。

（5）不恰当。对供应商信息修改的批准和录入均由采购部经理执行，未设置适当的职责分离，该控制设计不合理，不应当信赖。

五、综合题

（1）资料一所述事项（1）中，A 注册会计师的做法是恰当的；资料一所述事项（2）中，A 注册会计师的做法是恰当的。

（2）质疑一：财务人员对年终奖的说明表明，该子公司未将 2020 年度管理人员年终奖计入正确期间，2020 年度年终奖入账存在截止性差异，但项目组未建议该子公司作出调整。

改进建议：应建议该子公司将 2020 年度年终奖调整计入 2020 年度损益。

质疑二：财务人员对销售人员工资的说明表明，该子公司将一些销售人员工资计入管理费用，存在销售人员工资列报错误，但项目组未建议该子公司作出调整。

改进建议：应建议该子公司将销售人员工资列为销售费用。

质疑三：财务人员对差旅费的说明表明，该子公司可能存在因员工未及时报销差旅费而导致"管理费用——差旅费"账户和"其他应收款——备用金"账户均存在错报的情况，但项目组未做进一步审计处理。

改进建议：项目组应对差旅费实施截止性测试，包括检查截止日前后差旅费报销凭证所附原始单据日期等，对所识别存在截止性差异的差旅费提出审计调整，将属于 2021 年度的部分调整计入 2021 年度损益。

（3）质疑一：应付账款函证的其中一个主要目的是识别是否存在未入账的应付账款，函证程序实施的范围不应仅以账面余额是否重大为依据。

改进建议：对交易频繁的供应商，即使应付账款余额较少，也应纳入函证实施范围。

质疑二：不应直接依赖通过未经核实私人电子邮箱收发的电子函证所提供的信息。

改进建议：项目组首先应获取该国外供应商或其联系人的公司电子邮件地址，并在发送函证前对该电子邮件地址的真实性和可靠性进行检查。项目组对收到的电子回函的可靠性也应当进行验证，可以电话联系该国外供应商的相关人员核实邮件的真实性，必要时可以要求该国外供应商提供回函原件。

质疑三：不应直接依赖甲公司提供的前任注册会计师上一年度函证回函复印件所提供的信息。

改进建议：应重新对该供应商实施函证。

第十二章　生产与存货循环审计练习题参考答案

一、单选题

1.【正确答案】C

【答案解析】选项 C 正确，很多制造业企业通过编制存货货龄分析表，识别流动较慢或滞销的存货，并根据市场情况和经营预测，确定是否需要计提存货跌价准备。

2.【正确答案】D

【答案解析】生产计划部门签发预先顺序编号的生产通知单。

3.【正确答案】D

【答案解析】重新执行是控制测试程序而非了解内部控制程序。

4.【正确答案】D

【答案解析】兼任选项 A 职务属于自我监督；兼任选项 B 职务不利于分清责任；选项 C，采购工作的外勤性质明显与保管职务矛盾；选项 D，存货处置申请并非存货处置，由保管人员兼任可以提高工作的及时性。

5.【正确答案】A

【答案解析】如果被审计单位没有对存货的接触设置授权审批的内部控制，存货将存在意外毁损、盗窃等风险，由此导致存货账面记录高估，因此违反存在认定。

6.【正确答案】A

【答案解析】选项 A 属于计提存货跌价准备的相关内部控制。

7.【正确答案】D

【答案解析】审计中的困难、时间或成本等事项本身，不能作为注册会计师省略不可替代的审计程序或满足于说服力不足的审计证据的正当理由，因此选项 A、选项 B、选项 C 不是可以放弃存货监盘的合理理由。选项 D 属于可以实施替代审计程序的情形。

8.【正确答案】A

【答案解析】存货监盘针对的主要是存货的存在认定。

9.【正确答案】D

【答案解析】选项 D 不恰当，存货监盘针对的主要是存货的存在认定，对存货的完整性认定及计价和分摊认定，也能提供部分审计证据。此外，注册会计师还可能在存货监盘中获取有关存货所有权的部分审计证据。

10.【正确答案】B

【答案解析】选项 A 属于存货监盘特殊情况的处理，不是盘点前注册会计师的工作；选项 C 属于在存货盘点现场实施监盘时注册会计师应当实施的审计程序；选项 D 属于被审计单位盘点存货后注册会计师的工作。

二、多选题

1.【正确答案】ABC

【答案解析】领料单通常需一式三联。仓库发料后，将其中一联连同材料交给领料部门，一联留在仓库登记材料明细账，一联交会计部门进行材料收发核算和成本核算。

2.【正确答案】AD

【答案解析】生产计划部门根据客户订购单或对销售预测和产品需求的分析来决定生产授权。

3.【正确答案】ABCD

【答案解析】四个选项都正确，针对制造类企业，影响生产与存货交易和余额的重大错报风险的因素可能包括：第一，交易的数量和复杂性；第二，成本核算的复杂性；第三，产品的多元化；第四，某些存货项目的可变现净值难以确定；第五，将存货存放在很多地点；第六，寄存的存货。

4. 【正确答案】AD

【答案解析】选项 B 和选项 C 是实质性程序。

5. 【正确答案】ACD

【答案解析】存货监盘的主要目标包括获取被审计单位资产负债表日有关存货数量和状况以及有关管理层存货盘点程序可靠性的审计证据，检查存货的数量是否真实完整，是否归属被审计单位，存货有无毁损、陈旧、过时、残次和短缺等状况。

6. 【正确答案】ABD

【答案解析】审计项目组不能因为人员数量问题而影响存货监盘范围，选项 C 不正确。

7. 【正确答案】ABCD

【答案解析】四个选项都正确。

8. 【正确答案】ABCD

【答案解析】四个选项都恰当。

9. 【正确答案】ABCD

【答案解析】四个选项都恰当。

10. 【正确答案】BCD

【答案解析】注册会计师应当询问被审计单位除管理层和财务部门以外的其他人员，如营销人员、仓库人员等，以了解有关存货存放地点的情况，选项 A 错误。

三、判断题

1. 【正确答案】×

【答案解析】为验证财务报表上存货余额的真实性，注册会计师应当对存货的计价进行审计。

2. 【正确答案】√

3. 【正确答案】√

4. 【正确答案】√

5. 【正确答案】×

【答案解析】不包括销售费用测试，应为"制造费用测算"。制造费用构成产品成本，销售费用属于期间费用，不构成产品成本。

6. 【正确答案】×

【答案解析】审计小组需要按照 3 月 15 日实有数追溯调整至 2018 年年末存货实有数，再与 2018 年年末存货账面数核对是否相符。

7. 【正确答案】√

8. 【正确答案】√

9. 【正确答案】√

10. 【正确答案】√

四、简答题

针对要求（1）：

（1）存货盘点范围、地点和时间安排的盘点计划分别存在以下缺陷：

①缺陷1：XYZ公司存货盘点时间不恰当。XYZ公司存货相关的内部控制比较薄弱（盘点时间最好接近12月31日），盘点时间与12月31日间隔时间太长。

②缺陷2：对烧碱存货盘点时间安排不恰当。对存放在A、B仓库的烧碱XYZ公司应安排在相同的时间盘点。

③缺陷3：盘点范围不恰当。存放在外地的占存货总量39%的玻璃应当纳入盘点范围，制定盘点程序。

（2）存放在外地公用仓库存货的检查的盘点计划存在以下缺陷：由于XYZ公司存货相关的内部控制比较薄弱，XYZ公司应当列示截至12月31日的清单，纳入盘点计划。注册会计师对该批重大比例的存货会函证或依赖其他注册会计师的工作或考虑实地监盘，盘点计划应当与监盘计划协调。

（3）存货数量的确定方法的盘点计划存在以下缺陷：对烧碱、煤炭和石英砂这些堆积型的存货来说，估计存货数量存在困难，XYZ公司应当运用工程估测、几何计算、高空勘测，并依赖详细的存货记录来确定其数量。

（4）盘点标签的设计、使用和控制存在以下缺陷：由负责盘点存货的人员将一套标签粘贴在已盘点的存货上，另一套由其返还给存货盘点监督人员，由监督人员将盘点标签连同存货盘点表交存财务部门。

（5）由仓库保管员调节盘盈或盘亏的盘点计划存在以下缺陷：盘点结束后，XYZ公司应组成调查小组，对盘盈或盘亏的存货进行分析和处理（复核确认），并将存货实物数量和仓库记录调节相符。

针对要求（2）：

①比较盘点日和财务报表日之间的存货信息以识别异常项目，并对其执行适当的审计程序（如实地察看等）。

②对存货周转率或存货销售周转天数等实施实质性分析程序。

③对盘点日至财务报表日之间的存货采购和存货销售分别实施双向检查。

④测试存货销售和采购在盘点日和财务报表日的截止是否正确。

五、综合题

（1）资料一的审计说明评价如附表12-1所示。

附表12-1　资料一的审计说明评价

资料一的审计说明	审计处理建议是否存在不当之处（是/否）	理由	改进建议
（1）	是	对于盘亏的存货，如果没有经过相关批准，在年末结账时要进行预处理	对于盘亏的存货，要进行预处理

资料一的审计说明	审计处理建议是否存在不当之处（是/否）	理由	改进建议
（2）	否	对于已经验收入库但是没有发票的存货，应当暂估入账	—
（3）	是	不能因为没有收货就冲回相应存货，可能是在途物资	要进一步检查相关存货发货情况和采购合同。如果合同约定供应商发货即转移相关原材料的主要风险和报酬，则不应冲回相应存货

（2）资料二的审计说明评价如附表12-2所示。

附表12-2　资料二的审计说明评价

资料二的审计说明	审计处理建议是否存在不当之处（是/否）	理由	改进建议
（1）	是	经济利益不是很可能流入甲公司，不满足销售商品收入确认条件，不能确认收入结转成本	注册会计师应当在甲公司盘点存货时，将该批存货纳入2017年期末存货的盘点范围，并转回结转的成本，冲销确认的收入
（2）	否	滞销商品市场售价会下降，库存商品可能存在减值的迹象	—
（3）	否	对于多结转的主营业务成本和存货的成本应当转回	—

（3）A注册会计师应该采取以下五条应对措施：

①向项目组强调保持职业怀疑的必要性。

②指派更有经验或具有特殊技能的审计人员，或者利用专家的工作。

③提供更多的督导。

④在选择拟实施的进一步审计程序时融入更多的不可预见的因素。

⑤对拟实施审计程序的性质、时间和范围做出总体修改。

（4）A注册会计师在选择进一步审计程序的总体方案时通常更倾向于实质性方案。

（5）A注册会计师可以通过以下四种方式提高审计程序的不可预见性：

①对某些以前未测试的低于设定的重要性水平或风险较小的账户余额和认定实施实质性程序。

②调整实施审计程序的时间，使其超出被审计单位的预期。

③采取不同的审计抽样方法，使2019年审计中抽取的测试样本与以前有所不同。

④选取不同的地点实施审计程序，或者预先不告知被审计单位所选定的测试

地点。

（6）A 注册会计师应考虑通过以下三种方式应对舞弊导致的认定层次重大错报风险：

①改变拟实施审计程序的性质，以获得更为可靠、相关的审计证据或获取其他佐证性信息，包括更加重视实地观察或检查、在实施函证程序时改变常规函证内容、询问被审计单位的非财务人员等。

②改变实质性程序的时间，包括在期末或接近期末实施实质性程序，或者针对本期较早时间发生的交易事项或贯穿本会计期间的交易事项实施测试。

③改变审计程序的范围，包括扩大样本规模，采用更详细的数据实施分析程序等。

第十三章　销售与收款循环审计参考答案

一、单选题

1.【正确答案】C

【答案解析】信用审批目的是降低发生坏账的风险，坏账准备与应收账款的计价和分摊认定相关。

2.【正确答案】A

【答案解析】选项 B 与销售交易的准确性相关，选项 C 与销售交易的计价和分摊认定相关，选项 D 与销售交易的计价和分摊认定相关。

3.【正确答案】C

【答案解析】选项 A 中应由独立于应收账款、营业收入和负责现金收取的人员向客户寄发对账单，并要求客户将任何例外情况直接向指定的未执行或记录销售交易的会计主管报告；选项 B 中编制销售发票通知单的人员不能同时开具销售发票；选项 C 符合内部控制规范要求；选项 D 中负责应收账款记账的职员不能编制银行存款余额调节表。

4.【正确答案】A

【答案解析】A 项属于控制测试内容，不属于实质性测试目标。

5.【正确答案】D

【答案解析】负责主营业务收入和应收账款明细账的职员不得经手货币资金。

6.【正确答案】D

【答案解析】确认交易是否计入恰当的会计期间属于截止性测试。

7.【正确答案】A

【答案解析】记录销售的人员应当只依据附有有效装运凭证和销售单的销售发票记录销售，该控制与销售交易的"发生"认定有关。注册会计师测试该控制，针对的是销售交易的"发生"认定。

8.【正确答案】B

【答案解析】核对发运凭证的商品总数与销售发票上的商品总数与营业收入"准确性"认定相关，但该程序获取的证据仅能保证销售数量的准确性，不能验证单价的准确性，因此获取的证据不充分。

9.【正确答案】B

【答案解析】商品价目表不能证明商品是否已经发出，因此不能证明有关记录的真实性和完整性，更不能证明商品所有权的转移情况。商品价目表仅仅是有关商品的价格，因此可以证明的是准确性认定。

10.【正确答案】D

【答案解析】被审计单位管理人员、附属公司所欠款项应计入其他应收款，而客户欠款则应计入应收账款，将两者分开记录有助于防止分类错误，因此与分类和可理解性认定有关。

二、多选题

1.【正确答案】ABCD

【答案解析】四个选项的内容都要进行比较。

2.【正确答案】BC

【答案解析】上年度积极式函证的回复率特别低，说明积极式函证不适用被审计单位的那些客户，本年应改换审计程序。内部控制有效有助于减少函证的工作量，比如说将积极式变为消极式，而不是加强积极式。

3.【正确答案】ABC

【答案解析】函证数量的大小、范围由应收账款在全部资产中的重要程度、被审计单位内部控制的有效性、以前期间的函证结果等因素决定。

4.【正确答案】ABC

【答案解析】选项D，以邮寄的形式发出并寄回的回函，由于是会计师事务所执行的，因此是不影响可靠性的。

5.【正确答案】BCD

【答案解析】选项A，由原始凭证检查至营业收入明细账，为顺查，可以证实完整性；选项B，应收账款的函证可以证实应收账款的存在，同时也为营业收入的发生提供证据；选项C，应收账款的贷方发生额代表应收账款的收回，可以为营业收入的真实发生提供证据；选项D，对新增客户情况的调查可以为交易的真实性提供证据。

6.【正确答案】ABD

【答案解析】被审计单位应定期向客户寄送对账单，并要求客户将任何例外情况直接向指定的未执行或记录销售交易的会计主管报告。

7.【正确答案】AD

【答案解析】选项B证实截止认定，选项C证实发生认定。

8.【正确答案】ACD

【答案解析】选项B，主要防止多计收入，针对的是收入高估。

9. 【正确答案】ACD

【答案解析】没有发运凭证的支持表明货物发运可能不真实,即多计了收入。

10. 【正确答案】AB

【答案解析】选项 C,虽然是关联方但售价是市场价格,可以认为是正常业务;选项 D,视同买断方式代销货物,货物发出后即风险报酬全部转移,可以确认销售收入。

三、判断题

1. 【正确答案】×

【答案解析】控制测试的结果可能导致注册会计师改变对内部控制的信赖程度。

2. 【正确答案】√

3. 【正确答案】×

【答案解析】对于赊销业务,信用部门经理按照本企业赊销政策进行信用批准,复核顾客订购单,并在销售单上签字,能够有效降低坏账风险,与应收账款的计价和分摊认定相关。

4. 【正确答案】×

【答案解析】被审计单位管理人员、附属公司所欠款项应计入其他应收款,而客户欠款则应计入应收账款,将两者分开记录是为了防止分类错误。

5. 【正确答案】√

6. 【正确答案】×

【答案解析】存在舞弊风险迹象并不必然表明发生了舞弊,但了解舞弊风险迹象,有助于注册会计师对审计过程中发现的异常情况产生警觉,从而更有针对性地采取应对措施。

7. 【正确答案】×

【答案解析】注册会计师通过比较前期坏账准备计提数和实际发生数以及检查期后事项,评价应收账款坏账准备计提的合理性,而分析程序不能直接得出相关项目的金额是否正确的结论。

8. 【正确答案】×

【答案解析】单独测试时未发生减值的应收账款,应当包括在具有类似信用风险特征的应收账款组合中再进行减值测试。

9. 【正确答案】√

10. 【正确答案】×

【答案解析】被审计单位为了达到粉饰财务报表的目的而虚增收入或提前确认收入。

四、综合题

1. (1)恰当。

(2)不恰当。A 注册会计师应当对函证的全过程保持直接控制,经过被审计单位收回的函证可靠性不足。

（3）不恰当。A注册会计师首先应当核实被询证者的信息。另外，电子回函的可靠性存在风险，注册会计师和回函者要采用一定的程序创造安全环境。

（4）不恰当。回函不符不一定表明是错报，注册会计师应查实回函不符的原因。因此，注册会计师不应直接提请甲公司调整应收账款，而是应先核实丁公司的退货是否属实，如查看甲公司资产负债表日前后的入库记录，确认该批货物是否确已退回。

（5）不恰当。鉴于特别风险的特殊性，对于旨在减轻特别风险的控制，不论该控制在本期是否发生变化，注册会计师都不应依赖以前审计获取的证据。

2. 第一步运用以下四种方法：

（1）绝对额比较。

（2）垂直分析。

（3）比率分析。

（4）趋势分析。

第二步估计期望值——确定比较参照标准。

（1）分析性复核的基本假设是在没有反证的情况下，数据之间预计继续存在一定的关系。

（2）会计和非会计信息均可用来估计期望值。

（3）根据可比会计信息，并考虑已知的变化，估计期望值。

（4）根据正式的预算和预测估计期望值。

（5）根据本期间内会计要素之间的关系，估计期望值。

（6）根据同行业资料，估计期望值。

（7）根据会计信息同相关的非会计信息之间的关系，估计期望值。

在运用分析性进行职业判断时，注册会计师还应关注其他信息，如上年度相关资料、相关的非会计信息、审计人员以往的审计经验等。

运用分析性程序后，注册会计师可以发现被审计单位存在如下问题：

（1）主营业务收入异常偏高。甲公司为一均衡生产企业，2019年产供销形势与2018年相当，且未发生资产与债务重组行为。但是，2019年报表未审数比2018年审定数增加了9 630万元（33 650－24 020），增长率为40.1%，其中上半年主营业务收入审定数12 000万元与2018年平均水平（24 020÷2＝12 010万元）几乎持平，但下半年的主营业务收入却远超过了2018年的全年平均水平。审计人员据此可以初步判断2019年7~12月主营业务收入不正常偏高。下半年的主营业务收入的真实性存在疑虑，审计人员应将7~12月主营业务收入的高估（发生认定）作为重点审计内容，重点审核甲公司7~12月的销售量和销售价格。对于销售量，注册会计师可以根据三年同期实际销售量的历史资料，结合2019年的订货量、生产经营计划和1~6月已实现的销售量，进行分析评价销售量变动趋势的合理性。对销售价格，注册会计师应根据市场价格水平、供求关系以及甲公司的定价策略等来审核。在分析程序的基础上，后续测试中要抽取足够数量的记账凭证和原始凭证进行细节测试，核实销售量和销售价格存在的错误，最终核实主营业务收入的高估金额。

（2）销售毛利率异常偏高，主营业务成本可能不合理。一般情况下，均衡生产企业应具有比较稳定的销售毛利率，甲公司 2018 年销售毛利率为 15.07%〔（24 020-20 400）÷24 020×100%〕，而 2019 年度销售毛利率高达 22.14%〔（33 650-26 200）÷33 650×100%〕，其中上半年销售毛利率〔（12 000-10 000）÷12 000＝16.67%〕与 2018 年同期差不多，主要是由于 7~12 月 25.17%〔（21 650-16 200）÷21 650×100%〕的高销售毛利率的影响所致。对这一重点审计领域，从完整性审计目标出发，注册会计师应着重审核 2019 年 7~12 月的主要产品的单位成本和销售量。对主要产品的单位成本，注册会计师应根据历史成本，考虑单位成本的变化趋势，并分直接材料成本、直接人工成本和制造费用三部分逐一审核。

（3）销售费用异常偏低。2019 年报表数与 2018 年审定数基本相等，仅比 2018 年增长 1.25%〔（162-160）÷160×100%〕，在主营业务收入比 2018 年增长 40.1% 的情况下，与之相应的营业费用通常也应有一定程度的增加。注册会计师应根据历史资料和本年度的变化，分析营业费用的明细内容。

（4）补贴收入可能存在问题。该项目并非经常性项目，甲公司 2018 年及 2019 年 1~6 月都无此项收入，但 2019 年下半年报表数却为 600 万元，占 2019 年未审净利润的 12.46%〔（600÷4 817.25）×100%〕。为核实补贴收入的真实性和正确性，注册会计师应取得补贴收入的有关批准文件，并着重审核其合法性。

（5）营业外收入项目可能存在问题。由于营业外收入项目本身具有相当的偶然性和不可预见性，在审计实务中，注册会计师通常要将其列入重点审计内容，尤其是当其发生额较大时更是如此。为核实 2019 年下半年 94 万元的营业外收入发生额，注册会计师应取得相关授权和批准文件，着重审核其发生依据是否存在、是否合理。

（6）营业外支出项目可能存在问题。该项目本身具有相当的偶然性和不可预见性，在审计实务中，审计人员通常要将其列入重点审计内容，尤其是当其发生额较大时更是如此。对 2019 年下半年 50 万元的发生额，注册会计师应逐项核实确定是否存在异常。

第十四章 货币资金审计参考答案

一、单选题

1.【正确答案】C

【答案解析】实物证据是指证明实物资产是否存在的证据，包括固定资产、存货、有价证券和现金等，主要通过实际观察或盘点取得。因此，通过对库存现金进行监盘取得的证据属于实物证据。

2.【正确答案】A

【答案解析】被审计单位银行存款使用是否合法必须根据被审计单位自身行为而定，不能通过函证获取证据。函证银行存款余额是证实资产负债表所列银行存款是否存在的重要程序。通过向往来银行的函证，注册会计师不仅可以了解企业资产的存在，还可以了解欠银行的债务。因此，正确答案是选项 A。

3. 【正确答案】A

【答案解析】注册会计师在对财务报表进行审计时，观察了被审计单位货币资金业务的岗位分工情况，这一程序所属的测试类型为控制测试。

4. 【正确答案】A

【答案解析】选项 A 是出纳员对库存现金的日常管理工作。

5. 【正确答案】C

【答案解析】选项 A 可以实现存在、权利和义务的目标，也可以在一定程度上实现完整性认定。这里应注意这个完整性认定是针对什么来的，是针对期末的"库存现金"科目来的，也就是说针对的是期末这个时点的量。"审查企业收到的现金是否已经全部登记入账"是一个过程，收到的现金多了，还会转到银行存款中去，监盘只是对期末时点的检查，对于全年收到的现金没有作用。选项 B 可以实现存在的目标。选项 C 属于顺查，可以实现完整性的目标。选项 D 是可以实现截止目标。

6. 【正确答案】B

【答案解析】本题主要考核货币资金内部控制。选项 B 中担任登记现金日记账的人员不能同时登记总账，因此注册会计师应提出改进建议。

7. 【正确答案】C

【答案解析】当日收入现金应及时存入银行，特殊情况需要坐支现金的，应当事先报经开户银行审查批准，由开户银行核定坐支范围和限额，而不是经主管领导审查批准。

8. 【正确答案】C

【答案解析】出纳人员不得兼任稽核、会计档案保管以及收入、支出、费用、债权债务账目的登记工作。企业不得由一人办理货币资金业务的全过程。

9. 【正确答案】A

【答案解析】资产负债表日的现金账面余额=盘点日实际监盘数额-资产负债表日至盘点日增加的金额+资产负债表日至盘点日减少的金额。

10. 【正确答案】A

【答案解析】根据已知信息，调整后的银行对账单金额=该公司的银行对账单余额 585 000 元+企业已收、银行未收 100 000 元-企业已付、银行未付 50 000 元=635 000元。由此可以得出企业银行存款日记账余额=调整后企业银行存款日记账余额 635 000 元+银行已付、企业未付 25 000 元-银行已收、企业未收 35 000 元=625 000元。

二、多选题

1. 【正确答案】AB

【答案解析】资产负债表上银行存款数额应当包括结账日所有存放于银行的款项。因此，银行已发生的收入或支出，而企业未入账，都应编制调整分录调整报表，使财务报表反映的数额正确地反映截至本期的业务。

2. 【正确答案】ABCD

【答案解析】一般而言，一个良好的货币资金内部控制应该实现以下几点：第一，货币资金收支与记账的岗位分离。第二，货币资金收支要有合理、合法的凭据。第三，全部收支及时准确入账，并且支出要有核准手续。第四，控制现金坐支，当日收入现金应及时送存银行。第五，按月盘点现金，编制银行存款余额调节表，以做到账实相符。第六，加强对货币资金收支业务的内部审计。

3. 【正确答案】ABCD

【答案解析】本题考查的是货币资金审计。货币资金监督检查的内容主要包括：第一，货币资金业务相关岗位及人员的设置情况。重点检查是否存在货币资金业务不相容职务混淆的现象。第二，货币资金授权批准制度的执行情况。重点检查货币资金支出的授权审批手续是否健全、是否存在越权审批行为。第三，支付款项印章的保管情况。重点检查是否存在办理付款业务所需的全部印章由一人保管的情况。第四，票据的保管情况。重点检查票据的购买、领用、保管手续是否健全，票据保管是否存在漏洞。

4. 【正确答案】AD

【答案解析】按调节原理，资产负债表日的现金账面余额=盘点日实际监盘数额 -资产负债表日至盘点日增加额+资产负债表日至盘点日减少额。

5. 【正确答案】AD

【答案解析】盘点时必须有出纳人员和被审计单位的会计主管人员参加，并由注册会计师进行监盘。

6. 【正确答案】ABCD

【答案解析】对存货的监盘往往在资产负债表日前后，对现金的盘点往往在年后的外勤工作中；现金监盘时间应对被审计单位保密，实行突击性盘点，而存货的监盘时间需要与被审计单位沟通；如果因存货的性质和特性无法实施监盘时可以执行替代程序，而现金监盘无有效的替代程序；现金监盘需要出纳和会计主管参与，而存货需要库房保管员及存货会计等人员参与。

7. 【正确答案】ABCD

【答案解析】四个选项都属于银行询证函的特点。

8. 【正确答案】ABCD

【答案解析】四个选项都属于银行存款应函证的内容。

9. 【正确答案】ABC

【答案解析】良好的货币资金内部控制，应该是按月盘点现金，而不是按年盘点，因此选项D不正确。

10. 【正确答案】BD

【答案解析】注册会计师应控制询证函的发送与回收，对银行存款函证一律采用积极式函证。

三、判断题

1. 【正确答案】√
2. 【正确答案】×
3. 【正确答案】×
4. 【正确答案】×
5. 【正确答案】√
6. 【正确答案】×
7. 【正确答案】√
8. 【正确答案】×
9. 【正确答案】×
10. 【正确答案】√

四、简答题

1. （1）A注册会计师应检查银行存款余额调节表中未达账项的真实性以及财务报表日后的入账情况。

（2）A注册会计师通过向开户银行函证，不仅可以查明甲公司的银行存款、借款的存在，还可以发现企业未登记入账的银行存款、借款。另外，A注册会计师还可以发现未披露的或有负债。

（3）在询证函内指明回函应直接寄往A注册会计师所在的会计师事务所。A注册会计师直接收回开户银行询证函回函的目的是防止甲公司截留或更改回函。

2. （1）恰当。

（2）不恰当。注册会计师还应检查调节事项，关注长期未达账项，关注未达账项中异常的支付款项。

（3）不恰当。注册会计师应全程关注银行对账单的打印过程，未对银行对账单获取过程保持控制。

（4）不恰当。注册会计师应对重大账户余额实施实质性程序。

（5）恰当。

第十五章　完成审计工作参考答案

一、单选题

1. 【正确答案】A

【答案解析】选项A错误，项目合伙人应当在审计过程中的适当时点复核审计工作底稿，包括与下列方面相关的工作底稿：第一，重大事项；第二，重大判断，包括与在审计中遇到的困难或有争议事项相关的判断以及得出的结论；第三，根据项目合伙人的职业判断，与项目合伙人的职责有关的其他事项。项目合伙人无须复核所有审计工作底稿。

2.【正确答案】D

【答案解析】针对所有交易都记录并反映在财务报表属于准则规定的基本书面声明，被审计单位是必须要提供的。如果管理层拒绝签署审计准则规定的书面声明，注册会计师则出具无法表示意见的审计报告，不能出具保留意见审计报告。

3.【正确答案】B

【答案解析】书面声明的日期不得晚于审计报告日，在财务报表报出日之前。

4.【正确答案】D

【答案解析】本题考查注册会计师不宜与治理层沟通的事项。

与治理层沟通对财务报表产生重大影响的战略决策，了解治理层的看法，有利于注册会计师评估经营风险和相应的重大错报风险，选项 A 可以沟通。

管理层不愿延长对持续经营能力的评估期间，注册会计师可以就这一重大困难与治理层沟通，治理层可以要求管理层予以配合，选择 B 可以沟通。

如果发现管理层的舞弊行为，注册会计师应当及时向未兼任管理层的治理层通报，选项 C 可以沟通。

注册会计师不宜与治理层沟通具体审计程序的性质，否则可能导致损害审计程序的不可预见性，选项 D 符合题干要求。

5.【正确答案】A

【答案解析】注册会计师应当及时将审计过程中累积（明显微小错报以上）的所有错报与适当层级的管理层进行沟通，并不是发现的所有错报都沟通。

6.【正确答案】D

【答案解析】选项 A，书面声明的日期不一定与审计报告日为同一天，书面声明的日期不能晚于审计报告日；选项 B，尽管书面声明提供了必要的审计证据，但是其本身并不为所涉及的任何事项提供充分、适当的审计证据，而且管理层已提供可靠书面声明的事实，并不影响注册会计师就管理层责任履行情况或具体认定获取的其他审计证据的性质和范围；选项 C，注册会计师首先应该调查原因，之后再确定修改哪类审计证据。

7.【正确答案】C

【答案解析】选项 A，无论是在审计报告日之前，还是之后发生的期后事项，都有可能存在需要调整或需要披露的事项；选项 B，在财务报表报出后，注册会计师没有义务针对财务报表实施程序；选项 D，此时注册会计师应出具保留意见或否定意见的审计报告。

8.【正确答案】A

【答案解析】本题考核对持续经营能力产生重大疑虑的事项或情况。选项 A，被审计单位无法获得必需的资金，则没有能力在盈利前景良好的项目上进行投资并获取未来收益，当现有产品失去市场竞争力时，将直接影响到被审计单位盈利能力，从而对被审计单位的持续经营能力产生重大影响。

9.【正确答案】C

10. 【正确答案】A

【答案解析】其余选项都属于经营方面的迹象，只有选项 A 属于财务方面的不合理迹象。

11. 【正确答案】A

二、多选题

1. 【正确答案】BCD

【答案解析】财务报表日至财务报表报出日包括两个时段：第一时段，即财务报表日至审计报告日之间发生的事项，注册会计师有主动识别的义务；第二时段，即审计报告日至财务报表报出日前知悉的事实，注册会计师负有被动识别的义务，因此选项 A 错误。

2. 【正确答案】ABC

【答案解析】选项 A，书面声明不包括财务报表及其认定以及支持性账簿和相关记录。书面声明本身并不为所涉及的任何事项提供充分、适当的审计证据，而且管理层已提供可靠书面声明的事实，并不影响注册会计师就管理层责任履行情况或具体认定获取的其他审计证据的性质和范围，因此选项 B 和选项 C 错误。

3. 【正确答案】ACD

【答案解析】选项 B 属于项目质量控制复核需要复核的内容。

4. 【正确答案】AC

【答案解析】通常获取书面声明的日期为审计报告日。

5. 【正确答案】ABCD

6. 【正确答案】ABD

【答案解析】注册会计师与治理层沟通的主要目的是就审计范围和时间以及注册会计师、治理层和管理层各方在财务报表审计和沟通中的责任，取得相互了解；及时向治理层告知审计中发现的与治理层责任相关的事项；共享有助于注册会计师获取审计证据和治理层履行责任的其他信息。

7. 【正确答案】ACD

【答案解析】《会计师事务所质量控制准则第 5101 号——业务质量控制》中要求对包括上市公司财务报表审计在内的特定业务实施项目质量控制复核，并在出具报告前完成，并不是所有的财务报表审计都要求在出具报告前进行项目质量控制复核的。

8. 【正确答案】BCD

【答案解析】选项 B 应当进行确认，因为败诉的可能性大于 50%；选项 C 不应当确认为 100 万元，应当确认预计负债 500 万元，同时确认一项资产（借记"其他应收款"科目，贷记"营业外支出"科目）400 万元，而不是两者相抵后确认负债 100 万元；选项 D 在 2019 年应当根据法院的判决结果先确认为预计负债。

9. 【正确答案】AB

【答案解析】选项 C 和选项 D 都是发生在资产负债表日后，只需要提请披露。

10.【正确答案】ABD

【答案解析】选项 C 是调整事项，选项 A、选项 B、选项 D 是非调整事项。

11.【正确答案】ABD

【答案解析】选项 C 属于日后调整事项。

三、判断题

1.【正确答案】×
2.【正确答案】×
3.【正确答案】√
4.【正确答案】√
5.【正确答案】×
6.【正确答案】×
7.【正确答案】√
8.【正确答案】×
9.【正确答案】×
10.【正确答案】×

四、简答题

答案如附表 15-1 所示。

附表 15-1　答案

事项序号	是否恰当（是/否）	理由及改进意见
（1）	否	理由：该错报为系统性错报，可能发生于其他组成部分。 改进建议：甲集团公司项目组应当关注并汇总其他组成部分的这类错报，汇总考虑该类错报对甲集团公司财务报表的影响
（2）	否	理由：该错报涉及较高层级的管理层舞弊。 改进建议：注册会计师应当采取下列措施：第一，重新评估舞弊导致的重大错报风险；第二，考虑重新评估的结果对审计程序的性质、时间安排和范围的影响；第三，重新考虑此前获取的审计证据的可靠性
（3）	否	理由：没有推断总体错报。 改进建议：注册会计师应当使用在抽样中发现的样本错报去推断总体的错报金额，应针对推断的总体错报金额评价其是否重大
（4）	是	—

第十六章　审计报告参考答案

一、单选题

1.【正确答案】D

【答案解析】审计报告是指注册会计师根据审计准则的规定，在执行审计工作的基础上，对财务报表发表审计意见的书面文件。

2.【正确答案】D

【答案解析】本题考查的是审计报告的日期和签署。

注册会计师签署审计报告的日期可能与管理层签署已审计财务报表的日期为同一天，也可能晚于管理层签署已审计财务报表的日期，选项 A 无误。

书面声明的日期应当尽量接近对财务报表出具审计报告的日期，但不得在审计报告日后，选项 B 无误。

《独立审计具体准则第 15 号——期后事项》规定，如注册会计师对审计报告日至会计报表公布日获知的期后事项实施了追加审计程序，并已做适当处理，注册会计师可以选用签署双重报告日期或更改审计报告日期的方法，即将原定审计报告日推迟至完成追加审计程序时的审计报告日，选项 C 无误。

审计报告日不应早于注册会计师获取充分、适当的审计证据，并在此基础上对财务报表形成审计意见的日期，选项 D 错误。

3.【正确答案】A

【答案解析】选项 B，注册会计师一旦在审计报告上签名并盖章，就表明对其出具的审计报告负责。选项 C，审计报告是注册会计师对财务报表是否在所有重大方面按照财务报告编制基础编制并实现公允反映发表审计意见的书面文件。选项 D，注册会计师应当将已审计的财务报表附于审计报告之后，以便于财务报表使用者正确理解和使用财务报告，并防止被审计单位替换、更改已审计的财务报表。

4.【正确答案】A

【答案解析】注册会计师以独立的身份，对被审计单位财务报表的合法性、公允性发表审计意见，这种意见具有鉴证作用。

5.【正确答案】C

【答案解析】注册会计师不应在无保留意见的审计报告中提及专家的工作，除非法律法规另有规定。

6.【正确答案】C

【答案解析】选项 A、选项 B、选项 D 都可能存在重大错报，选项 C 是正常的处理方法，财务报表不存在重大错报。

7.【正确答案】A

【答案解析】审计报告的收件人是注册会计师按照业务约定书的要求致送审计报告的对象，一般是指审计业务的委托人。

8. 【正确答案】B

【答案解析】选项 A，审计报告应当由项目合伙人和另一位负责该项目的注册会计师签名和盖章；选项 C，审计报告的日期不应早于注册会计师获取充分、适当的审计证据，并在此基础上对财务报表形成审计意见的日期，一般是注册会计师完成审计工作的日期，而不是编写完成审计报告的日期；选项 D，审计报告的收件人一般是指审计业务的委托人，而不是被审计单位管理层。

9. 【正确答案】C

【答案解析】选项 C 是管理层对财务报表的责任段中关于管理层责任的描述。

10. 【正确答案】A

【答案解析】"最为重要的事项"并不意味着只有一项，其数量受被审计单位规模和复杂程度、业务和经营环境的性质以及审计业务具体事实和情况的影响。

11. 【正确答案】D

【答案解析】审计准则规定，注册会计师应从与治理层沟通事项中选取关键审计事项。

12. 【正确答案】B

【答案解析】如果拟在审计报告中增加强调事项段或其他事项段，注册会计师应当就该事项和拟使用的措辞与治理层沟通。

13. 【正确答案】D

【答案解析】选项 D，注册会计师应该考虑增加其他事项段，而不是增加强调事项段。

14. 【正确答案】D

【答案解析】当注册会计师无法获取充分、适当的审计证据时，也可以发表无法表示意见。

15. 【正确答案】D

【答案解析】本题考查的是年度报告的定义。

根据法律法规或惯例，以下一项或多项文件可能构成年度报告：第一，董事会报告（选项 A）；第二，公司董事会、监事会及董事、监事、高级管理人员保证年度报告内容的真实、准确、完整，不存在虚假记载、误导性陈述或重大遗漏，并承担个别和连带法律责任的声明（选项 C）；第三，公司治理情况说明；第四，内部控制自我评价报告（选项 B）。选项 D，该报告是为满足特定利益相关者团体的信息、需求而编制和独立发布的报告，通常不是组成年度报告的系列文件的一部分。

二、多选题

1. 【正确答案】ABC

【答案解析】本题考查的是审计报告的作用。

注册会计师签发的审计报告，主要具有鉴证、保护和证明三方面的作用。鉴证作用体现在注册会计师签发的审计报告是以独立的第三方身份，对被审计单位财务报表合法性、公允性发表意见，选项 A 正确。

注册会计师通过审计，可以对被审计单位财务报表出具不同类型审计意见的审计报告，以提高或降低财务报表使用者对财务报表的信赖程度，能够在一定程度上对被审计单位的债权人和股东以及其他利害关系人的利益起到保护作用，选项 B 正确。

审计报告是对注册会计师审计任务完成情况及其结果所作的总结，可以表明审计工作的质量并明确注册会计师的审计责任，起到证明作用，选项 C 正确。

财务报表审计是以合理保证的方式提高财务报表的可信度、提高除管理层之外的预期使用者对财务报表的信赖程度，但不涉及为如何利用信息提供建议，选项 D 错误。

2.【正确答案】BCD

【答案解析】A 选项，并不是所有的审计证据都需要进行考虑，对于相关的审计证据注册会计师才予以考虑。

3.【正确答案】ACD

【答案解析】保留意见、否定意见、无法表示意见都为非无保留意见。

4.【正确答案】CD

【答案解析】注册会计师最终发表的审计意见只能是明确的审计意见。

5.【正确答案】ABCD

6.【正确答案】ABC

【答案解析】对财务报表或审计工作具有重大影响的事项或交易可能对注册会计师的总体审计策略产生重大影响，也可能被识别为特别风险。因此，注册会计师在确定重点关注过的事项时需要特别考虑该方面。在通常情况下，在没有审计比较财务报表时，注册会计师主要关注当期重大交易或事项对审计的影响。

7.【正确答案】ABCD

8.【正确答案】BD

【答案解析】选项 A，如果错报不重大可能会发表无保留意见。选项 C，应当发表带有强调事项段的无保留意见。

9.【正确答案】ABCD

【答案解析】审计范围受到限制的情形包括超出被审计单位控制的情形、与注册会计师工作的性质或时间安排相关的情形、管理层施加限制的情形。选项 A，属于超出被审计单位控制的情形；选项 B 和选项 D，属于与注册会计师工作的性质或时间安排相关的情形；选项 C，属于管理层施加限制的情形。

10.【正确答案】AC

【答案解析】选项 B，需要发表带强调事项段的无保留意见；选项 D，需要增加其他事项段。

11.【正确答案】BCD

【答案解析】选项 A，可能是重大的，但并不是具有广泛性的情况。

12.【正确答案】BC

【答案解析】选项 A 是否定意见和无法表示意见共有的措辞，选项 D 是无法表示意见的措辞。

13. 【正确答案】ABCD

【答案解析】四个选项关于强调事项段的说法都是正确的。

14. 【正确答案】ABD

【答案解析】如果存在可能导致对被审计单位持续经营能力产生重大疑虑的事项和情况，且财务报表附注未做充分披露，注册会计师应当发表保留意见或否定意见。

15. 【正确答案】ABC

【答案解析】本题考查的是注册会计师对其他信息的责任。

选项 A，注册会计师应当对与财务报表或注册会计师在审计中了解到的情况不相关的其他信息中似乎存在重大错报的迹象保持警觉。

选项 B，如果注册会计师识别出似乎存在重大不一致，注册会计师应当与管理层讨论该事项，必要时，实施其他程序以确定其他信息是否存在重大错报。

选项 C，在少数情况下，当拒绝更正其他信息的重大错报导致对管理层和治理层的诚信产生怀疑，进而质疑审计证据总体上的可靠性时，注册会计师对财务报表发表无法表示意见可能是恰当的。

选项 D，审计准则对注册会计师设定的责任，不构成对其他信息的鉴证，审计准则也不要求注册会计师对其他信息提供一定程度的保证。该选项无误。

三、判断题

1. 【正确答案】×
2. 【正确答案】×
3. 【正确答案】√
4. 【正确答案】√
5. 【正确答案】×
6. 【正确答案】×
7. 【正确答案】√
8. 【正确答案】×
9. 【正确答案】×
10. 【正确答案】×

四、简答题

1. 审计报告类型及原因如附表 16-1 所示。

附表 16-1   审计报告类型及原因

标号	审计报告类型	简明原因
（1）	标准无保留意见	未改变会计处理方法仅合理改变了估计
（2）	保留意见	审计范围受到限制并且金额超过重要性水平
（3）	无法表示意见	审计范围受到重大限制，重大资产无法审查
（4）	带强调事项段无保留意见	持续经营

表16-1（续）

标号	审计报告类型	简明原因
（5）	带强调事项段无保留意见	重大不确定事项
（6）	标准无保留意见	金额不重要
（7）	标准无保留意见	对 2015 年的财务报表无直接影响

（1）不恰当。注册会计师还应提请而不应代替管理层披露与持续经营相关的重大不确定性。

（2）不恰当。在关键审计事项部分披露的关键审计事项不应存在审计范围受到限制的情况。

（3）恰当。

（4）不恰当。注册会计师不应在关键审计事项部分描述被审计单位的原始信息。关键审计事项不能替代管理层的披露。注册会计师应要求管理层作出补充披露。

（5）不恰当。注册会计师即使发表无法表示意见，也应披露已注意到的重大错报。

（6）恰当。

第十七章　内部控制审计参考答案

一、单选题

1. 【正确答案】C

【答案解析】在内部控制审计中，审计意见覆盖范围是：针对财务报告内部控制，注册会计师对其有效性发表审计意见；针对非财务报告内部控制，注册会计师针对内部控制审计过程中注意到的非财务报告内部控制的重大缺陷，在内部控制审计报告中增加"非财务报告内部控制重大缺陷描述段"予以披露。

2. 【正确答案】D

【答案解析】选项 D 属于企业层面的内部控制。

3. 【正确答案】B

【答案解析】注册会计师应当更多地关注内部控制审计的高风险领域，而没有必要测试那些即使有缺陷，也不可能导致财务报表重大错报的控制，选项 B 错误。

4. 【正确答案】A

【答案解析】在计划审计工作时，注册会计师应当评价下列事项对财务报告内部控制、财务报表以及审计工作的影响：

（1）与企业相关的风险（选项 D）。

（2）相关法律法规和行业概况（选项 C）。

（3）企业组织结构、经营特点和资本结构等相关重要事项。

（4）企业内部控制最近发生变化的程度。

（5）与企业沟通过的内部控制缺陷。

（6）重要性、风险等与确定内部控制重大缺陷相关的因素（选项 B）。

（7）对内部控制有效性的初步判断。

（8）可获取的、与内部控制有效性相关的证据的类型和范围。

5.【正确答案】C

【答案解析】总体审计策略从宏观上确定审计的范围、时间安排和所需沟通的性质、审计的方向，考虑初步业务活动的结果以及审计的资源等。了解和识别内部控制的程序，属于对内部控制进行具体的识别，是具体审计计划的内容。

6.【正确答案】D

【答案解析】某些与控制环境相关的控制，对重大错报是否能够被及时防止或发现的可能性有重要影响，虽然这种影响是间接的，但这些控制可能影响注册会计师拟测试的其他控制及其对其他控制所执行程序的性质、时间安排和范围。

7.【正确答案】A

【答案解析】企业管理层在执行内部控制自我评价时选择测试的控制，可能多于注册会计师认为为了评价内部控制的有效性有必要测试的控制。

8.【正确答案】B

【答案解析】在识别重要账户、列报及其相关认定时，注册会计师应当从定性和定量两个方面做出评价，包括考虑舞弊风险的影响。

9.【正确答案】B

【答案解析】如果被审计单位采用集中化的系统为多个组成部分执行重要流程，则可能不必在每个重要的经营场所或业务单位选取一笔交易或事项实施穿行测试。

10.【正确答案】D

【答案解析】如果审计范围受到限制，注册会计师需要解除业务约定或出具无法表示意见的内部控制审计报告。

二、多选题

1.【正确答案】ABC

【答案解析】注册会计师在完成内部控制审计和财务报表审计后，应当分别对内部控制和财务报表出具审计报告，并签署相同的日期。

2.【正确答案】BC

【答案解析】内部控制的目标是合理保证企业经营管理合法合规、资产安全、财务报告及相关信息真实完整，提高经营效率和效果，促进企业实现发展战略。注册会计师针对财务报告内部控制发表审计意见，对非财务报告内部控制的重大缺陷，应增加"非财务报告内部控制重大缺陷描述段"进行披露。

3.【正确答案】ABCD

【答案解析】企业层面的内部控制包括：第一，与控制环境相关的控制（选项A）；第二，针对管理层和治理层凌驾于控制之上的风险而设计的内部控制；第三，被审计单位的风险评估过程；第四，对内部信息传递和期末财务报告流程的控制；第五，对控制有效性的内部监督（监督其他控制的控制）和内部控制评价（选项

D）；第六，集中化的处理和控制、监控经营成果的控制以及重大经营控制和风险管理实务的政策。其中，针对管理层和治理层凌驾于控制之上的风险而设计的内部控制包括：针对重大非常规交易的控制（选项 C）、针对关联方交易的控制（选项 B）、减弱伪造或不恰当操作财务结果的动机和压力的控制。

4.【正确答案】ABCD

【答案解析】在计划审计工作时，注册会计师应当评价下列事项对财务报告内部控制、财务报表以及审计工作的影响：第一，与企业相关的风险；第二，相关法律法规和行业概况（选项 A）；第三，企业组织结构、经营特点和资本结构等相关重要事项（选项 C）；第四，企业内部控制最近发生变化的程度（选项 D）；第五，与企业沟通过的内部控制缺陷；第六，重要性、风险等与确定内部控制重大缺陷相关的因素（选项 B）；第七，对内部控制有效性的初步判断；第八，可获取的、与内部控制有效性相关的证据的类型和范围。

5.【正确答案】AD

【答案解析】注册会计师应当针对每一相关认定获取控制有效性的审计证据，以便对内部控制整体的有效性发表意见，但没有责任对单项控制的有效性发表意见，选项 A 错误。选取关键控制需要注册会计师做出职业判断，注册会计师无须测试那些即使有缺陷也合理预期不会导致财务报表重大错报的控制，选项 D 错误。

6.【正确答案】BCD

【答案解析】如果发现偏差，注册会计师应当确定对下列事项的影响：第一，与所测试控制相关的风险的评估；第二，需要获取的审计证据；第三，控制运行有效性的结论。

7.【正确答案】ABC

【答案解析】一般而言，针对凌驾风险采用的控制可以包括但不限于：第一，针对重大的异常交易（尤其是那些导致会计分录延迟或异常的交易）的控制；第二，针对关联方交易的控制；第三，与管理层的重大估计相关的控制；第四，能够减弱管理层伪造或不恰当操纵财务结果的动机及压力的控制；第五，建立内部举报投诉制度。选项 D 属于评价期末财务报告流程的内容。

8.【正确答案】ACD

【答案解析】为实现某项审计目标而设计问题的数量取决于下列因素：第一，业务流程的复杂程度；第二，业务流程中发生错报而未被发现的概率；第三，是否存在一种具有实效的总体控制来实现控制目标。选项 B 描述的是这些问题针对的环节，而非决定设计问题数量的因素。

9.【正确答案】AC

【答案解析】控制缺陷的严重程度与错报是否发生无关（选项 A），而取决于控制不能防止或发现并纠正错报的可能性的大小（选项 C）。注册会计师应当评价其识别的各项控制缺陷的严重程度，以确定这些缺陷单独或组合起来，是否构成内部控制的重大缺陷。但是，在计划和实施审计工作时，注册会计师无须寻找单独或组合起来不构成重大缺陷的控制缺陷。

10.【正确答案】ABCD

【答案解析】当注册会计师拟出具无法表示意见的审计报告时，如果已执行的有限程序使其认为内部控制存在重大缺陷，审计报告还应当包括下列内容：第一，重大缺陷的定义（选项 B）；第二，对识别出的重大缺陷的描述（选项 A），该描述应当包括重大缺陷的性质（选项 C）以及重大缺陷在存在期间对企业编制的财务报表产生的实际和潜在影响等信息（选项 D）。

三、判断题

1.【正确答案】√
2.【正确答案】√
3.【正确答案】×

【答案解析】如果注册会计师在期中对重要的信息技术一般控制实施了测试，则通常还需要对其实施前推程序。

4.【正确答案】√
5.【正确答案】√
6.【正确答案】×

【答案解析】对于内部控制审计业务，注册会计师应当获取内部控制在基准日之前一段足够长的期间内有效运行的审计证据。

7.【正确答案】√
8.【正确答案】√
9.【正确答案】√
10.【正确答案】×

【答案解析】在进行内部控制审计时，注册会计师可以首先了解控制环境的各个要素，在此过程中注册会计师应当考虑其是否得到执行。

11.【正确答案】√

四、简答题

1.（1）不恰当。注册会计师执行的内部控制审计严格限定为财务报告内部控制审计。审计意见覆盖的范围是针对财务报告内部控制，注册会计师对其有效性发表审计意见；针对非财务报告内部控制，注册会计师针对内部控制审计过程中注意到的非财务报告内部控制的重大缺陷，在内部控制审计报告中增加"非财务报告内部控制重大缺陷描述段"予以披露。

（2）不恰当。注册会计师对特定基准日内部控制的有效性发表意见，并不意味着注册会计师只测试基准日这一天的内部控制。

（3）不恰当。在识别重要账户、列报及其相关认定时，注册会计师不应考虑控制的影响，因为内部控制审计的目标本身就是评价控制的有效性。

（4）恰当。

（5）恰当。

（6）不恰当。如果被审计单位在基准日前对存在重大缺陷的内部控制进行了整改，但新控制尚没有运行足够长的时间，注册会计师应当将其视为内部控制在基准日存在重大缺陷。

2.（1）恰当。

（2）不恰当。即使存在补偿性控制，注册会计师也应当考虑补偿性控制是否有足够的精确度以防止或发现并纠正可能发生的重大错报，不能直接因为存在补偿性控制就认为不存在重大缺陷。

（3）不恰当。注册会计师评价控制缺陷是否可能导致错报时，无须量化错报发生的概率。

（4）恰当。

（5）不恰当。财务报告内部控制存在重大缺陷，A 注册会计师应当对财务报告内部控制发表否定意见。

图书在版编目(CIP)数据

审计习题与案例/张丽主编.—2 版.—成都:西南财经大学出版社,2023.2
ISBN 978-7-5504-5270-1

Ⅰ.①审… Ⅱ.①张… Ⅲ.①审计学—高等学校—教学参考资料 Ⅳ.①F239.0

中国版本图书馆 CIP 数据核字(2022)第 026790 号

审计习题与案例(第二版)

主 编 张 丽
副主编 马玉娟 周 群 何小涛

责任编辑:李晓嵩
责任校对:王甜甜
封面设计:何东琳设计工作室
责任印制:朱曼丽

出版发行	西南财经大学出版社(四川省成都市光华村街55号)
网 址	http://cbs.swufe.edu.cn
电子邮件	bookcj@swufe.edu.cn
邮政编码	610074
电 话	028-87353785
照 排	四川胜翔数码印务设计有限公司
印 刷	郫县犀浦印刷厂
成品尺寸	185mm×260mm
印 张	14.25
字 数	325 千字
版 次	2023 年 2 月第 2 版
印 次	2023 年 2 月第 1 次印刷
印 数	1—4000 册
书 号	ISBN 978-7-5504-5270-1
定 价	29.80 元